# 아프리카에는 아프리카가 없다

## 우리가 알고 있던 만들어진 아프리카를 넘어서

윤상욱 지음

AFRICA'S AFRICA

시공사

# 아프리카는 왜?

'아프리카'라는 단어가 연상시키는 색은 무엇인가? 아마 당신은 검은색이라 말할 것이다. '흑인', '검은 대륙', '흑<sup>黑</sup> 아프리카'라는 일반화된 명사를 자주 들었을 것이고, 이를 통해 문명의 혜택을 입지 못한 곳, 야만과 미개한 관습이 여전히 성행하는 그런 곳을 그렸을 것이다.

한편 평소 아프리카에 관심을 가진 이들이라면 붉은색을 떠올릴 것이다. 사실 아프리카의 실상은 온통 핏빛이다. 500만 명 가까이 죽어간 콩고 내전이나, 석 달 만에 100만여 명이 죽어간 르완다 내전처럼 유혈이 낭자한 폭력 사태, 그 속에서 전쟁터로 내몰리는 어린 병사들, 굶주림과 에이즈, 말라리아로 죽어가는 사람들, 가뭄으로 타들어가는 땅……. 언론은 잔혹하고 탐욕스런 아프리카의 독재자들을 흡혈귀<sup>vampire</sup>로 묘사하고, 내전 지역의 다이아몬드 거래를 다룬 영화는 〈블러드 다이아몬드<sup>Blood Diamond</sup>〉라는 제목으로 그 실상을 알리고 있다. '4D<sup>Death, Disease, Disaster, Despair</sup>'의 땅, 아프리카의 빛깔은 분명 핏빛이다.

그런데 최근에는 아프리카를 두고 '다채롭다<sup>colorful</sup>'고 말한다. 어떤 의미에서는 옳은 말이다. 자생적인 민주주의와 산업화를 경험하지 못한 아프리카에서는 오늘날 과거와 현재가 뒤죽박죽 공존하고 있다. 나이지리아의 라고스는 그 대표적인 곳으로, 뉴욕 맨해튼을 연상시키는 메이저 석유회사들의 고층 빌딩이 즐비한가 하면, 그 외곽 지역에는 쓰레기 냄새가 진동하는 빈민촌이 있고, 석유를 훔치는 것에 만족하지 못해 아예 유조선을 터는 해적들도 있다. 시골에서는 가난과 무지를 당연히 여기는 사람들이 살고, 여자아이의 음핵을 절단하거나 어린 나이에 시집보내는 것을 당연하게 여기는 부모들도 산다. 아프리카 대륙은 그 시대 이념과 좌표를 도통 짐작할 수 없는 대륙이 되어버렸고, 그 속에서 부와 권력은 일부에게 집중되지만, 질병과 가난, 무지는 여전히 일반인들의 삶을 위협한다.

하지만 아프리카를 다채롭다고 묘사하는 이들은 이런 부정적인 현실을 살피지 않는다. 역동적이고 긍정적인 면모를 집중 부각하면서 아프리카에 대한 마케팅과 투자를 장려한다. 오늘날 아프리카에 대한 찬사를 듣다 보면, 실로 현기증을 느낄 정도이다. 이 대륙은 이제 '마지막 남은 기회의 땅', '자원의 보고', '미래 거대 소비 시장'으로서 전 세계인, 더 정확히는 포화 상태에 이른 북반구를 떠나 새로운 시장을 개척하려는 기업인들의 주목을 받고 있다. 불과 몇 년 만에 '절망의 대륙', '지구의 흉터', '병든 대륙'이라는 우울한 표현들은 자취를 감추었으니, 과연 핏빛 아프리카의 모습은 어디로 간 것인지 의아하기만 하다.

사실 아프리카 진출에 대한 사회적 캠페인은 오늘만의 일이 아니다. 이미 700년대에 아랍인들, 그리고 1500년대에 유럽인들이 아프리카로 뛰어들었다. 이들은 종교적 영역의 확장이나 문명의 보급과 같은 소명을 가지고 있었지만, 인종적 편견에 사로잡혀 있었다. 노예와 고무, 면화, 금을 얻고자 하는 경제적 동기가 이들을 움직이는 중요한 동력이었는데, 이로 인해 아프리카가 입은 상처와 흉터는 아직도 지워지지 않고 있다.

이렇듯 누군가를 경제적 이윤 추구의 목적으로 삼는 것은 너무나도 이기적이고 위험한 일이다. 특히 인종주의와 경제 논리가 결합할 때 아프리카에는 더 깊은 상처가 남는다. 과연 오늘날 아프리카 진출론자들은 과거 아프리카의 눈물과 상처를 얼마나 이해하는가? 그들은 과거 아랍인이나 유럽인과 자신들이 어떻게 다른지 스스로 말할 수 있는가?

분명 아프리카는 많은 사람들에게 기회의 땅이며, 오늘날 점점 더 많은 한국인들이 아프리카와 인연을 맺고 있다. 자원을 캐고 건설 공사를 하거나 판매망을 넓혀가는 기업, 새로운 투자로 삶을 개척하고 싶은 비즈니스맨들뿐만 아니라 봉사와 선교의 소명을 품은 종교인과 봉사 단체, 그리고 때 묻지 않은 무언가를 흠뻑 느끼고픈 여행가들이 오늘도 이곳 아프리카에서 그들만의 꿈을 실현해나가고 있다.

그러나 우리가 아프리카를 안다고 하기에는 아직 교류와 지식이 턱없이 부족하다. 우리와 아프리카의 첫 만남은 60여 년 전 한국전쟁 당시 유엔군의 일원인 에티오피아군의 파병 형식으로 이루어졌고, 이후로도 오랫동안 우리는 서구가 제공하는 영화나 드라마, 뉴스를 통해 머나먼 대륙의 이야기를 전해 들었을 뿐이다. 아프리카 대륙이 서구 열강의 지배로부터 독립한 지 반세기가 지난 오늘날까지 왜 그토록 가난한지, 사람들은 왜 병이 드는지, 왜 서로 다투고 죽이는지,

그저 "아프리카니까, 흑인이니까"라는 동어 반복적이면서 인종주의적인 답변만을 할 수밖에 없는 것도 아프리카를 직접 만나지 못한 상황에서 서구인들이 하고자 하는 이야기만 전해 들었기 때문인지도 모른다.

반면 유럽과 미국의 아프리카학은 그 역사가 길고 축적된 지식의 양도 방대하다. 아프리카에 관한 서적이라고 해봐야 몇 권 되지 않는데다가 번역서가 대부분이고, 그마저도 자원이나 시장에 관한 보고서, 여행기뿐인 우리의 현실과는 너무나도 다르다. 역사, 인종주의, 노예제도, 빈곤, 폭력, 질병 등등 소위 아프리카 이슈에 관한 학문적 성과와 논쟁들은 넘쳐나는데, 국내에는 이것들이 거의 소개가 되지 않고 있다. 우리나라에서 아프리카 연구는 인기도 대중성도 없고, 연구 인력도 늘 부족하다. 대중적인 아프리카 관련 서적은 늘 인종적 호기심이나 경제적 이윤을 강조하는 내용을 담고 있다.

아프리카와 아프리카인들의 고통을 바라보는 감정은 추상적이고 감성적 차원의 동정심에 머무르고 만다. 정작 아프리카가 왜 그토록 고통받는지, 그 고통에 대해 책임져야 할 이들이 누구인지는 잘 알지 못한다. 사실 우리는 아프리카만 잘 모르는 게 아니라, 아랍과 서아시아, 유럽과 미국, 그리고 최근 중국처럼 우리보다 먼저 아프리카와 인연을 맺은 이들에 대해서도 잘 모르고 있다.

이 책은 아프리카와 아프리카인들이 겪어온 고통과 모순에 관한 것이다. 외교관의 화려한 무용담이 아니며, 아프리카의 자원과 시장을 알리는 책은 더더욱 아니다. 누가 언제 어떻게 아프리카와 아프리카인들에게 고통을 주었으며, 왜 아직도 아프리카는 그 굴레에서 벗어나지 못하는지, 또 미래는 어떻게 변해갈 것이며, 거기에는 어떤 도전이 있는지를 살펴보는 것이 이 책의 주된 관심이다.

아프리카에서 근무하는 외교관이기 이전에 서양사를 전공한 인문학도로서 이 책을 읽는 독자들에게 바라는 것이 있다면 아프리카에 대한 이해와 애정일 것이다. 그런 태도를 견지하지 못한 아랍과 유럽이 과거 아프리카인을 어떻게 멸시하고 착취했는지, 또 오늘날 나쁜 상인들과 이웃 국가들은 어떻게 아프리카를 병들게 하는지에 관한 이야기들 속에서 우리가 아프리카를 위해 할 수 있는 것과 해서는 안될 것이 무엇인지를 짐작해볼 수 있기를 기대한다.

윤상욱

# II 빈곤과 저개발

아프리카의 봄

# I

# 왜곡된 정체성

# | 01 |
# 누가 정녕
# 아프리카인인가

## 당신들의 아프리카인

사람들은 내셔널 지오그래픽<sup>National Geographic</sup> 류의 다큐멘터리를 통해 아프리카의 위대한 자연과 동물들의 살벌한 생존 경쟁을 접한다. 그래서인지 아프리카라는 곳은 무시무시한 정글이나 한적한 대초원의 이미지로 생각되기 쉽다.

그러나 원래 '아프리카<sup>Africa</sup>'라는 지명은 동물의 왕국과는 전혀 관련이 없었다. 고대 로마의 문헌에 기록된 '아프리카 테라<sup>Africa terra</sup>'는 먼지 또는 모래<sup>afer</sup>의 땅을 의미하며, 지리적으로는 지금의 튀니지 부근을 가리켰다. 로마인들은 한니발의 땅 카르타고 지역 사람을 아프리카인<sup>afri</sup>이라 불렀고, 제3차 포에니전쟁(기원전 149~146)에서 승리한 이후 이 지역을 아프리카 속주<sup>provincia Africa</sup>로 통치했다. 아프리카는 말 그대로 사하라 사막 북쪽 끝자락이었던 것이다.

당시 로마인들의 지구관은 매우 협소할 수밖에 없었다. 그들은 지중해<sup>mediterraneus</sup>가 세상의 중심이며, 사하라 사막은 남쪽 땅의 끝이라고 보았다. 오늘날 우리가 흔히 생각하는 아프리카는 그들의 관념 속에 존재하지 않는 땅이었다. 이처럼 지중해 연안 지역에 불과했던 아프리카가 무역과 항해술의 발달에 힘입어 대륙 남단 희망봉까지 확장되었으니, 아프리카는 그 땅 이름부터가 유럽의 확장 경로와 깊은 관계를 갖고 있다.

이런 이유로 아프리카를 지리적으로 정의하는 것이 수월해졌다. 지중해와 대서양, 인도양과 홍해, 그리고 수에즈 운하로 둘러싸여 있는 땅덩어리의 외곽선을 따라가면 된다. 물론 그 땅덩어리에 인접한 섬들도 아프리카 대륙의 일부이다.

반면 유럽과 아시아의 경계선 내지는 중미와 남미의 경계선, 또는 오세아니아의 영역을 구분하는 것은 쉽지 않은 일이다. 구소련의 일부였던 아제르바이잔이 유럽에 속하는지, 또는 인도네시아 근처 파

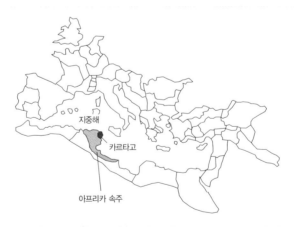

● 로마의 아프리카 속주

푸아뉴기니가 아시아에 속하는지, 그리고 파나마가 남미에 속하는지 등은 지도만 보아서는 판단할 수가 없다. 이에 비해 아프리카 국가들은 공간적으로 뚜렷한 경계 안에 자리해 있는 셈이다.

이처럼 지리적 경계가 명쾌한 아프리카는 북위 46도, 남위 34도, 총 70도에 걸쳐 3,000만 제곱킬로미터의 면적을 가진 거대한 대륙이다. 그런데 우리가 흔히 접하는 세계지도를 통해서는 이 대륙의 규모를 잘 실감하지 못한다. 아프리카 대륙은 남북한 면적의 150배이며, 미국, 중국, 유럽, 인도, 아르헨티나를 합친 것보다 더 크지만, 우리가 일상적으로 접하는 메르카토르 세계지도Mercator's world chart는 남반구에 있는 아프리카 대륙을 실제보다 훨씬 축소시켜 보여준다.

이런 지도에 익숙해진 사람들은 파리에서 출발한 비행기가 케냐 나이로비 공항에 착륙하기까지 왜 그렇게 긴 시간이 걸리는지 의아해한다. 열에 다섯은 아프리카가 생각 외로 큰 대륙이라는 사실에 놀라고, 다른 네 명은 착륙지인 아프리카 공항의 활주로가 부족해 항공기가 일부러 천천히 비행한다고 오해하곤 한다. 나머지 한 명 정도만 아프리카 대륙이 얼마나 큰지를 제대로 이해하고 있다.

지리적 정의와는 달리 아프리카인이 누구인지를 정의하는 것은 그리 간단하지 않다. 웹스터 사전은 아프리카인African을 '아프리카에서 태어났거나 아프리카에서 거주하는 사람' 또는 '아프리카의 혈통을 가지고 태어난 흑인'으로 정의하는데, 우리는 후자에 보다 익숙해져 있다. 남아공 국적을 가진 백인들을 아프리카인이라고 생각하기 쉽지가 않은 데다가 그들 역시 '당신은 아프리카인인가?'라는 질문에 열에 아홉은 아니라고 대답할 것이다. 나머지 한 명도 '나는 화이트

아프리칸<sup>white african</sup>이다'라고 대답할 것이다.

아프리카 지역에서 태어난 백인들뿐만 아니라, 사하라 사막 이북의 주민들도 비슷하게 대답할 것이다. 예컨대 리비아 사람들은 스스로를 아프리카인이라고 여기지 않는다. 사하라 사막의 무역상이었던 베르베르족<sup>Berber</sup>과 투아레그족<sup>Touareg</sup>은 흑인과 아랍인의 피를 물려받은 혼혈 민족인데, 그들은 종교적 이유로 아프리카 혈통을 부정한다. 이슬람교를 믿는 그들은 아프리카인이 아닌 마호메트<sup>Mahomet</sup>의 후손이기를 원하기 때문이다. 이와 같이 아프리카 대륙에서 태어났거나 살고 있다는 것은 아프리카인이 되기 위한 조건 중 하나에 지나지 않는다.

그러나 아프리카 부족에 관한 기존 연구와 문헌들은 이러한 개성을 고려하지 않는다. 개별적인 혈통에는 관심이 없고, 다만 문명의 혜택을 받지 못해 원시성을 유지하고 있다는 점에서 모두 같은 아프리카인으로 취급한다. 갈색 피부와 푸른 눈, 서구형 외모를 가진 베르베르족과 투아레그족 역시 반투족<sup>Bantu</sup>, 마사이족<sup>Masai</sup>, 줄루족<sup>Zulu</sup>과 같이 아프리카 3,000여 부족과 1,500여 개 언어 집단 중 하나로 분류된다. 그리고는 부족들의 성인식과 결혼제도, 주술 의식 등 전통 풍습과 신앙, 기이하면서도 잔혹한 관행들을 소개하는 데 초점을 맞춘다.

이러한 태도, 즉 민속학 또는 인류학적 접근은 사실 19세기 식민지 시대 당시 흑인들의 열등함을 정당화하기 위한 유럽의 연구에서 비롯되었다. 그런가 하면 오늘날의 아프리카 연구는 산업화와 세계화에 물들지 않은, 원초적 미지의 세계를 소개함으로써 소위 문명권에 살고 있는 독자들의 호기심을 충족시키는 데 목적이 있는 것 같다.

그러나 이런 시각은 엉뚱하게도 스스로 아프리카인이기를 부정하는 부족마저 아프리카인으로 소개하는 오류를 범하곤 하는데, 이는 오늘날 아프리카에서 일어나는 갈등을 이해하는 데 전혀 도움이 되지 않는다.


## 아프리카인들의 아프리카인

우리가 호기심 어린 눈으로 아프리카인들을 바라보는 것과는 달리, 아프리카 지도자와 지식인들은 스스로를 상당히 숙명적 시각으로 대한다. 그들은 외부인에 의해 착취당하고, 노예로 팔려 가야만 했던 자신들의 슬픈 역사를 강조한다.

만약 아프리카의 흑인 지도자들이 '우리 아프리카인We African'이라는 말을 사용한다면, 이 용어는 대개 1930년대부터 시작된 흑인 정체성, 즉 네그리튀드negritude 회복 운동의 맥락에서 이해하는 것이 타당할 것이다. 노예무역과 식민 지배를 거치며 서구인들이 제멋대로 왜곡시키고 짓밟았던 흑인negro의 정체성과 자존심을 회복하겠다는 것이 이 운동의 취지다. 그런 의미에서 노예로 삼을 흑인들을 잡아 사하라 사막을 건너 아랍 상인에게 팔았던 베르베르족과 투아레그족은 물론이고, 이집트, 리비아, 모로코, 튀니지, 알제리의 아랍인처럼 흑인 노예를 구매했던 이들은 흑인 정체성의 논의 대상에서 제외되어야 할 것이다.

남아공의 두 번째 민선 대통령인 타보 음베키Thabo Mbeki의 유명한 연설 '나는 아프리카인이다I am an African'■ 역시 역사 공동체로서의 아프리카인을 강조했다. 그는 아프리카 전역의 부족 이름과 구전으로 전해온 승리와 영광의 역사를 거론하면서 스스로를 그들의 자손이라고 말했다. 물론 그는 남아공이 인종과 성별, 역사적 배경에 관계없이 모든 국민의 소유임을 천명했지만, '나는 아프리카인이다'라는 짧고도 강렬한 메시지는 역사적으로 핍박받아왔던 아프리카 대륙 흑인들의 가슴속에 오랫동안 메아리쳤을 것이다. 그는 정치적으로 흑백분리정책, 아파르트헤이트Apartheid에 신음하던 남아공의 흑인들을 아프리카인과 동일시했다. 그러면서 자신을 아프리카 대륙의 자손이라고 선언함으로써 전 아프리카적인 지지를 얻고자 했다.

이러한 역사적 맥락뿐만 아니라 사회·경제적 차이를 감안하여 아프리카를 사하라 사막 이남과 이북으로 구분 짓는 것이 국제 사회의 보편적인 관행이다. 유엔UN과 경제협력개발기구OECD, 세계은행World Bank과 같은 국제기구의 보고서들은 서아시아(중동)와 북아프리카를 MENA Middle East and North Africa로, 사하라 이남 아프리카를 SSASub-Saharan Africa로 구분 짓는다. 사하라 사막 북쪽과 남쪽은 같은 지역으로 보기에는 너무나도 이질적이라는 것이다.

실제로 북아프리카와 사하라 이남 아프리카는 인종 구성과 언어, 종교, 그리고 경제적 수준에 있어 현격한 차이를 보인다. 유엔이 지정하는 최빈국 44개 중 33개가 몰려 있는 가난한 대륙, 에이즈와 말라리아가 만연한 병든 대륙, 전 국민의 절반 정도가 글을 모르는 무

■1996년 타보 음베키 당시 부통령의 개정 헌법 채택 축하 연설 중

지한 대륙으로서 국제 사회의 관심과 지원을 받는 곳은 바로 사하라 이남 아프리카이다. 아랍인과 이슬람교가 확고한 지위를 누리고 있으며, 국민소득 역시 높은 지중해 연안 북아프리카와 사하라 이남은 너무나도 다른 곳이다.

이런 이유로 누군가에게 '당신은 아프리카인이군요'라고 말하기 전에 그가 사하라 이남 출신인지 북아프리카 출신이지를 확인하는 것이 바람직하다. 아프리카인을 많이 접해본 사람들은 '아프리카인'이라는 표현을 좀처럼 쓰지 않는다. 대신 그 사람의 국적이나 출신 부족 이름을 쓰면서 대화를 유도한다. 이를테면 '당신은 케냐에서 온 마사이족이군요. 키가 큰 종족답습니다'라고 하면 그는 자신의 조국과 부족의 이름, 그리고 부족의 특성까지 언급하는 당신에게 무척 고마워할 것이다.

여기에는 다소 사연이 있는데, 특히나 아프리카 지식인층은 사하라 이남 아프리카 47개 국가를 마치 하나의 집단처럼 취급하는 서방 언론에 불만을 갖고 있다. 예를 들어 소말리아 내전이나 부르키나파소의 여성 할례 의식, 남아프리카의 에이즈에 관한 뉴스에는 항상 '아프리카'라는 단어가 등장한다. 이를 접한 사람들은 어떤 나라에서 무슨 일이 일어났는지를 기억하지 못한 채, 그저 '아프리카 대륙'에는 그렇고 그런 일들이 벌어지고 있다고 생각하기 쉽다. 조지 부시 대통령이라고 예외는 아니었다. 그가 2001년 공식 석상에서 '아프리카는 믿을 수 없는 병으로 신음하는 국가 Africa is a *nation* that suffers from incredible disease'라고 말한 것은 큰 실수였다.

반면 아프리카의 긍정적이고 희망적인 뉴스는 거의 보도되지 않았을 뿐만 아니라, 보도되는 경우에도 매우 이례적인 것으로 다뤄진다. 그만큼 외부인들은 수십 개나 되는 아프리카 국가를 뭉뚱그려 골칫거리 가득한 곳으로 인식하기 쉽다. 그나마 석유와 천연가스, 다이아몬드, 우라늄 같은 광물 자원에 관심이 있는 국가나 기업, 내지는 탄산음료에 중독될 새로운 소비자를 찾는 기업, 소총과 수류탄을 팔아먹으려는 국제 무기상, 여성 할례가 가장 극심한 지역에 봉사단을 파견하려는 NGO, 선교사를 파견하는 종교 단체, 오지 탐험을 계획하는 여행가 정도는 아프리카를 지역별 혹은 국가별로 구분해서 분석한다. 그렇지 않은 일반인들에게 아프리카, 특히 사하라 이남 지역 국가들은 사실 큰 차이가 없다.

아프리카의 고위층과 지식인들도 이를 잘 알고 있다. 그들은 서구인, 그리고 최근의 경제 성장으로 자신감 충만해진 아시아인들의 냉소적 태도가 어떤 의미를 갖는지 알고 있다. 인내의 한계에 도달한 그들은 '왜 내 말에 귀 기울이지 않나? 내가 아프리카인이기 때문인가?'라고 물으며 불만을 표출한다. 그들은 스스로가 아프리카의 부정적 이미지로 인해 손해를 보고 있다고 생각한다.


## 범아프리카주의와 범아랍주의

아프리카인에 대한 정의, 그리고 아프리카에 위치한 국민들의 정서와 일치하지 않는 것은 또 있다. 바로 아프리카연합 AU, African Union 이다. 지역 통합과 단결을 추구하는 이 기구의 회원국에는 모로코를 제외한 북아프리카 아랍 국가들도 포함되어 있다.■ 이 기구는 1963년 창설된 아프리카통일기구OAU, Organization of African Unity를 고스란히 물려받은 것으로, 창설 단계에서부터 이미 북아프리카 국가들은 아프리카통일기구의 회원국이었다. 이들은 과연 무슨 이유로 아프리카 그룹의 일원이기를 바랐던 것일까.

아프리카 대륙에는 제2차 세계대전 이전에 범아프리카주의Pan-Africanism와 범아랍주의Pan-Arabism라는 두 가지 움직임이 있었다. 범아프리카주의는 원래 미국으로 끌려간 흑인 노예들의 운명 공동체 의식이 확대된 것이다. 서아프리카에서 잡혀 왔건, 남아프리카에서 잡혀 왔건 흑인 노예들의 처지는 비슷했다. 그들은 노예 사냥꾼에게 잡힌 뒤 화물 취급을 받으며 대서양을 건넜고, 카리브 어느 섬의 노예 경매 시장에서 미국으로 다시 팔려가 힘든 노동을 하고, 자손을 낳으며 살아갔다. 이들에게 당장 그리운 것은 세네갈, 나미비아, 중앙아프리카공화국, DR콩고Democratic Republic of the Congo■■가 아니었다. 그저 대서양 건너편 고향 땅을 그리워할 뿐이었는데, 그 땅의 이름마저도 백인들을 통해 처음 알게 되었다. 내가 살았던 곳, 내 조상이 묻혀 있고 가족이 있는 내 고향, 그곳의 이름은 아프리카라고.

20세기 초 미국과 프랑스의 흑인 가운데 극소수는 고등교육을 받은 지식인이 되었고, 이들은 서구인에 의해 왜곡되고 멸시받았던 흑인들

---

■ 모로코는 1984년 반군 세력인 사라위아랍민주공화국Sahrawi Arab Democratic Republic과의 불편한 관계로 인해 아프리카통일기구를 스스로 탈퇴했다.

■■ DR콩고는 콩고공화국Republic of the Congo과는 엄연히 다른 나라다. 1970년대에 잠시 자이르Zaire라는 국명을 썼다. 아프리카에서는 두 나라를 구분하기 위해 국호 뒤에 수도 이름을 붙이곤 하는데, DR콩고는 콩고 킨샤사, 콩고공화국은 콩고 브라자빌이라고 쓰는 것이 보편적이다.

의 정체성 회복 운동에 나섰다. 네그리튀드라 불리는 이 운동이 범아프리카주의의 본질이다. 노예제도와 인종차별의 고통을 공유하는 흑인들은 그 고향을 불문하고 역사와 운명의 공동체로서 동지 의식을 느꼈고, 외세의 탄압과 착취에 맞서기 위해 단결을 촉구하게 되었다.

이에 반해 범아랍주의는 이슬람교를 매개로 한 북아프리카와 서아시아의 연대 의식인데, 그 배경에는 도무지 앞뒤가 맞지 않는 영국의 뒷거래 외교가 있었다. 영국은 서아시아 지역에서 아랍 민족의 독립을 약속했지만 이후 이와 모순되는 비밀 외교가 밝혀져 아랍인들을 자극했다. 급기야 1917년 영국이 밸푸어선언<sup>Balfour declaration</sup>을 통해 팔레스타인 지역에서의 유대인 국가 건설을 돕겠다고 하자 아랍인들은 배신감을 느꼈다. 1930년대, 제2차 세계대전 기간 중 유대인들이 팔레스타인 지역으로 몰려들면서 아랍인들의 반유대인, 반유럽 정서는 극에 달했고, 이슬람을 공통분모로 하는 범아랍주의가 성장하게 된다.

이렇듯 범아프리카주의와 범아랍주의는 출발과 배경, 그리고 그 대상이 다르다. 그러나 제2차 세계대전 이후부터 둘은 교묘하게 결합하게 된다. 그 초석은 가나의 초대 대통령이며 아프리카 통합론자였던 콰메 은크루마<sup>Kwame Nkrumah</sup>가 놓았다. 그는 1945년 북아프리카에 거주하는 흑인들도 범아프리카주의 운동에 포함시킬 것을 주장했는데, 이로 인해 범아프리카주의는 아프리카 대륙 전체를 대상으로 확대된다. 물론 은크루마의 구상은 아프리카 대륙의 흑인들을 상대로 단결과 통합을 촉구하는 것이었는데, 엉뚱하게도 1952년 이집트혁명<sup>■</sup>과 아랍 민족주의를 주도했던 가멜 압델 나세르<sup>Gamal Abdel</sup>

<sup>Nasser</sup>가 그 방향을 바꾼다.

나세르는 이집트가 지리적으로 아랍의 중심에 위치할 뿐만 아니라, 아프리카 고대 문명의 주인공이라 주장했다. 나일 강 상류 지역의 고대 문명 역시 이집트 문명의 한 줄기라고 여긴 그는 이집트야말로 아프리카의 주인공이라고 본 것이다. 여기에다가 나세르와 은크루마 간의 개인적 유대 관계, 그리고 당시 시대 상황이 아랍주의와 아프리카주의 간의 구분을 희석시켰다. 아프리카가 유럽으로부터의 독립을 추구하던 1956년, 수에즈운하를 무기로 영국, 프랑스, 이스라엘을 굴복시켰던 나세르는 순식간에 아프리카의 영웅이 되었다.

때마침 일어난 알제리의 독립전쟁 역시 사하라 이남 아프리카의 동정을 불러일으켰다. 1957년 가나의 독립이 결정되자 은크루마는 즉각적으로 알제리 독립을 지지했고, 기니, 말리 등 여타 국가들도 이에 동참했다. 1962년 알제리가 프랑스로부터 독립했을 때, 사하라 이남 아프리카 독립국들은 이를 형제처럼 반겼고, 1963년 아프리카 통일기구는 나세르의 소원대로 북아프리카와 사하라 이남 아프리카를 아우르는 조직으로 출범했다.

그러나 정작 나세르의 주된 관심은 아랍과 서아시아의 맹주 역할에 있었다. 그는 범아랍주의를 주장하면서 아라비아 반도 국가들의

■ 1922년 영국 식민지로부터 독립한 이집트는 왕정제를 유지해오고 있었다. 영국은 이집트에서의 기득권을 잃지 않기 위해 왕실을 매수하며 내정에 간섭했다. 1948년 이스라엘과의 전쟁에서 패하자 이집트 국민과 청년 장교들 사이에서는 부패한 왕실과 영국 제국주의에 대한 비판이 고조되었다. 나세르와 모하메드 나기브<sup>Mohamed Naguib</sup>를 중심으로 한 자유장교운동<sup>Free Officers' Movement</sup>은 1952년 쿠데타를 일으켜 파루크<sup>Farouk</sup>왕을 축출하여 공화정을 수립했는데, 이를 1952년 이집트혁명이라 부른다. 공화정 초대 대통령으로 나기브가 추대되었으나, 혁명 세력 간의 분열로 1954년 나세르가 나기브를 축출하고 제2대 대통령에 당선되었다.

내정에 간섭했다. 그는 1958년 시리아와 함께 아랍연방공화국<sup>UAR,</sup>
United Arab Republic ▪을 창설함으로써 이후 이라크, 예멘의 연방 가입을
촉구했다. 궁극적으로 그는 아랍 민족의 통일 국가 건설을 원했는데,
그런 면에서 아프리카통일기구의 출범과 회원국 구성은 모순 그 자
체였다. 그렇지만 아프리카와 아랍, 그 누구도 이런 모순을 문제 삼
지 않았다. 유럽 식민통치의 아픔과 반서구의식은 그들의 결속을 돕
는 접착제와도 같았고, 특히 1970년대 석유 파동은 아프리카 지도자
들로 하여금 산유국 서아시아에 더욱 의지하게 만들었다.


## 아프리카의 왕 가다피

북아프리카와 사하라 이남 아프리카 사이가 멀어지
지 않게 노력한 또 한 명의 인물은 리비아의 지도자 무아마르 가다피
Muammar Gaddafi 였다. 그가 아프리카에 미친 영향력은 대단했다. 수많
은 아프리카 정부들이 가다피가 보내준 돈으로 재정을 꾸리거나 도
로와 발전소 같은 인프라를 만들었다. 가다피의 군사적 지원으로 쿠
데타를 막은 경우도 있었다. 가다피는 아프리카에서 일어난 분쟁의

---

▪아프리카의 국경선과 마찬가지로 서아시아의 국경선 역시 유럽 식민 열강이 자의적으로 그었다. 이로
 인해 독립 이후 이집트와 시리아에서는 국경선을 허물고 통일 국가를 건설하자는 움직임이 일어나고
 있었다. 1957년 시리아에서는 친소련 공산주의자들이 세력을 키워가고 있었고, 나세르를 추종하는 정
 치가들과 이집트와의 무역으로 부를 축적한 상인들은 공산화를 막기 위해 이집트와 합병하기를 원했
 다. 1958년 이집트와 시리아는 아랍연방공화국으로 통합되었고, 나세르는 연방 대통령이 되었다. 아랍
 연방공화국의 출범으로 아랍인들의 민족주의와 통합 의식이 성장했고, 이후 이라크와 예멘이 연방 가
 입을 선언했다. 그러나 시간이 갈수록 이집트 중심의 독단적이고 차별적 정책에 불만이 표출되었고,
 1961년 쿠데타에 성공한 시리아의 군부 세력이 탈퇴를 선언하면서 아랍연방공화국은 막을 내렸다.

중재자 역할을 즐겼고, 수단과 소말리아에 파견된 평화유지군을 재정적으로 지원하기도 했다. 2011년 그는 이후 리비아의 재스민혁명으로 비참하게 몰락했으나, 아프리카 지도자들은 그와의 유대 관계를 중요시했다. 그건 바로 리비아가 가진 오일 머니 때문이었다.

그런데 무엇보다도 특이한 것은 1999년 그가 아프리카합중국

아프리카의 왕, 가다피 © Wikimedia Commons

United States of Africa 건설을 주장했다는 것이다. 아프리카합중국, 이는 하나의 정부와 군대 하에 동일한 화폐, 시민증, 여권을 사용하자는 매우 급진적이며, 당연히 비현실적인 제안이었다. 아프리카 대륙의 모든 정부들이 주권을 포기하지 않고서는 이뤄질 수 없는 일이었기 때문이다.

그런데도 이에 대한 가다피의 애착은 정말 대단했던 것 같다. 그는 2010년에도 이를 다시 제안했고, 심지어 에티오피아 아디스아바바에 있는 아프리카연합의 본부를 리비아의 수도 트리폴리Tripoli로 옮기려고 했다. 물론 이에 동조하는 아프리카 지도자는 거의 없었다. 다만 가다피의 재정 지원에 극도로 의존하고 있었던 일부 아프리카 지도자들만이 마지못해 찬성했을 뿐이다.

한마디로 아프리카합중국 구상은 1980년대부터 미국에 맞서 싸웠

던 가다피의 과대망상이었다. 그는 스스로를 초강대국인 미국의 대통령과 같은 반열에 올려놓고 싶어 했고, 리비아의 지도자가 아닌 아프리카 대륙 전체의 왕이 되겠다는 야망을 품었다. 미국을 상대하는 가다피의 투쟁은 실로 힘겨웠다. 리비아가 자신의 영해라 주장하는 시드라 만gulf of Sidra에서 미 해군이 리비아 공군기와 함정을 피격하자 가다피는 은밀한 보복을 택했다. 미군 병사들이 즐겨 찾는 베를린의 나이트클럽을 폭파한 것이다. 이에 대해 미국은 1986년의 트리폴리와 벵가지 폭격으로 응징했는데, 이 폭격으로 어린 양녀를 잃은 가다피는 다시 그 보복으로 파키스탄에서 미국 민항기를 납치했고, 2년 뒤 런던 히드로공항을 이륙해 뉴욕으로 향하던 팬암 103기를 폭파시켜 270명의 목숨을 앗아갔다.

이후 미국과 서방 세계는 가다피를 악의 축으로 규정하고 그를 고립시켰다. 유엔이 나서서 리비아의 무역을 끊었고, 가다피의 해외 자산을 동결시켜버렸다. 석유 수출이 막혀버린 리비아의 경제는 내리막을 걸을 수밖에 없었다.

정치·경제적으로 고립된 가다피가 눈을 돌린 곳이 바로 아프리카다. 그는 원래 범아랍주의자였으나, 미국과 유엔으로부터 박해받는 그에게 이슬람 형제 국가들은 도움의 손을 내밀지 않았고, 그는 아프리카를 재기의 발판으로 삼으려 했다. 아프리카의 반군 세력들을 도와 내전을 부추겼으며, 몇몇 국가에서 친親리비아 정권이 수립되는 것을 보고 흐뭇해했다.

1990년대 중반 리비아에 대한 경제 제재가 풀리자 그는 오일 머니를 풀어 아프리카 친구들을 만들었다. 아프리카에서의 위상이 올라가면서 그는 사하라 이남 전통 의상과 아프리카 거물급 지도자들의 얼굴이 그려진 옷을 입기 시작했고, 국민들에게 스스로를 아프리카의 구세주, 심지어 아프리카의 왕이라고 선전했다. 스스로를 아프리카인이라고 여기지 않는 리비아 국민들은 지도자 가다피에 대해 반신반의할 뿐이었다. 조국 리비아의 지도자가 아프리카 대륙의 왕이라니 그리 기분 나쁠 리는 없었을 것이다.

한편 가다피의 돈맛을 본 아프리카 지도자들이 그를 마다할 리는 없었다. 아프리카연합은 사실상 그를 위한 무대가 되었다. 가다피는 아프리카연합 재정의 15퍼센트를 지원했는데, 이는 단일 국가로서는 가장 큰 재정 분담 비율이었다. 이런 영향력 때문에 아프리카연합은 독재자들의 사교 클럽이 되어버렸다.

가다피는 수단의 알 바시르<sup>Al-Bashir</sup>나 짐바브웨의 로버트 무가베<sup>Robert Mugabe</sup>처럼 국제형사재판소<sup>ICC</sup> 체포 영장이 발부된 독재자를 옹호했고, 부정과 폭력으로 얼룩진 에티오피아 총선을 투명하고 공정한 선거라고 평가했다. 그는 매년 아프리카연합 정상회의에서 유엔과 서방 국가들을 비난했는데, 그 요지는 늘 같았다. 서구식 사고와 잣대로 아프리카의 정치와 지도자들을 평가하지 말라는 것이다. 아프리카의 독재자들에게 가다피는 세찬 비바람을 막아주는 우산과도 같은 존재였다.

그토록 고마운 가다피가 2011년 리비아 내전으로 궁지에 처했을 때, 아프리카연합은 궁색하기 그지없는 성명을 발표했다. 아프리카 문제는 아프리카에게 맡겨야 한다며 북대서양조약기구<sup>NATO</sup>의 군사 행동을 비난한 것이다. 수단의 알 바시르 대통령은 '이웃 주제에 집

주인을 쫓아낼 수는 없다'며 서방의 가다피 축출을 비난했는데, 그럴 만한 이유가 있었다. 알 바시르는 다르푸르 인종청소의 배후 혐의로 국제형사재판소에 기소된 상태였는데, 평소 가다피가 그를 변호해 주었을 뿐만 아니라 같은 이슬람 형제 정부로서 남수단 기독교 분리 단체를 탄압하기 위해 머리를 맞대어왔기 때문이다. 말 그대로 초록은 동색인 셈이다.


## 개와 노예의 이름은
## 주인이 짓는다

　　　　　　이와 같이 독립 이후 아프리카는 20세기 초 흑인 선구자들이 회복하고자 했던 흑인 정체성을 저버렸다. 나세르나 가다피의 과장되고 허황된 슬로건과 경제적 지원에 가려 아프리카인들은 범아랍주의가 아프리카에서 흑인들을 죽이고 헐벗게 하는 것을 막지 못했다. 리비아를 위시한 아랍연맹<sup>Arab League</sup>이 수단 남부의 기독교도인 흑인에 대한 탄압을 모색하는 동안, 아프리카통일기구나 아프리카연합은 이에 대한 논의조차 하지 못했다. 수단의 국내 문제라는 이유였는데, 실제로는 이슬람 수단 정부를 감싸기 위한 것이었다.

　뿐만이 아니다. 나이지리아 내전에서의 이보족<sup>Igbo</sup>, 수단의 누비아족<sup>Nubia</sup>과 다르푸르 흑인들, 그리고 북아프리카의 흑인 이주민들이 아랍인 또는 아랍화된 흑인들에 의해 차별받고 학살당하는데도 아프리카 지도자들은 흑인 형제들의 고통에 무심했다. 흑인 정체성 운동의 선구자들이 이를 알았다면 매우 애석해했을 것이다.

이제 가다피는 없다. 이집트의 호스니 무바라크<sup>Hosni Mubarak</sup>, 튀니지의 벤 알리<sup>Ben Ali</sup>와 같은 권력자들도 짐을 꾸려 도망쳐버렸다. 향후 북아프리카에는 민주 정권이 들어설 것으로 보인다. 사하라 이남 아프리카는 든든한 재정 후원자를 잃어버렸지만, 다른 한편으로는 돈으로 아프리카의 왕이 되고자 농단했던 악동이 사라진 셈이다. 물론 하루아침에 북아프리카와의 관계가 단절되지는 않을 것이다. 그러나 가식적이고 불순한 의도로 맺어진 연대는 희미해져 언젠가 사하라 이남 국가들 스스로가 다시 그들만의 정체성에 대해 생각해볼 수 있는 순간이 올 것이다.

카리브 제도 출신의 흑인 정치가 리처드 무어<sup>Richard B. Moore</sup>는 '개와 노예는 주인이 이름을 지어준다. 오직 자유인만이 스스로 이름을 짓는다'고 했다. 아프리카인들도 이제는 누군가의 간섭 없이 스스로를 자유롭게 정의해야 할 것이다. 피부 색깔을 공통분모로 한 인종적 민족주의의 부활을 바라는 것은 아니지만, 적어도 유럽과 아랍의 간섭 없이 아프리카인 스스로가 평화적이고 긍정적인 정체성을 모색할 수 있기를 희망할 뿐이다.

이러한 이유로 이 책에서는 이집트, 리비아, 모로코, 튀니지, 알제리 5개국을 논외로 삼았다. 이들은 이슬람 노예무역과 이슬람 근본주의 운동, 그리고 최근의 재스민혁명처럼 사하라 이남 아프리카인들의 삶에 직접적 영향을 미친 사건과 관련해서는 비중 있게 다뤄질 테지만, 그런 경우에도 이들을 반드시 '북아프리카'로 표현함으로써 사하라 이남 아프리카와는 구별 지었다.

한편 일반적으로 사하라 이남 47개 국가들을 '흑아프리카<sup>black</sup>

Africa'라고 표현하지만, 이 책에서는 '사하라 이남 아프리카'라는 지리적이고 가치중립적 표현을 사용할 것이다. 그 이유에 대해서는 다음 장에서 상세하게 다룬다.

**BOX STORY** **가다피와 만델라 대통령**

남아공의 인종차별정책을 철폐한 정치인이며 노벨평화상 수상자로 국제적인 존경을 받는 넬슨 만델라<sup>Nelson Mandela</sup>는 가다피와 각별한 인연이 있다. 가다피는 남아공의 흑백 차별 철폐를 위해 투쟁했던 아프리카민족회의<sup>ANC</sup>에 자금을 지원했는가 하면, 1989년에는 만델라에게 가다피 스스로가 제정한 '가다피 국제인권상<sup>Al-Gaddafi International Prize</sup>'을 수여했다.

그의 후원 때문인지 모르지만 남아공의 인종차별정책은 철폐되었고 만델라는 대통령에 취임했다. 미국 클린턴 대통령은 만델라에게 가다피와의 관계를 끊으라고 요청했으나, 만델라는 오히려 가다피를 '형제 지도자', '남아공 민주주의의 후원자'라 칭하며 친분을 과시했다. 또한 그는 가다피에 대한 국제 사회의 제재를 풀기 위해 노력을 아끼지 않았다.

만델라는 이로써 과거 백인 정부와의 투쟁 시절 가다피가 보내준 성원과 지지에 보답하고 의리를 지키고자 한 것이지만, 그를 후원한 가다피의 의도는 사실 딴 데 있었다. 가다피는 만델라만 후원한 것이 아니다. 그는 팔레스타인해방기구<sup>PLO</sup>, 아일랜드해방기구<sup>IRA</sup>, 라이베리아와 시에라리온의 반군도 후원했는데, 이를 통해 미국과 유럽, 그리고 백인 체제를 흔들고자 했던 것이다. 가다피가 만델라를 후원한 것도 흑인들의 권익 신장을 위해서라기보다는 백인과 서구가 미웠기 때문일 것이다.

# 세계사의 미아,
# 아프리카

## 세계사 속의 아프리카

대부분의 사람들은 아프리카의 역사에 대해 모른다. 역사학을 전공한 사람일지라도 식민지시대 이전 아프리카 역사에 대해서는 아는 것이 거의 없거니와, 이를 가르치는 곳도 쉽게 찾을 수 없다.

세계사에서 아프리카는 용두사미 그 자체다. 세계사 개론은 항상 아프리카로부터 시작한다. 인류의 어머니인 호모 사피엔스 루시 <sup>Lucy</sup>의 해골과 그녀가 발견된 동부 아프리카 지도가 항상 첫 장을 장식한다. 그러나 아프리카에 대한 이야기는 15세기 대항해시대를 다루는 대목에 이르러서야 다시 등장한다. 그것도 마치 유럽 탐험가들이 위대한 도전 끝에 얻어 낸 전리품처럼 묘사되다가 제2차 세계대전 이후 현대사에 이르러 간략하게나마 기술된다.

이와 같이 기존 세계사에서는 15세기 이전의 아프리카 역사는 그다지 애써 기술할 필요가 없는 분야처럼 취급되었다. 우선 문자가 없었던 아프리카인들은 과거를 기록으로 남기지 않았을 뿐만 아니라, 행여 기록된 과거가 있더라도 서구 학자들은 이를 야만적이고 비문명적 활동으로 보고 세계사적 의미와 가치를 부여하지 않았다. 다시 말해 아프리카에는 역사가 존재할 수도 없고, 존재하더라도 무의미한 것이었다.

그런데 조금만 더 생각해보자. 문자가 없으면 역사도 없는 것인가. 역사는 반드시 문자로만 기록되어야 하는 것인가. 아프리카인들은 왜 문자를 만들지 않았는가. 정녕 아프리카인들은 세계사에 기여한 적이 없는가. 15세기 이전에 아프리카는 유럽, 서아시아와 그 어떤 소통도 없었던 것인가. 그리고 좀 더 본질적으로, '세계사적으로 가치가 있다'는 것은 무엇을 의미하는가. 그 가치는 누가 평가하는가.

아프리카를 '발견'하고 지배했던 유럽인들은 이러한 의문들을 전혀 갖지 않았다. 그들은 아프리카를 야만과 암흑의 세계이며, 역사와 문명이란 존재하지 않는 곳으로 보고 유럽의 찬란한 문명으로 암흑을 걷어내야 한다고 생각했다. 이런 사명 의식은 수백 년간 지속되었다. 300여 년이 지난 1899년, 영국 시인 러디어드 키플링<sup>Rudyard Kipling</sup>의 시 〈백인의 부담<sup>White Man's Burden</sup>〉은 그나마 아프리카인에 대한 인류애적 동정심을 표현하고 있지만, 아프리카인들을 '반 악마, 반 어린아이<sup>half devil and half child</sup>'로 묘사하며 구원을 호소했다는 점에서 이 정서는 과거 문명화에 대한 사명감으로 포장된 인종주의에서 크게 벗어나지 않을 것이다.

# 아프리카의 문자와
# 기록을 둘러싼 오해

'아프리카인들이 문자를 사용하지 않았다'는 말은 옳지 않다. 사하라 이남의 대표적 문자 체계인 에티오피아 문자는 그 역사가 2,000년에 가까울 뿐만 아니라, 오늘날까지 사용되고 있다. 남부 아랍 지역 문자에 영향을 받은 에티오피아 문자는 옛 언어인 게즈어<sup>Ge'ez</sup>와 암하라어<sup>Amharic</sup>로 된 종교 문학을 남기기도 했다. 북부 수단 지역의 쿠시<sup>Kush</sup>왕국은 메로에<sup>Meroitic</sup> 문자를 사용했다. 그 시기는 기원전 2~5세기이며, 기원전 430년에 쿠시 왕국을 방문한 그리스의 역사가 헤로도토스가 이 사실을 기록으로 남겼다.

라이베리아와 시에라리온에서 사용된 바사족<sup>Bassa</sup> 문자인 바<sup>Vah</sup>는

● 게즈어로 기록된 성경 창세기
ⓒ Wikimedia Commons

그 기원이 베일에 가려져 있긴 하지만, 토속적 아프리카 문자 체계로 평가되는데, 놀랍게도 이 문자가 발견된 곳은 아프리카가 아닌 브라질과 서인도제도였다. 노예로 끌려간 바사족 후예가 머나먼 타향에서 어릴 때 배웠던 글씨를 새겼던 것이다. 바사족 출신의 라이베리아인은 이 문자가 고대부터 사용되었다고 얘기한다. 토속어로 'vah'가 '표시를 남기다'임을 생각해볼 때, 바사족은 숯 따위를 이용하여 나무판이나 바위에 문자를 기록했던 것으로 추정된다.

이외에도 19세기 또는 20세기에 아프리카인들은 바이Vai, 만데Mande, 크펠르Kpelle 문자와 같은 고유의 문자 체계를 고안해냈다. 서아프리카 하우사족Hausa은 아랍어의 알파벳을 차용하여 토속어를 기록하기도 했다.

'아프리카인들은 과거를 기록하지도, 후대에 전승하지도 않는다'는 주장 또한 옳지 않다. 아프리카인들만큼 과거를 소중히 여기는 사람들은 없다. 아프리카 부족에는 과거로부터 내려온 지식과 전통, 신화, 전설을 구술해주는 이야기꾼, 즉 그리오griot가 있었다. 그들은 대개 마을의 연장자로서 부족의 어린아이들이 예닐곱 살이 될 때까지 공동체의 역사를 가르쳤다. 그들은 역사 선생일 뿐만 아니라 전통 민요와 무용, 공동체 규범의 교육자이기도 했다.

그들은 부족의 역사와 지식을 보관하고 전수하는 대학과 도서관 같은 역할을 했다. 이러한 풍습은 지금도 남아 있다. 프랑스 문물을 일찍 받아들인 세네갈의 수도 다카르의 어린아이 중 일부는 지금도 마을 할아버지로부터 부족의 과거사와 노래를 배운다. 그들은 인간 문화재와도 같은 존재이지만 우리나라에서처럼 국가적 차원의 지원

아프리카에는 아프리카가 없다

이나 보호는 받지 못한다. 다만 최근에 와서야 구전 역사를 보존하려는 학계의 관심을 받고 있는 정도이다.

이와 같이 아프리카에 문자가 있었고, 아프리카인들이 역사의식을 갖고 있었던 것은 분명하지만, 이들이 역사를 문자 기록으로 남겨야 한다고 생각하지는 않았던 것 같다. 그들은 문자화된 기록보다는 구술에 의한 직접적 전달을 더 선호했다. 그 이유는 몇 가지로 설명이 가능하다. 우선 대부분의 아프리카인들은 씨족<sup>clan</sup> 단위의 소규모 수렵, 채집 활동을 했는데, 혈연으로 이뤄진 조직일수록 문자와 문서의 필요성은 떨어진다. 소규모 혈연 집단 내에서 문자를 통해 의사를 전달하거나 기록으로 남겨야 하는 경우는 그리 흔치 않았을 것이다.

공동체의 단위가 확대되는 경우에도 마찬가지였다. 예를 들어 남아프리카 줄루족 중앙정부는 다수의 하위 부족 또는 씨족의 건장한 청년을 중앙군으로 모집했다. 그러나 그러한 징집을 문서화할 필요는 없었다. 줄루족이라는 공통의 피를 물려받은 하위 씨족들은 그러한 징병 원칙을 전통으로서 공유했기 때문이다.

이와는 대조적인 예로 고대 중국을 생각해보자. 은나라 중앙 정부는 세금 징수 또는 징병에 관한 황제의 명령을 거대한 동판 위에 문자로 새겨 지방에 내려보냈다. 교통이나 통신 수단이 막막했던 고대 사회에서 황제의 명령임을 증명할 수 있는 방법 중 하나는 일반인들이 만들거나 운반하기조차 힘든 거대한 동판 위에 황제의 말씀을 새기는 것이었다. 가볍고 구하기 쉬운 대나무 조각 위에 쓰인 황제령은 얼마든지 위조가 가능했기에 신뢰할 수 없었을 것이다. 그만큼 중국 대륙에서는 권위적 문자 전달을 통한 중앙집권의 확립이 필요했지만 아프리카는 그럴 필요가 없었다.

마지막으로 아프리카의 혹독한 기후에서는 문자보다는 목각 부조나 문양을 통한 기록이 보다 적합했을 것이라는 설명이 있다. 살인적인 더위와 습도를 지닌 아프리카의 기후에 견디지 못하는, 즉 내구성이 부족한 종이는 전달 매체로 적합하지 않았다. 행여 나무판 위에 무언가를 기록한 경우에도 우기에는 지워질 수밖에 없다. 아프리카의 고유 문자들이 에티오피아 고원, 서아프리카 사헬 지대를 위주로 발달한 것도 이런 맥락에서 설득력 있게 설명될 수 있다.

한편 입에서 입으로 전해진 역사는 시대를 거치면서 변형될 수밖에 없다. 시간과 공간에 대한 기술은 과장되고 미화되기 일쑤여서 그것이 역사인지 전설인지 분간하기가 힘들다. 우리 역사에서 단군 신화는 고려 충렬왕 때인 1285년경에 일연이 쓴 《삼국유사》에서 비로소 최초로 문자화되었다. 고조선의 건국사는 무려 3,000여 년이 지난 후에야 역사서에 기록되면서 비현실적이고도 상징적인 이야기들이 대부분을 차지하고 있다.

그리오들이 전하고 있는 아프리카 부족의 역사도 마찬가지다. 유럽인들이 아프리카를 탐험했을 때, 그들이 전해 듣게 된 아프리카인들의 과거는 역사라기보다는 몽매한 환상과 원시 종교의 신화처럼 느껴졌을 것이다. 정확한 연대기와 왕조의 기록에 익숙한 유럽인들에게 아프리카 역사란 존재하지 않았다. 이러한 인식은 수세기가 지난 오늘날까지도 전 세계인의 의식을 지배하고 있다고 할 수 있다. 여기에 절대적 기여를 한 것이 바로 역사 철학자 헤겔이었다.

## 아프리카의 유령 헤겔

우리는 흔히 사하라 사막 이남 지역을 흑아프리카라고 부른다. 그런데 '검은 아프리카'라 함은 구체적으로 무엇을 의미하는가. 아프리카 흑인들의 검은 피부빛을 일반화한 표현이라고 생각하기 쉽다. 실제로 사하라 이남 지역을 검은색과 연관 지어 표현한 것은 역사적으로 오래된 일이다. 중세시대 아랍 학자들도 아프리카 대륙을 '빌라드 앗수단bilād as-sūdān', 즉 흑인들의 땅Land of the Black이라고 묘사했다. 그 정도로 흑인들의 검은 피부빛은 아프리카 대륙을 상징하는 특성이었다고 할 수 있다.

그러나 근대에 이르러 그 의미는 피부빛에 대한 단순한 묘사를 넘어서게 된다. 검은색은 어둠을 의미하고, 이는 곧 흑인들의 무지와 야만, 문명의 부재와 같은 부정적 이미지로 연결되었다. 유럽은 아프리카에 이러한 어둠을 쫓아내고 문명의 빛으로 밝혀야 할 의무를 스스로 만들어내고 정당화시켰다.

헤겔은 아프리카인들에 대한 유럽인의 이미지와 지배욕을 학문적 수준으로 고착시켰다. 사실 그는 아프리카를 방문한 적이 없다. 그는 단지 당시 아프리카를 다녀온 탐험가, 선교사들로부터 간접적인 지식을 얻었을 뿐인데, 그럼에도 당시 헤겔의 아프리카관은 인종주의의 유령처럼 전 세계인의 머릿속을 떠돌고 있다.

헤겔은 그의 저서 《역사철학강의The Philosophy of History》에서 우선 아프리카를 문화적 특성에 따라 세 지역으로 구분 지었다. 지중해 연안의 북아프리카와 나일 강 유역은 유럽과 근동 지역의 문화적 영향을 받은 곳인 반면, 이 두 지역을 제외한 사하라 이남 아프리카를 '진정한 아프리카<sup>Africa Proper</sup>'라고 명명하면서 가혹한 평가를 내렸다.

"이 지역은 역사적으로 고립되어 왔으며 (······) 어린아이들의 땅이다. 그곳은 밤의 장막에 의해 봉해져 왔다. (······) 아프리카인들의 의식 수준은 매우 낮아서 신이나 법과 같은 추상적 사고를 할 수 없다. 그들에게는 객관적이고 초월적 존재를 통한 자아 인식 능력을 기대할 수 없다."

헤겔의 의해 아프리카는 유아기의 인류, 고차원적 사고 능력이 없는 흑인들의 땅이자 어두운 밤의 장막에 둘러쳐 있는 대륙으로 묘사된다. 그리고 흑인들의 검은 피부는 어둡고 몽매한 밤의 이미지와 함께 어우러져 '흑 아프리카'라는 부정적 개념을 정형화하는 데 일조했다. 헤겔은 아프리카 흑인들의 인간성마저 부인하면서 인간의 존엄성과 도덕적 기준을 적용할 수 없다고 보았다. 또한 그는 아프리카인에게 종교적으로도 편향된 시각을 투영했다. 고차원적인 기독교는 야만인들에게 적합지 않으며, 오히려 이슬람교가 더 잘 어울릴 것이라고 한 것이다. 이러한 흑인의 인간성에 대한 부정은 19세기 노예무역업자와 노예를 필요로 했던 이들에게 양심의 가책 내지는 죄책감의 방파제가 되어주었다.

흑인들은 자연 상태 혹은 야생 상태에 머물고 있는 종족으로 이들에게 인간에 대한 경의나 도덕 등 그 어떤 인간적 감정을 적용해서는 안 된다. 인간성과 조화될 수 있는 그 어떤 것들도 흑인들로부터는 발견할 수 없을 것이다. 이미 아프리카 지역 선교사들은 이를 입증해주었다. 흑인들을 문명의 영역으로 끌어들일 수 있는 어떠한 것이 있다면, 아마도 이슬람교가 유일한 것일 것이다.

헤겔은 아예 아프리카 대륙을 세계사에서 제외시켰다. 헤겔은 아프리카의 문명을 세밀히 분석하기보다는 소위 지리-기후결정론geo-climatic determinism이라는 렌즈를 통해 바라보았다. 그는 열대와 냉대와 같은 극한 기후 지대에서는 고차원적 역사 발전의 동력이 형성되기 어렵다고 보았다. 저급한 문명의 단계에 정체되어 있는 극한 기후 지역의 역사는 세계사적 가치가 없다고 주장했다. 세계사에서 아프리카사를 배제하는 것은 당연시되었다.

헤겔의 주장들은 매우 강력하고 질긴 도그마가 되었고, 20세기 오스발트 슈펭글러Oswald Spengler와 아널드 토인비Arnold Toynbee와 같은 대역사가도 그 전철을 밟았다. 《서구의 몰락Der Untergang des Abendlandes》(1922)이나 《역사의 연구A Study of History》(1961)가 다루고 있는 문명권에 아프리카는 없다. 토인비는 아프리카에 대해 야만적 부족 사회 말고는 기술할 것이 없다고 잘라 말하기도 했다.

## 역사 다시 찾기

그러나 20세기 후반에 이르러 아프리카 지식인들의 역사의식이 성장하게 된다. 그 계기는 1963년 영국의 역사가 휴 트레버로퍼Hugh Trevor-roper가 초래한 소위 '아프리카 논쟁'이다. 그 역시 헤겔의 논리를 답습하면서, '유럽인의 개척과 식민 지배 이전의 아프리카에는 역사가 없다. 아프리카에는 유럽인의 역사만 있을 뿐이다. 그 나머지는 암흑이다'라고 선언함으로써 아프리카 지식인들을 자극했던 것이다.

트레버로퍼는 강경했다. 문자 기록 하나 찾아볼 수 없는 아프리카에 역사란 당연히 존재하지 않는다는 것이다. 당시 서구 지식인들에게는 그러한 주장이 당연할 수도 있었지만, 식민지로부터 독립하기 시작한 아프리카 국가들에게 그 선언은 도발 그 자체였다. 아프리카 주의자Africanist ■들은 트레버로퍼의 발언이 유럽 중심주의적 표현이며, 식민주의적 발상이라 비판했다.

논쟁은 아프리카주의자들을 각성시켰고, 시간이 흐를수록 아프리카에 대한 수정주의적 시각이 힘을 얻었다. 문자 기록뿐만 아니라, 구전에 대한 연구를 역사학의 한 분야로 자리매김시키려는 움직임뿐만 아니라, 아프리카의 과거를 문화 인류학적 실체로 보고 세계사적 의미와 가치를 발견하고자 하는 시도가 이어졌다.

정치적 역사학이라고 비판받는 아프리카 중심주의Afro-centrism도 유럽 중심주의를 극복하고자 한 시도이다. 아프리카 중심주의는 20세기 중반 미국 내 흑인 학생들의 자긍심과 학업 욕구를 높일 방법을 모색하는 과정에서 탄생했다. 인종차별과 편견에 짓눌린 흑인들에게 고향인 아프리카 대륙의 영광스러운 역사를 교육시킴으로써 학업뿐만 아니라 사회적 성취 욕구도 높아지게 할 수 있다는 것이 아프

■ 흔히 노예무역, 식민 지배, 아프리카의 빈곤과 저개발 문제 등 아프리카에 관한 모든 이슈에 있어서 반서구적인 입장을 취하는 이들을 말한다.

리카 중심주의자들의 견해였다.

　이러한 움직임은 미국 내 흑인과 아프리카 지식인들의 큰 반향을 가져왔다. 다만 그 학문적 성과는 엉뚱한 쪽으로 나타났다. 조지 제임스George James의 《도둑맞은 유산 Stolen Legacy》(1954), 셰이크 안타 디오프Cheikh Anta Diop의 《문명의 아프리카 기원The African Origin of Civilization》(1974), 마틴 버널Matin Bernal의 《검은 아테네The Black Athena》(1987)에서 보듯이, 이들은 고대 이집트 문명의 아프리카 기원설, 그리스 문명의 아프리카 기원설, 클레오파트라의 흑인설 등 다소 낭만주의적 주장을 하면서 유럽에 대한 적대적 시각을 표출했다. 미국 내 백인 학부모들은 이를 사이비 역사학이라고 비판하면서 교육 과정에 왜곡된 아프리카사가 포함되어서는 안 된다고 주장했다. 그럼에도 아프리카 중심주의는 유럽인들이 아닌, 아프리카인에 의해 재구성된 역사의 확립과 교육을 주장했다는 점에서 그 의의가 매우 크다.

　수백 년간 유럽인들이 왜곡시켜왔던 아프리카의 모습을 되찾고 문화적으로도 식민 지배의 그늘에서 벗어나고자 했던 아프리카 지식인들의 노력은 유네스코UNESCO의 《아프리카사 개론General History of Africa》(1999) 완성을 통해 결실을 얻었다. 총 8권으로 구성되어 13개 언어로 출판된 이 《아프리카사 개론》이 완성되기까지는 35년이라는 세월과 230여 명에 달하는 역사학자들의 노력이 필요했다. 참가자 중 3분의 2가 아프리카 학자들이었을 정도로, 이 작업에 대한 아프리카인 지식인들의 참여 열기는 대단했다. 유네스코는 2009년부터 《아프리카사 개론》의 교육적 활용도를 높이기 위한 작업에 착수했다. 실제 초중등 교과 과정에 활용될 수 있도록 내용을 압축하는 한편, 교사들을 위한 지침도 현재 계속해서 마련하는 중이다.

현재 대부분 아프리카 고등학교에서는 식민지 이전 아프리카의 역사를 가르친다. 누비아 문명, 가나, 말리, 송가이, 이페, 베냉, 부간다, 르완다, 룬다, 콩고 왕국 등 아프리카 전역에 걸쳐 흥망했던 왕국들의 역사와 사회, 정치 조직에 관한 연구들이 이뤄지고 있고, 이 지역 정치가 또는 지식인들도 과거 선조들의 역사를 영광스럽게 여기고 있다.

이러한 사정을 헤아리지 못한 채, 그저 과거 유럽인들이 그랬던 것처럼 아프리카의 역사를 부정하거나 비하하는 언행은 적대적 표현에 가까울 수밖에 없다. 2007년 프랑스 대통령 니콜라 사르코지Nicolas Sarkozy가 세네갈 다카르의 대학 UCAD에서 한 연설은 그래서 더욱 큰 파장을 불러일으켰다.

아프리카인들은 한 번도 역사 단계에 들어선 적이 없다. 아프리카 농부들은 그저 수천 년간 계절의 반복과 자연에 동화된 채로 무한한 시간의 반복만을 인식한 채 살아왔다. 거기에는 인간의 노력이나 진보에 관한 관념이 있을 수 없었다. 아프리카인들이 그리워하는 황금 시대란 오지 않을 것이다. 왜냐하면 그것은 존재하지도 않았던 시대였기 때문이다.

이 연설로 인해 수많은 아프리카 지식인들과 정치 지도자들은 사르코지를 제국주의에 사로잡힌 전형적 인종주의자라고 비난하고 나섰다. 프랑스 정부는 연설의 의미를 축소하려 했으나, 기본적으로 아프리카를 몰역사적 대륙으로 비하한 그의 인식은 이미 아프리카인들에게 깊은 상처를 남겼다.

역사가 카<sup>E. H. Carr</sup>는 '역사란 과거와 현재와의 대화'라 했는데, 어떤 의미에서 이를 가장 잘 실천하고 있는 이들이 바로 아프리카인이다. 그들은 자신들의 과거를 너무나도 소중하게 생각하고 있으며, 심지어 조상들의 영혼이 현세의 삶에 관여한다고 믿는다. 식민 지배와 서구 문명의 유입을 경험한 아프리카인들이지만 그들은 선조의 과거를 부끄러운 것으로 생각하지 않는다. 아프리카인들은 여전히 혈연적 공동체와 그 역사를 삶의 둥지로 생각하고 있다.

이렇듯 역사란 그 누구도 아닌 당사자에게 가장 큰 의미가 있는 것이다. 문자 기록의 존재나 인류 문명에 대한 기여도를 기준으로 타국의 역사를 평가하는 것은 너무나도 오만한 사고방식이다. 아프리카인들 역시 자신들만의 호흡과 흐름이 담긴 역사를 가지고 있으며, 그들만의 방식으로 이를 기억하고, 또 이어가고 있기 때문이다.

**BOX STORY** 셍고르 대통령의 헤겔 비판

헤겔의 아프리카관을 극복하려는 아프리카인의 시도는 독립 이후부터 나타나기 시작했다. 독립 이후 국가를 형성하는 과정에서 과거 유럽인들이 만들어낸 부정적인 고정 관념을 타파하는 한편, 흑인들의 정체성을 새롭게 규정함으로써 아프리카인들의 자긍심을 고취시킬 필요가 있었기 때문이었다. 그러나 이미 보편화되어 있던 헤겔의 논리를 반박하기는 쉽지 않았다. 오히려 헤겔의 논리 속에서 보다 나은 흑인들의 정체성을 발견하려고 했다.

세네갈 초대 대통령이며 시인, 학자인 레오폴드 셍고르<sup>Leopold Senghor</sup> 대통령은 헤겔의 지리-기후결정론을 받아들였고, 그 속에서 보다 긍정적인 흑인성을 탐구했다. 우선 그는 흑인들이 4만 년 전 아프리카의 풍요로운 환경에서 살았던 호모 사피엔스의 후손으로서 자연에 대한 사랑과 동정심이라는 심성을 물려받았다고 주장했다.

"호모 사피엔스들은 모든 사물, 모든 접촉, 모든 호소, 심지어 자그마한 속삭임에 대해서도 마음을 열어두고 있었다. 그들은 모든 것이 풍요로운 자연과 더불어 좋은 관계를 유지해왔다. 즉 아프리카인들은 자연인이며, 풍요로운 자연 환경은 이들의 감성적인 면을 발달시켰다. 그들이 외부 세계에 관심이 없었던 것도 모든 환경이 풍요로웠기 때문이다."

헤겔은 흑인들이 열등한 인종으로서 추상적 사고력이 미흡하여 본능과 감성에 치우칠 수밖에 없다고 보았다. 셍고르 대통령은 이 또한 반박하지 않았다. 대신, 흑인들이 엄격한 논리력과 추론을 요구하는 수학, 과학보다는 예술과 문학에 보다 큰 재능을 발휘할 것임을 강조했다.

헤겔의 주장을 조심스럽게 극복하고자 했던 셍고르 대통령은 어쩌면 스스로도 흑인들의 잠재성에 대해 확신을 갖지 못한 것으로 보인다. 당시는 논리적으로 헤겔에 반박할 만한 학문적 토양이 채 성숙하지 못한 상태였고, 헤겔의 유산은 섣부른 비판으로 극복하기 어려운 도그마였기 때문이다.

# | 03 |
# 성경, 아프리카를
# 저주하다

## 인류의 유럽 기원설?

현생 인류의 조상은 아프리카 대륙으로부터 왔다. 인종을 불문하고, 우리 모두의 조상은 20만 년 전 동아프리카에서 진화에 성공한 호모 사피엔스인 것이다. 현대 고고학과 인류학, 그리고 유전학의 연구 결과를 종합해보면, 호모 사피엔스는 약 7만 년 전부터 아프리카를 탈출하여 전 세계로 이주했다.

이는 가뭄과 기근, 소빙하기의 영향으로 부족해진 식량을 찾기 위한 생존의 탈출이었고, 그 탈출구는 홍해 초입의 밥엘만데브 Bab-el-Mandeb 해협 또는 이집트의 시나이 반도였던 것으로 추정된다. 당시에는 빙하기의 영향으로 남극과 북극의 얼음 면적이 지금보다는 훨씬 넓었을 것이고, 해수면도 훨씬 낮았을 것이다. 현재 밥엘만데브 해협의 넓이는 약 40킬로미터이지만 5만 년 전에는 불과 1킬로미터 정도였고, 해협 가운데 섬도 있었을 것으로 추정된다.

그런데 19세기까지만 해도 인류의 아프리카 기원설과는 반대되는 이론이 정설로 여겨졌다. 인류는 아프리카가 아닌 중근동 또는 유럽에서 탄생했고, 그중 한 무리가 아프리카 대륙으로 건너가 흑인이 되었다는 것이다. 얼핏 이해하기 힘든 이 이론을 뒷받침하는 근거는 성경 구약 〈창세기〉의 몇 구절뿐이며, 그 내용도 지극히 모호하다. 그러나 유대인과 아랍인, 그리고 선민의식에 가득 찬 유럽인과 미국 대륙의 개신교도들은 구약의 내용을 곡해하여 아프리카인들을 저주받은 족속으로 묘사했는데, 이로 인해 인류사상 가장 비참하고 잔인한 비극인 대서양 노예무역이 정당화되었고, 아프리카 최악의 인종청소였던 르완다 학살이 가능해지기도 했다.

어처구니없는 이 이론의 근거는 아이러니하게도 인류의 구원자인 노아와 그 아들 함에 관한 것이다.

방주에서 나온 노아의 아들들은 셈과 함과 야벳이며 함은 가나안의 아버지라

노아의 이 세 아들로부터 사람들이 온 땅에 퍼지니라

노아가 농사를 시작하여 포도나무를 심었더니

포도주를 마시고 취하여 그 장막 안에서 벌거벗은지라

가나안의 아버지 함이 그의 아버지의 하체를 보고 밖으로 나가서 그의 두 형제에게 알리매

셈과 야벳이 옷을 가져다가 자기들의 어깨에 메고 뒷걸음쳐 들어가서 그들의 아버지의 하체를 덮었으며 그들이 얼굴을 돌이키고 그들의 아버지의 하체를 보지 아니하였더라

노아가 술이 깨어 그의 작은 아들이 자기에게 행한 일을 알고

이에 이르되 가나안은 저주를 받아 그의 형제의 종들의 종이 되기를 원하노라 하고

또 이르되 셈의 하나님 여호와를 찬송하리로다 가나안은 셈의 종이 되고

하나님이 야벳을 창대하게 하사 셈의 장막에 거하게 하시고 가나안은 그의 종이 되게 하시기를 원하노라 하였더라 ▪

   말하자면, 아들 함이 벌거벗은 채 잠든 아버지 노아의 모습을 본 후, 형제들에게 이를 비웃었고, 잠에서 깨어난 노아가 이를 노여워하여 저주를 내렸다는 것이다. 그런데 그 저주라는 것이 다소 의외다. 아버지를 욕보인 것은 함인데, 정작 저주를 입은 것은 함의 자손 중 한 부류인 가나안 사람이며, 그들은 대대손손 노예가 될 운명에 처했다. 〈창세기〉 내용 그 자체는 아프리카와 아무런 상관이 없다. 그러나 모호한 성경 구절을 해석하는 인간의 자의적인 상상력과 시대적 가치관이 교묘히 결합하며 그 내용이 변질된다.

## 꿈보다 해몽

          먼저 고대의 유대인들은 함을 곱게 보지 않았다. 함의 후손 중 일부는 가나안 지역에 번성했는데, 훗날 여호수아가 이끄

▪ 성경 〈창세기〉 9장 18절~27절

는 이스라엘 민족이 이들을 정복하고 노예로 삼았다. 아마도 유대인들은 가나안 정복을 정당화하기 위해 함과 가나안인들의 부정적 면모를 부각시키려 했던 것 같다. 그런데 그 부정적인 면모라는 것이 주로 성행위와 관련된 것이다. 3~4세기 랍비들의 설교 내용을 기록한 탈무드에는 신이 노아가 만든 방주 안에서 그 어떤 생명체건 섹스를 금했지만 함과 개, 까마귀가 이를 어겼다고 기록하고 있다. 그 벌로 함은 피부가 검게 탔으며, 개는 평생 줄에 묶여야 하는 운명에, 까마귀는 입으로 정액을 주고받아야 하는 운명에 처했다.[■] 함은 과도한 성욕을 억제하지 못하는 인물로 묘사되었고, 그 벌로 흑인이 된 것이다.

또 다른 유대의 기록은 함을 더욱 치졸한 사람으로 묘사하고 있다. 13세기에 집대성된 것으로 추정되는 랍비들의 주석집 《미드라쉬 랍바Midrash Rabbah》에는 노아가 잠에서 깨어 함에게 "너로 인해 나는 이제 어두운 곳에서 하는 일을 할 수 없으니, 너의 후손들은 검고 추한 존재가 되리라"라고 꾸짖었다고 되어 있는데, 그 뜻은 대략 이렇다. '어두운 곳에서 하는 일'이란 성행위를 말하는데, 이를 할 수 없게 되었다는 것은 노아의 성기가 해를 입었다는 뜻, 즉 함이 아버지의 성기를 거세했다는 의미로 해석된다. 또 다른 랍비들은 함이 잠든 아버지에게 동성애 행위를 했거나, 아니면 아버지가 잠든 사이에 어머니를 범했다고도 주장한다.

어느 것이 진짜인지 확인할 방법은 없다. 그러나 아버지 노아가 또다른 자식을 낳는다면 막내아들인 함의 상속분이 줄어들 것이기에 아

---

■ 탈무드 〈산헤드린Sanhedrin〉 108b

마도 함이 이를 막기 위해 범행을 저질렀을 가능성은 있다. 어쨌거나 이 일을 두고 고대 랍비들이 주목한 것은 다른 어떤 가능성이 아닌 함의 지나친 성욕과 부도덕한 면모였을 뿐이다.

그런데 《미드라쉬 랍바》의 내용 가운데 가장 비약이 심한 것은 바로 저주의 대상과 피부색에 관한 것이다. 구약 〈창세기〉에는 함의 자손이 구스Cush (에티오피아), 미즈라임Mizraim (이집트), 붓Put (소말리아 또는 리비아), 가나안(팔레스타인)이라고 기록하고 있으며, 노아는 함의 마지막 아들 가나안에게만 저주를 내렸고, 그 저주와 피부색과는 아무런 관계가 없다. 즉, 구약대로라면 아프리카로 건너간 구스, 미즈라임, 붓은 할아버지 노아의 저주와는 아무런 관계가 없어야 한다. 그러나 《미드라쉬 랍바》는 함의 후손들이 저주를 입어 검고 추하게 될 것이라고 기록하고 있다.

함의 자손이 몇이며 누구인지는 문제가 되지 않았다. 아프리카 흑인들은 모두 함의 자손이며, 원래는 백인이었지만 죄를 짓고 흑인이 되어 아프리카로 건너가 노예로 살아야 할 운명에 처한 것이라고 믿었다. '흑인＝아프리카인＝노예'라는 인식은 이미 고대에서부터 싹텄던 것이다.

오늘날의 유대 사학자들은 고대 랍비들의 기록이 단지 검은 피부에 대한 부정적 인식을 표현한 것일 뿐, 아프리카인들에 대한 반감이나 인종주의적 멸시와는 무관하다고 주장한다. 검은색을 혐오하거나 불길한 것으로 보는 것은 대부분 민족, 심지어 아프리카인들 사이에서도 일반적인 현상이기에 고대 랍비들의 기록만을 근거로 유대인을 노예무역과 인종주의의 시초로 보는 것은 옳지 않다는 것이다.

그러나 율법에 의해 노예 사용을 정당화해왔으며, 고대부터 잔지<sup>Zanji</sup>라 불리는 흑인 노예를 부려온 유대 사회에서 랍비들은 세상에 왜 흑인들이 존재하는지, 그리고 그들이 왜 유대 귀족의 노예가 되었는지를 설명할 필요가 있었을 것이다. 페르시아 만과 인도양을 누비던 유대 상인들도 랍비들의 설교를 받고 자랐을 테고, 흑인 노예를 '함의 자손'이라 믿으며 사들였을 것이다.

우리가 흔히 아는 바와 달리 아프리카에서 대규모로 노예를 생포하고 거래하기 시작한 것은 아랍인들이다(이에 대해서는 뒤에서 자세히 다룬다). 그들 역시 흑인들을 잡아 노예로 부리는 데 있어 구약과 유대인들의 기록을 활용했다. 원래 코란에는 흑인에 대한 언급이 없다. 오직 이슬람교를 믿지 않으며 전쟁에서 붙잡힌 포로들만을 노예로 쓸 수 있다는 규정이 있을 뿐이다. 그러나 7세기 이슬람교의 확립 이전부터 아랍인 역시 흑인 노예를 사용했으며, 흑인을 멸시하고 천대했다는 기록이 남아 있다. 8세기 이슬람교의 아프리카 정복 과정에서 아랍인과 흑인과의 접촉이 빈번해졌고, 당시 아랍인들은 아프리카 대륙을 '흑인들의 땅'으로 묘사하게 된다.

이슬람 학자들은 랍비들의 경전, 즉 탈무드와 토라<sup>Torah</sup>를 인용하면서 노예사냥을 정당화했다. 8세기의 이슬람 학자인 무나비<sup>Wahb Munabbih</sup>는 "함은 백인이었으나, 신이 그 자손들의 피부색을 바꾸었다. 저주를 내린 것이다. 함과 그의 후손들은 바다를 건너 해안가에 정착했는데, 신은 흑인인 그들을 번성시켰다"고 기록하고 있다. 또한 같은 시기에 이븐 아타<sup>Ibn Ata</sup>는 "노아가 저주를 내리기를, 함의 자손들은 피부가 검어지고 곱슬머리가 되어 머리카락이 귀 밑으로 자라지 않을 것이다. 그리고 셈과 야벳의 자손들을 만나 노예가 되리라"
고 기록했다. 아랍인들은 이후 약 1,500만 명의 흑인 노예를 잡아갔
는데, 이러한 구약과 탈무드, 그리고 이슬람 학자들의 견해는 노예
거래의 든든한 명분이 되었을 것이다.

　이에 비해 유럽인들이 노아의 저주를 주목한 것은 훨씬 후대인 16
세기 무렵이다. 기나긴 중세시대에 유럽인들은 외부로 눈을 돌릴 여
력이 없었고, 아프리카 흑인들을 접할 기회도 거의 없었다. 다만 중
세 농노제도를 정당화하기 위해 구약 〈창세기〉의 이야기를 인용했
다. 일부 신학자들 사이에서 함의 후손은 농노, 야벳의 후손은 귀족,
셈의 후손은 자유인이 되었다고 인식되었다. 14세기에 저술된 것으
로 추정되는 《맨더빌 여행기*Mandeville's Travels*》는 아프리카를 위험하고
이상한 곳, 괴수들과 죄지은 이들의 후손이 사는 곳으로 묘사하고 있
는데, 이는 어떤 구체적인 근거에 기반을 둔 것이 아닌, 중세 유럽의
신화적 상상력이 발휘된 결과이다(실제로 이 여행기의 저자는 아프리카를 여
행한 적도 없이 그저 순례자와 상인들이 전하는 말을 듣고 저술했을 뿐이다).

　중세 유럽인들에게 있어서 노예는 주로 슬라브족*Slav*을 의미했는데,
이는 러시아 변방과 흑해 연안의 슬라브족들이 주로 서유럽의 농노로
끌려왔기 때문이다. 그러나 15세기에 러시아의 이반 3세*Ivan III*(1440~1505)
가 중앙집권을 강화하고 국력을 키워나가면서 러시아로부터의 노예
공급은 감소하게 된다. 이에 따라 유럽인들은 포르투갈인들이 아프
리카에서 잡아 온 흑인 노예에 관심을 기울이게 되었고, 이와 함께
1,000년 넘게 유대인들과 아랍인들이 발전시켜왔던 노아의 저주에
주목하게 된다.

16세기에는 인쇄술의 발달과 개신교의 확산으로 성경을 번역하고 주석을 다는 작업이 행해졌는데, 그 과정에서 유럽인들 역시 함을 악의 근원으로 묘사했고, 그 후손들 모두가 저주를 입었다고 보았다. 특히 〈창세기〉 9장에서 노아가 야벳과 셈만을 축복하였으니, 함의 자손들은 가나안이든 구스든 붓이든 모두가 저주를 입었다고 생각했다. 자연스럽게 아프리카 대륙과 흑인들이 저주의 대상이 된 것이다.

흥미로운 것은 17세기 유럽인들 사이에서 아프리카 흑인들의 성적인 면모가 집중 부각되면서 이들을 마치 성범죄자의 후손처럼 묘사했다는 것이다. 이 시대 셰익스피어의 비극 《오델로*Othello*》에서 무어인을 음탕한 족속으로 묘사한 것도 우연의 일치는 아닐 것이다. 유럽인들 사이에서는 흑인 남성의 거대한 성기와 성적 능력이 널리 알려지면서 흑인 노예를 위험한 짐승으로 경계해야 한다는 주장이 늘었는데, 그 배경에는 늘 '모든 흑인의 아버지', 함에 대한 괴담이 뒤따랐다.

함은 상대를 가리지 않고 성행위를 즐기는 성도착증 환자로 묘사되어 노아의 방주에서도 형제, 자매, 어머니를 욕보이고, 심지어 짐승과도 성행위를 즐겼다. 노아가 함을 내쫓은 것도 그로 인해 성도덕이 문란해질 것을 두려워한 것임이 분명한 이상, 이제 아프리카인들 전체를 부도덕하고 야만적인 죄인의 후손으로 단정해도 별로 이상할 것이 없게 되었다.

선교사들의 복음주의적 사명 역시 아프리카인을 죄인으로 보고 이들을 구원해야 한다는, 즉 저주받은 함의 후손들에게 복음을 전파하겠다는 의도였으나, 그러한 선의도 시간이 흐를수록 더욱 커진 노예를 팔아 이윤을 남기려는 자본주의적 힘에 맞설 수는 없었다. 생포된 흑인 노예들을 사들여 가혹하게 채찍질해 길들이는 것에 자책감을 느낄 필요는 없었다. 그들은 성경에 정의된 죄인이므로.


## 선민의식이 낳은
## 비극들

　　　　창세기 9장의 이야기들은 끝없이 과장되어 혐오스러울 정도의 설화들을 생산해냈다. 진화론이 등장하기 700년 전인 11세기 무렵에 유대학자 메모니데스Moses Mamonides는 아예 아프리카 흑인들이 인간과 원숭이의 중간 정도쯤 되는 동물이므로 소나 개 같은 가축처럼 다뤄도 된다고 설교했다. 19세기에 노예제도를 찬성하던 미국 남부의 백인들은 심지어 에덴동산에서 아담과 이브를 유혹한 뱀이 흑인이라고까지 주장했다. 목사들은 창세기에 제시된 노아의 저주와 열왕기, 그리고 바벨탑의 이야기를 교묘히 결합하여 인종 간에 우열이 있음을 확신했으며, 인종분리정책의 정당성을 역설했다. 20세기 인종차별의 철폐에 저항하는 보수 백인층, 그리고 모르몬교도들은 가장 최근까지 노아의 저주를 신봉하는 세력들이었다.

그런데 노아와 함의 이야기는 비단 흑인 노예제도에만 적용된 것은 아니다. 개척 시대에 인디언을 학살할 때, 심지어 생존한 인디언들이 흑인 노예를 사용할 때도 노아의 저주가 인용되었다. 중남미에서는 혼혈 물라토Mulato들도 흑인 노예를 채찍질하면서 '저주받은 함의 족속'을 들먹였다.

이렇듯 노아와 함의 이야기는 오만한 인간들의 선민의식을 뒷받침해주는 고전으로 활용되었고, 이 역시 아프리카인류에게 비참한 결과를 가져다주었다. 19세기, 산업혁명과 자연과학의 발달로 자신감에 차 있던 유럽인들은 아프리카 식민지 경영을 통해 발견한 사실들에 대해 초창기 유전학 이론과 구약 성경을 절묘하게 결합하는 재주를 보여주었다. 그 결과 과학적 인종주의라는 잔인하고 냉혹한 인류학적 사실주의가 등장하였고, 이로 인해 수많은 사람들이 증오와 혐오 속에서 죽어갔다. 특히 인종적 편견이 제국주의와 식민 통치라는 거대한 시대적 조류와 뒤섞이는 곳에서 우스꽝스럽고 유치하기 짝이 없는, 그러나 우울하고 잔인한 행위들이 과학의 힘을 빌려 정당화되었는데, 그 대표적인 예가 바로 벨기에가 통치했던 르완다였다.

1916년 국제연맹은 스위스 제네바에서 벨기에의 르완다 통치를 결정했다. 르완다를 지배했던 독일이 제1차 세계대전에서 패했기에 벨기에가 패전국 독일의 식민지 일부를 물려받은 것이다. 르완다에 진출한 벨기에는 투치족<sup>Tutsi</sup>이 유럽인들과 비슷한 외모를 가진 것에 주목했고, 이들을 유럽인의 먼 친척으로 우대하면서 식민 통치의 앞잡이로 활용하기로 결정했다.

여기에는 영국 탐험가 존 스피크<sup>John Speke</sup>의 가설이 결정적인 역할을 했다. 스피크는 르완다에서 유럽인과 비슷한 외모를 가진 투치족을 발견했는데(콧대가 높고 가느스름한 투치족은 지금도 아프리카인 중에서 가장 서구적인 외모를 가진 종족으로 손꼽힌다), 그는 이를 근거로 투치족이 여느 니그로와는 다른, 함족의 피를 물려받은 종족으로서 인근의 다른 종족보다는 월등한 종족이라고 설명했다. 함족의 일부가 에티오피아

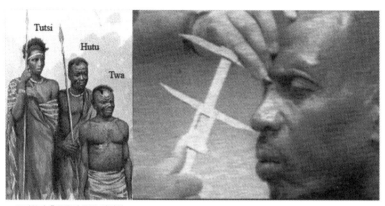

● 투치족과 후투족의 종족 감별법

로 건너가 오로모족Oromo이 되었고, 오로모족의 일부가 다시 남쪽으로 내려가 투치족이 되었다는 가설을 세운 것이다.

　상황이 이렇게 되자 스스로를 투치족이라고 주장하는 사람들이 나올 수밖에 없었는데, 벨기에 당국은 투치족임을 판정할 수 있는 나름의 기준을 마련했다. 코의 각도와 길이, 두 눈의 간격, 입술과 코끝의 돌출 정도 따위였다. 식민 당국은 이런 조건들에 대해 일일이 측정하였고, 측정 결과 투치족임이 분명한 사람들에게만 고등교육의 기회와 공무원 자리를 주었다. 르완다 국민의 10퍼센트에도 못 미치는 소수 종족인 투치족은 노아의 저주를 받은 함의 자손이나, 적어도 르완다가 독립한 1962년까지는 벨기에 정부의 비호를 받으면서 준準지배자의 지위를 누렸다. 서구적 외모를 가진 탓에 누릴 수 있었던 행복이었으나, 그 행복도 그렇게 오래가지는 못했다.

　문제는 르완다의 다수 종족인 후투족Hutu의 소외감이었다. 벨기에의 지배 이전에 후투족과 투치족 간의 사이는 그다지 나쁘지 않았다.

그러나 벨기에가 투치족을 식민 통치의 전면에 내세우면서 후투족은 투치족의 지배를 받는 처지가 되었고, 투치족을 유럽 제국주의자들과 같은 침략자로 보기 시작했다(조선이 일본 제국주의에 의해 수탈당하던 시절, 반민족적인 친일파와도 같은 존재였을 것이다). 후투족을 포함한 르완다 국민 대부분의 투치족에 대한 증오는 쌓여만 갔고, 독립투쟁 과정에서부터 투치족에 대한 테러와 학살이 자행되었다.

1962년 독립한 르완다는 종족들의 인구 비례에 따라 공무원 임용, 직업 군인, 대학 입학 등의 정원을 정했는데, 이로 인해 소수 종족인 투치족은 소외당하거나, 테러와 박해의 대상이 되었다. 르완다는 식민 시대의 잔재를 청산하지 못한 채 독립 이후 30년간 서로 죽고 죽였다. 1994년, 본격적인 내전이 발발하여 전 르완다 인구의 20퍼센트인 80여 만 명이 학살당했다(이에 대해서는 뒤에서 자세히 다룬다).

이는 노아의 아랫도리를 훔쳐본 함의 잘못인가, 함을 저주한 노아의 잘못인가. 아니면 투치족을 함족의 아류라고 본 벨기에의 잘못인가, 그도 아니면 증오는 증오로만 풀겠다는 르완다 국민들의 잘못인가. 분명한 것은 벨기에가 르완다를 통치함에 있어 국가 형성의 근간인 단일 국민의식 형성에는 전혀 관심이 없었다는 것이다. 아니, 오히려 식민 통치에 도움이 되는 방편으로 소수 민족을 우대하여 이용하는 방법을 취했고 이로 인한 비극을 남겼다.

그 배경에 하필 인류의 구원자인 노아가 있다는 사실은 아이러니 그 자체다. 성경에는 분명 신이 피부색이나 외모가 아닌 마음을 통해 인간을 본다고 쓰여 있다.■ 하물며 이슬람 역사가 이븐 할둔Ibn Khal-

■ 〈사무엘〉 16장 7절

<sup>dún</sup>(1332~1406)도 〈창세기〉 노아의 저주에 피부색에 대한 언급이 없음을 강조하면서, 인종별 피부색은 자연 환경에 따른 것일 뿐, 신의 저주와는 전혀 상관없는 것이라고 주장했다. 그러나 인간들은 언제나 성경을 있는 그대로 보려 하지 않기 마련이다. 흑인 노예무역과 르완다 내전과 같은 세계사의 비극은 그래서 더욱 씁쓸하다.

**BOX STORY** 함과 쇼나 문명

19세기에 아프리카 대륙에 본격적으로 진출한 유럽은 아프리카 흑인들 사이에서도 다양한 인종적 차이가 존재하며, 그들의 지적인 능력도 상이하다는 것을 인식하게 되었다. 그리고 결코 인정하고 싶지 않던 것을 발견하게 되는데, 그것은 바로 짐바브웨의 정교한 석조 궁궐, 즉 쇼나 문명 Shona Civilization이다.

이는 상당히 충격적인 사건이었다. 아프리카에 역사와 문명이 있을 수 없다고 믿었던 유럽인들은 쇼나 문명의 주인을 아랍인 또는 그리스인, 그리고 예루살렘 신전을 건축했던 유대인들이라고 추정했다.

아프리카인들이 쇼나 문명의 주인이 될 수 없다는 이론은 20세기에도 계속되었다. 셀리그만<sup>C.G. Seligman</sup>과 같은 인류학자는 1930년 "모든 아프리카 문명은 유럽 인류의 한 분파인 함족의 문명이며, 아프리카 원주민인 부시맨과의 상호 작용을 통해 형성된 것"이라고 주장했다. 그는 함족은 유목 민족으로서 빠르고, 지혜롭고 강인하여 문명을 창조할 수 있으나, 토착 흑인들은 느릿느릿한 농경민이어서 그럴 능력이 없다고 보았다. 구약 성경에서 저주받은 민족 함의 자손들이지만 셀리그만은 그들이 아프리카 문명의 횃불이라고 평가했던 것이다.

그러나 최근 과학적 연구를 통해 쇼나 유적이 1100년부터 1400년까지 존재했던 쇼나 왕국 지도자의 거처이며, 이를 건설한 사람들은 현재 짐바

유네스코 세계문화유산으로 지정
된 짐바브웨 쇼나 석조 문명
ⓒ Wikimedia Commons

브웨인의 한 무리인 쇼나인임이라는 데 의견이 모아지고 있다. 짐바브웨
를 통치했던 로디지아<sup>Rhodesia</sup> 백인 정부는 1970년대까지 쇼나 문명이 백
인 문명의 유산임을 주장하였으며, 이와는 다른 입장을 가진 고고학자들
을 검열했다고 한다.

| 04 |

# 흑인은
# 신의 실패작인가

## 고개를 든 인류 다중기원설

　　　　　2009년, 버락 오바마<sup>Barack Obama</sup>가 44대 미국 대통령
으로 당선되었을 때, 모든 아프리카인들은 환호했다. 외신은 오바마
의 아버지 나라인 케냐 국민들의 축제 분위기를 연일 보도했다. 남의
나라 대통령이지만 케냐 국민과 아프리카인들이 기뻐했던 데에는
그럴 만한 이유가 있었다. 그는 박해와 멸시를 받아 왔던 흑인이 실
로 얼마나 우수한지를 입증한 장본인이었기 때문이다. 아프리카인
들은 오바마 대통령이라는 존재로 인해 새로운 자부심을 갖게 되었
으며, 이제 세계인들로부터 보다 나은 대접을 누릴 수 있을 것으로
기대했다.

　그러나 현실은 기대와 달랐다. 오바마 대통령은 성공한 흑인 이주
민의 후손으로 여겨질 뿐, 세상 사람들의 부정적인 아프리카관에는
변화가 없었다. 미개하고 불결하며 잔인한 인종이 사는, 가난과 질

I. 왜곡된 경제성

63

병, 폭력의 대륙 아프리카에 대한 인식은 요지부동이다.

아프리카인들을 바라보는 세계인들의 부정적인 시각은 그 뿌리가 매우 깊고 단호하다. 앞 장에서 살펴보았듯이 유대인과 아랍인은 구약 〈창세기〉 내용을 근거로 이미 고·중세 무렵에 아프리카인들을 저주받은 족속으로 단정했고, 유럽인들은 이를 대서양 노예무역의 근거로 활용했다.

근세에 이르자 유럽인들은 아프리카인들의 열등성을 논리적이고 과학적인 추론으로 입증하려 했다. 기나긴 중세에서 깨어 자신감과 우월감을 바탕으로 다른 인종을 바라보게 된 유럽은 흑인 노예무역과 식민 통치를 정당화시키고자 나름 합리적이고 과학적인 논리를 개발했다. 그중 일부는 심지어 20세기 아폴로호의 달 착륙 이후에도 논란이 될 정도로 질긴 생명력을 가졌다. 아프리카 흑인들의 열등성을 주장해온 유사 과학은 인종적 편견에 힘입어 과학의 시대에서도 여전히 우리들의 의식을 지배하고 있는 것이다.

그러한 유사 과학 중 흑인의 열등성을 가장 함축적으로 대변한 이론은 인류의 다중기원설$^{polygenism}$이다. 모든 인종이 제각기 다른 기원을 갖고 있다는 이 이론은 사실 성경의 가르침에 정면으로 위배된다. 성경은 모든 인류가 신이 창조한 아담과 이브, 그리고 노아의 자손이라고 서술하고 있기 때문이다. 그러나 16세기 유럽인들은 미개한 흑인과 인디오를 자신들의 형제로 여기기를 주저했다. 그들은 성경을 재해석하거나, 꽤 창조적인 지식을 가미해가면서 자신과 유색 인종과의 인종적 연결 고리를 끊으려 했다.

말하자면 다중기원설은 기독교 진리와의 충돌을 무릅쓰고서라도 야만인들을 성경의 족보에서 지워버리려는, 그리하여 유럽의 인종적·종교적 순수함과 우월성을 지키겠다는 자기 보호 노력이다. 그러기 위해서는 타인을 보다 저급한 존재로 묘사할 필요가 있었다.

이러한 다중기원설은 근대 이전 유럽사에서 그 사례를 찾아보기 힘든 논리였다. 한니발 군대의 주종을 이뤘던 흑인은 로마의 노예가 되었으나, 그들은 백인 노예와 차별 대우를 받지는 않았다. 4세기 로마 황제 율리아누스 역시 게르만, 스키타이, 에티오피아의 민족적 특성만을 기술하였을 뿐, 에티오피아인들을 특별히 열등한 민족이라고 비난하지는 않았다. 이슬람 세력에 의해 지배받던 스페인 역시 수단 지역으로부터 노예를 수입하였지만, 이들은 주로 용병으로 고용되었고 신분 상승 기회도 보장받았다.

중세 유럽은 이단과의 싸움, 만성적 식량 부족과 만연한 전염병, 이슬람의 위협으로 인해 외부 세계에 눈을 돌릴 여유가 없었다. 15세기 대외 진출을 개시하기 전까지 유럽인들은 지구 어딘가에 있을 미지의 존재에 대해 막연히 그리스 신화에 등장하는 괴물의 이미지를 투영했을 뿐, 자신들보다 열등한 인류가 있을 것이라고 상상하지는 않았다.

그러나 16세기 포르투갈의 흑인 노예 수입과 콜럼버스의 신대륙 발견으로 목격한 미지의 인류는 실로 놀라운 것이었는데, 당시 유럽인으로서는 예상치 못한 인종 간의 차이를 설명하기 위해 성경 해석에 손을 대게 된다. 그들은 신이 아담 외에도 다른 인간을 창조한 적이 있으며, 아프리카와 아메리카, 아시아 인종은 바로 그들의 후손이라는 주장을 제기했다.

인류 기원의 단일성을 부정하는 다중기원설은, 다시 아담이전창조론Pre-Adamism과 아담동시대창조론Co-Adamism으로 나눠지면서 나름 흥미진진한 논리를 전개한다. 그러나 논증하고자 하는 결론은 대동소이했다. 두 이론은 성경이 유대인과 유럽인의 기록일 뿐이며, 그외 지역의 민족에 대해서는 그 어떤 관계도 없다고 믿었다. 구약 〈창세기〉와 〈열왕기〉에 유색 인종에 대한 기록이 없는 것도 유대인들이 이들에 대한 지식이 없었기 때문이라고 본 것이다. 17세기 프랑스 신학자 아이작 드 라 페이레르Isaac de La Peyrere는 카인의 아내와 놋Nod 사람들의 기원에 의문을 제기하면서 '아담 이전의 사람들'을 논리적으로 증명했다. 그리고는 이들이야말로 아담과 이브의 원죄에 구속을 받지 않는 사람들로서 유럽 이외 지역으로 퍼져 나갔다고 주장했다.

근대 유럽의 계몽주의 역시 다중기원설의 발전에 한몫 거들었다. 계몽주의자 볼테르Voltaire(1694~1778) 역시 다중기원론자였다. 그는 인종 간 차이가 너무나도 극명함을 인정하면서 성경의 단일기원론monogenism을 정면으로 부정했다. 그는 '신은 자신의 형상을 본떠 인간의 형상을 빚어냈다'는 창세기 구절에 대해 "여기 검은 피부색의 납작한 코를 가진, 그리고 저능한 신이 우리들의 창조주인가"라며 시니컬하게 비웃었다.

17세기에 자연과학이 발전했지만 아직 완벽한 진리를 밝히기에는 과학자들의 소양이 부족했다. 이들은 처음부터 흑인을 유전적으로 열등한 인종으로 단정 짓고 이를 실증적으로 서술하려 했다. 이 시대에 고고학자와 인류학자들은 전 세계를 누비기 시작했으며, 각지에서 수집한 해골을 해부학자에게 전했다. 해부학자들은 해골의 크기

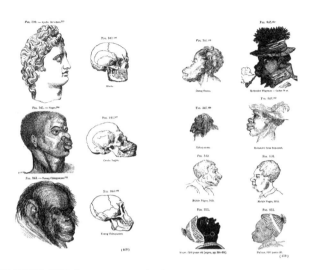

● 다중 기원 진화설의 상상도 ⓒ Types of Mankind (1854), Josiah Clark Nott (1804~1873), George R. Glidden (1809~1857)

와 모양을 측정하고, 인종 간 특징을 부각시킴으로써 다중기원설을 보다 그럴듯하게 만들어주었다.

　다윈의 진화론은 본질적으로 인류의 단일기원설에 바탕을 둔 것이며, 인간과 동물의 진화적 연속성을 주장한 것이지만, 진화의 원리는 세속화되어가는 유럽 진보주의자에게 더할 나위 없이 좋은 이론적 도구가 되었다. 성경과 창조론의 속박에서 벗어난 다중기원진화론 polygenist evolutionism 자들은 현생 인류들이 제각기 다른 유인원으로부터 진화했다고 주장했다. 그들은 아프리카 각지의 다양한 원숭이 얼굴 속에서 흑인을 비롯한 특정 인종과의 유사점을 발견하려고 했다. 흑인이 백인과는 다른, 보다 저급한 원숭이로부터 진화했음을 밝히기 위한 것이었다.

식물학과 유전학의 발달로 학자들은 모든 생물의 진화 단계에 서열을 매겼고 이를 피라미드 모양으로 그렸다. 당연 그 정점에는 백인이 있었고, 흑인은 그 아래였다. 약육강식의 지배 구조를 떠올리게 하는 이 분류 방식은 저급한 단계의 생물이 상위 단계의 생물에게 봉사해야 한다는 논리를 시각적으로 표현했다. 이성의 시대이자 노예무역의 시대에 이보다 더 훌륭한 명제는 없었다. 흑인들이 백인을 위해 봉사하는 것은 자연과학의 이치인 동시에 윤리적 의무였으니, 노예무역을 합리화하기 위해 굳이 〈창세기〉 노아의 저주를 인용할 필요도 없었다.

다중기원설은 훗날 인종 분리가 얼마나 당연한 것인지를 뒷받침하는 논리로 활용되기 마련이었다. 19세기 미국 남부의 인종주의자 버크너 페인Buckner H. Payne의 설교에 따르면, 신이 아담을 만들기 전에 이미 무언가를 만들었는데, 그들은 원숭이보다 우수하지만 인간보다는 열등한 야수였다. 이들은 노아의 방주에 탑승하여 종족을 유지할 수 있었고 그 후손들이 아프리카 흑인으로 번창했다. 따라서 만약 흑인들에게 참정권을 부여한다면 이는 기독교 질서를 뒤흔드는 죄악에 해당되며, 노예로 부려 먹는 것 외에는 그 어떤 지위도 부여해서는 안 된다고 주장했다.

이런 식의 논리는 노예제도가 폐지된 이후에도 미국 남부에서 큰 호응을 얻었다. 미국의 다중 기원 진화론자들은 신이 유색 인종과 쾌락에 빠진 백인에게 크게 노하여 대홍수를 일으켰는데, 이는 또한 유색 인종을 청소하기 위한 섭리였다고 설교했다. 그리고 만약 흑인을 인간으로 취급하여 형제애를 베푼다면 다시금 인류의 타락과 대홍

수가 닥칠 것이라고 경고했다. 공식적으로 노예제도가 폐지되었지만 흑인들에 대한 적대적 분위기는 쉽게 사라지지 않았다. 이러한 분위기는 흑인 권익 신장을 지연시키는 걸림돌이 되었고, 흑인들은 자신의 정체성에 깊은 상처를 입었다.


## 퇴화된 인종

피부색에 대한 백인들의 편견도 비슷한 과정을 밟아갔다. 대항해시대 초기 유럽인들은 열대의 강력한 태양 광선이 피부를 검게 태웠다고 생각했다. 그러나 신대륙의 인디오를 접하게 되자 이러한 가설에 의문이 제기된다. 북미 대륙에는 유럽과 같은 온대기후도 있는가 하면, 아프리카처럼 태양이 강렬한 곳도 있었다. 그러나 원주민들의 피부는 검지도 희지도 않은 올리브빛이었다.

이로 인해 오직 아프리카인만이 검은 피부색을 갖고 있다는 추론이 17세기부터 등장했는데, 아프리카인들은 피부를 검게 하는 독특한 담즙을 가지고 있다거나 태양 빛의 체내 투과를 줄이기 위해 검고 두터운 피부를 발달시켰다는, 꽤 과학적이고 가치중립적인 이론이 뒤따랐다.

그러나 18세기 중반부터는 검은 피부와 인종적 퇴화와의 관계를 입증하려는 시도들이 뒤를 이었다. 외과의사, 생물학자들은 초기 인류가 백색과 흑색의 중간쯤 되는 피부 빛깔을 가졌으나, 환경 또는 질병과 같은 영향으로 피부색이 변했다고 보았다. 특히 인종 퇴화론의 대표 학자인 조르주루이 르클레르 뷔퐁 <sup></sup>Georges-Louis Leclerc Comte de

Buffon은 흑인의 검은 피부가 인종적 퇴화의 증거라고 하면서, 이들을 온화한 북미 지역으로 이주시켜 장기간 새로운 음식을 먹인다면 피부색도 다시 밝게 변할 것이라는 가설을 내놓았다.

어떤 이들은 한술 더 떠서 모든 흑인들이 피부를 검게 만드는 유전성 피부병을 앓고 있으며, 이 병을 치유하기 위해 백인들이 흑인들을 최대한 인간적으로 보살펴야 한다고 하기도 했다. 그러나 흑인과의 결혼과 출산은 강력히 반대했는데, 이는 선천적 결함을 가진 자녀를 낳아서는 안 된다는 이유 때문이었다.

이러한 주장들은 과학자, 인류학자, 사회사상가들에 의해 전개되어 제국주의 시대 이념의 기수 역할을 했다. 노예제도가 폐지되고 식민지 경쟁이 본격화된 시기에 제국주의자들은 그들의 명분인 문명화를 과학적으로 뒷받침할 필요가 있었다. 이런 맥락에서 아프리카 흑인들은 열등하고 미개하여 스스로 근대화할 수 없는 인종이어야만 했다. 그런데 정말로 중요한 것은 아프리카인이 자신들을 바라보는 자화상이었다. 유럽은 흑인 스스로가 열등한 존재라고 자각하기를 원했고 식민지 경영을 통해 이를 주입시켰다.

이런 사회적 분위기를 상품화한 미용 제품들이 성공을 거두기도 했다. 19세기 아프리카 식민지 진출이 활발해지면서 투명 비누를 생산하던 피어스 비누Pears soap의 매출이 급증했다. 피어스 사는 자사의 비누를 쓰면 아프리카 흑인들이 피부를 하얗게 만들 수 있을 뿐만 아니라 문명인이 될 것이라 광고했다. 비누의 세척력을 시대적 분위기와 절묘하게 조합한 이 광고들은 아프리카인들에게 비누를 사용하고 청결 의식을 가지는 것이 문명화의 첫걸음이라는 메시지를 전달

피어스 비누(왼쪽) ⓒ Wikimedia Commons
미백 크림 광고(오른쪽) ⓒ Advertisement for Black and White Ointment, The New York Amsterdam News, 1919

했다. 이로 인해 아프리카 식민지에 비누가 보급되고 몸을 깨끗이 씻는 운동이 전개되는가 하면, 피어스 비누 광고와 비슷한 그림들이 아프리카 거리 곳곳에 걸렸다. 20세기 초 미국 북부 도시에는 흑인 여성들을 대상으로 한 미백 크림이 히트를 쳤다. 화장품 회사들은 노예의 후손인 흑인 이주민 여성 노동자를 이제 소비자로 인식했고, '흰 피부=신분 상승'이라는 교묘한 광고 문구로 이들을 사로잡았다. 노예제도가 폐지되어 자유인의 신분이 되었을망정, 여전히 검은 피부는 하층민의 콤플렉스가 되어야 함을 주입시킨 것이다.

현대 과학은 인간의 피부색을 하나의 보호 장치로 이해한다. 피부색은 체내의 멜라닌 색소에 의해 결정되는데, 색소 세포들은 필요 이상의 자외선을 차단하거나, 또는 부족한 자외선을 더 많이 흡수하기

● 흑인 모녀의 피부색 차이 ⓒ 윤상욱

위해 색소 생산량을 조절한다. 자외선은 우리 체내의 비타민 D 생성을 돕지만, 너무 지나치면 엽산을 파괴하기 때문이다. 엽산이 부족하면 불임과 조산처럼 종족 번식에 치명적인 결과를 가져오고, 비타민 D가 부족하면 뼈가 연해져 휘는 구루병을 일으킨다.

　인류학자 나나 자블론스키<sup>Nina Jablonski</sup>는 인공위성으로 촬영한 지구의 자외선 분포 지도가 피부색 분포와 거의 일치한다는 사실을 확인했고, 인간의 피부색이 종족 번식과 관련이 있다는 이론을 발표했다. 아프리카와 호주, 서인도제도, 폴리네시아 원주민들은 강력한 자외선을 막기 위해 피부가 검게 변한 반면, 북유럽 원주민은 부족한 자외선을 최대한 흡수하기 위해 흰 피부를 가졌다고 본 것이다.

　이 이론은 실제 눈으로도 확인이 가능하다. 흑인 신생아는 성년 흑인에 비해 훨씬 희다. 흑인들도 성장기에는 비타민 D 형성을 위해 다소 밝은 피부색을 유지하다가 2차 성장기부터 본격적으로 검어진다. 인간의 피부색은 종족 번식과 생존을 위한 적응의 결과일 뿐인 것이다.

사실 세상 모든 인간들의 피부색은 하나다. 유전적 탈색증을 가진 알비노albino를 제외한 모든 사람들은 피부 세포에 갈색 멜라닌색소를 가지고 있다. 백인과 흑인의 차이는 이 색소의 많고 적음에 지나지 않으며, 그 중간에 무수히 많은 스펙트럼이 존재한다. 더구나 멜라닌 색소의 양은 환경에 따라 변한다. 직사광선과 자외선이 강한 열대 또는 사막으로 이주한 백인은 차차 피부가 검어진다. 다만 사람에 따라 생산할 수 있는 멜라닌의 최대치는 차이가 있는데, 이것이 유전적으로 결정될 뿐이다. 그러나 그것도 영원하지는 않다. 엄밀히 말해 희고 검은 것을 기준으로 인종을 구별하는 것은 무의미한 것이다.


## 흑인들은 저능한가

18세기 이후 학자들은 흑인들의 신체적 특징이 정신세계를 좌우한다고 믿었고, 이를 증명하기 위해 온갖 노력을 아끼지 않았다. 1798년에 간행된 《브리태니커 백과사전》 미국판은 흑인negro을 '인간이 가질 수 있는 모든 사악한 것들을 지닌 족속 : 게으름, 거짓말, 반역, 잔인함, 추악함, 뻔뻔스러움'이라고 규정하고 있다. 그리고 시간이 흐를수록 그 표현은 심해진다. 1911년 판에는 아예 '백인보다 열등한 족속', '사고 능력이 낮아 고도의 추론 행위가 불가능한 반면 섹스에 집착', '생식기와 배설 기관이 지나치게 비대', '진화가 덜 되어 고등 유인원에 가까운 종족'이라고 정의하고 있다. 1932년 판의 내용은 상당히 과학적인데, 이를테면 '두뇌 크기가 평균 35온스 (약 992그램)에 지나지 않아 지능이 낮다', '두개골이 다른 종족에 비해 두꺼운 편으로 이는 공격용 무기로 적합하다'고 기록했다.

이러한 기록에는 제1차 세계대전 무렵 미국 병사들을 대상으로 한 지능검사 결과가 한몫을 했다. 이 검사 결과 흑인 병사의 지능지수[IQ]가 백인 병사에 비해 평균 15퍼센트 낮게 나왔기에, 흑인이 저능하다는 것은 통계로 입증된 셈이다. 이후 일반 학생들을 대상으로 실시된 지능검사에서도 유사한 결과가 도출되었고, 흑인들이 백인에 비해 지능이 낮다는 것은 일반적인 상식이 되어버렸다.

흑인에 대한 부정적인 연구는 20세기 말에도 계속되었다. 1990년대 백인 인류학자와 사회학자들은 전 세계 국민들의 피부색과 폭력성, 소득 수준, 평균 수명, 에이즈[AIDS] 감염률 등과의 상관관계를 조사했는데, 결론은 자명했다. 피부색이 검을수록 범죄율은 높고 지능은 낮았다. 흑인들은 소득 수준이 낮은 것은 두말할 필요가 없는 데다, 무책임할 정도로 아이를 많이 낳지만 영아 사망률도 높았으며 에이즈로 사망하는 비율도 높았다.

1994년 발표된 '종형곡선론The Bell Curve: Intelligence and Class Structure in American Life'은 자연과학을 넘어 사회과학 차원에서 흑인의 열등성을 선전하면서 미국의 우울한 미래에 경종을 울렸다. 리처드 헌스타인 Richard Hernstein과 찰스 머레이Charles Murray는 미국 국민들의 인종별 지능지수 통계에 기초하여 흑인을 포함한 유색 인종이 백인에 비해 지능이 훨씬 낮으며, 출산율도 높다는 다소 평범해 보이는 결과를 발표했다. 그러나 이것은 많은 의미를 함축하고 있었다. 지능이 부모로부터 유전된다고 믿은 이들은 당시 흑인들의 높은 출산율로 인해 장차 미국 국민의 평균 지능이 낮아질 것이라고 경고했다. 그리고 미국인의 평균 지능을 유지하기 위해서는 저소득 계층 출산 지원 정책을 중단하고 유색 인종의 이민 유입을 제한하라고 권고했다.

이 그럴듯해 보이는 이론은 이후 숱한 비판에 휩싸였다. 무엇보다 인간의 지적 능력이 유전적으로 결정되는지에 대한 확실한 근거가 없었다. 헌스타인과 머레이는 지능이 부모로부터 유전될 확률을 40~80퍼센트라고 보았는데, 이는 통계를 기초로 추정한 것일 뿐 과학적 명제와는 거리가 멀었다.

반대론자들은 오히려 유전적 요인보다는 환경적 요인을 강조했다. 예를 들어 한국인과 일본인의 평균 지능지수는 거의 비슷한 것으로 알려져 있는데, 다만 재일 교포들의 평균 지능은 일본인 평균치보다 낮다. 재일 교포들이 일본 사회의 차별로 인해 동등한 교육의 기회를 얻지 못했기 때문이다. 마찬가지로 영국 북아일랜드의 소수 집단인 가톨릭교도들은 그 지역의 개신교도들보다 지능지수가 15나 낮다. 같은 민족이라 할지라도 사회적 차별이 이런 지능의 차이를 만들어 내는 것이다.

사실 지능지수 검사는 태어나면서부터 받은 교육을 통해 얼마나 고차원적인 추론 능력을 길러냈는지에 대한 것이다. 아무리 지능이 높은 부모의 자식이라 할지라도 지능지수 검사 문제가 요구하는 교육을 받지 못했다면 점수가 낮을 수밖에 없다. 쌍둥이 형제의 경우도 마찬가지다. 이들이 하나의 정자와 난자로부터 탄생했음에도 지능지수에 차이가 나는 것 역시 지능이 유전된다는 가설을 반박하는 근거가 된다. 특히 지난 100년간 미국 흑인과 백인의 지능지수 격차는 줄어들고 있는 추세인데, 이는 미국 사회에서 흑인의 지위가 향상되고 교육의 기회가 보다 보편적으로 제공된 것에 기인한다.

그렇다면 오늘날 아프리카인들은 어느 정도의 지능을 가졌는가. 실제로 사하라 이남 아프리카 국가들의 평균 지능지수는 세계 최하위 수준이다. 2009년 연구에 따르면 싱가폴(108), 홍콩(108), 한국(106), 일본(105)이 최상위권인 반면, 사하라 이남 국가들은 대부분 60~70에 머물고 있다. 왜 그럴까? 아마 아프리카 대륙 반대편의 무심한 사람들이라면 이렇게 대답할 것이다. '흑인이니까.'

그러나 실제 아프리카를 한 번이라도 직접 본 사람들, 특히 아동들의 학습 여건이나 가정환경을 본 사람이라면 좀 다른 생각을 할 것이다. 이 아동들의 절반 정도는 학교를 다닐 수 없다. 설사 학교에 다닌다 하더라도 교과서나 교재가 턱없이 부족할 뿐만 아니라, 교사들의 능력과 교육의 질도 형편없다. 능력이 없는 학교는 종교와 전통을 가르치는 것에 집착하고, 이슬람 학교는 아예 구걸 방법을 가르친다. 그런 여건에서 아프리카 학생들이 추상적이고 고차원적인 지능지수 검사 문제를 풀 수 있을까.

교육 인프라뿐만 아니라 아프리카의 문화적 특성도 한몫 거든다. 뿌리 깊은 토착 신앙은 과학적이고 창조적인 사고의 발달을 저해한다. 가뭄과 홍수, 가난과 빈곤 등의 고난은 모두 조상신과 정령의 노여움 때문에 생긴 것으로, 인간의 노력으로 극복할 수 있다고 보지 않는다. 오히려 주술적 의식을 치르는 것에 치중하다 보니 자연 현상을 객관적으로 고찰하려는 의식이 발달하지 못했다.

대부분 아프리카인들은 우분투<sup>ubuntu</sup>라는 집단 공동체 의식으로 결속되어 있는데, 우분투란 쉽게 말해 사람은 홀로 존재할 수 없으며, 소속된 공동체를 통해서만 존재 가치가 있다는 믿음이다. 아프리카인들이 가족과 씨족, 부족, 지역 공동체에 애착이 크고, 타인의 문제에 관심이 많은, 다른 말로 오지랖이 넓은 이유도 역시 우분투 의식 때문이다. 여기에는 긍정적인 측면도 있다. 그러나 우분투 의식은 사람들을 다른 어떤 가치보다 집단적 합의와 결속, 전통과 역사에 집착하게 만들어 개인의 창의적인 사고와 합리적이고 효율적인 제도의 발달을 저해한다. '지도자(부족장)는 결코 틀린 말을 하지 않는다', '사람은 늙을수록 지혜롭다'는 아프리카 속담을 통해 아프리카가 왜 수천 년 동안 느릿느릿한 걸음을 걸어왔는지를 가늠해볼 수 있다.

아프리카인들의 지능지수가 낮은 것은 다름 아닌 환경적이고 문화적인 요인 때문이다. 절대 빈곤을 퇴치하지 못하는 무능한 아프리카 정부, 그리고 과거와 전통을 강조하는 집단의식이 아프리카인들의 지능 발달을 저해할 뿐, 피부색, 성기와 두뇌의 크기는 지능지수와 상관이 없다. 그렇지만 21세기를 사는 현대인들조차 흑인들이 열등한 인류라는 편견을 떨쳐버리기가 쉽지 않다. 아마도 우리들이 아직은 18세기 식물학자 칼 린네<sup>Carl von Linne</sup>(1707~1778)의 분류법, 그리고 다윈의 진화론을 도용한 선전에 익숙하며, 외신들의 빈곤과 내전, 에이즈에 관한 보도 내용을 아프리카의 모든 것으로 이해하려 하기 때문인지도 모르겠다.

**BOX STORY** 검은 피부색에 대한 아프리카인들의 설명

아프리카인들의 피부색에 대한 의구심은 그들 자신에게도 존재했다. 아프리카의 구전 설화에서 그 피부색에 대해 설명하려는 시도를 발견할 수 있다.

카메룬 지역에서 전래되는 한 설화는 검은 피부의 원인을 아버지의 말을 듣지 않기 때문으로 보고 있다. 이 설화에는 두 어린아이와 아버지가 등장한다. 어느 날 두 아이가 정령이 풍만한 산에서 놀다가 온몸이 더럽혀졌는데, 아버지가 이를 보고 바다에 가서 몸을 깨끗이 씻으라고 했다. 그 말을 듣고 한 아이는 바다에 온몸을 던져 깨끗이 씻었지만, 다른 아이는 바다에 발과 손바닥만을 담그고 있을 뿐이었다. 아버지가 이를 보고 노하여 "너는 내 말을 듣지 않았으니 죽을 때까지 검은색을 띨 것이며, 네 후손들도 그럴 것이다. 다만 네가 발바닥과 손바닥만을 물에 담갔으니 그 부분만 하얗게 될 것이다"라고 했다.

이와는 반대로 흑인 노예들은 하얀 피부가 죄지음의 대가라고 보기도 했다. 19세기의 시에라리온 노예들은 원래 인간은 흑인이었는데, 동생을 살해한 카인이 신의 부름에 놀라 안색이 창백해졌고, 그 이후 모든 인간들이 백인으로 변했다고 믿었다. 한편 흑인 노예들은 이와 유사한 이야기도 지어냈다. 선악과를 따먹은 것을 알게 된 신이 노여워하자 아담이 창백한 백인으로 변했다는 것이다. 노예로 끌려간 흑인들의 설움과 자부심이 느껴지는 대목이다.

| 05 |

# 노예무역,
# 그 숨겨진 상흔들

## 보편적 노예제도와
## 인류사의 비극

노예제도가 왜 생겼는지 추측해보자. 어느 날 인류는 씨를 뿌리면 열매가 생기게 됨을 깨달았을 것이고, 훗날 농사를 지으며 살게 되었을 것이다. 그러다 농경지, 특히 농업용수가 풍부한 지역을 차지하기 위해 서로 다투었을 법하고, 그 과정에서 석기, 청동기, 철기 무기가 등장하여 사람을 해치고 죽이는 방법도 익히게 되었을 것이다. 그러다가 언제부터인가 상대방을 죽이기보다는 사로잡아 제물로 바치거나, 종처럼 부려먹는 편이 낫다고 생각했을지 모른다.

이와 같이 지배−피지배 구조에 기반을 둔 농경사회의 바닥 층에는 폭력이나 강압에 의해 노동력을 제공하는 사람들이 있다. 우리는 흔히 농경민족이 평화로운 민족이라고 생각하는데, 농사를 짓는 모습이 평화로울 뿐이지 사실은 그렇지 않다. 그 평화는 어쩌면 농경지를 차지하고 난 후에야 따라오는 것일지 모른다. 역사적으로 농부들은 늘 누군가를 위해 노동력을 제공해야 하는 사람들이었다. 고대 그리스, 로마 역시 노예 노동을 기반으로 꽃핀 문명이며, 중세의 장원제도나 농노제도 역시 농업 생산의 일부를 지배층에게 바치도록 하는 강압적 사회제도였다. 우리도 예외는 아니다. 노비의 세습제는 1884년, 노비제도 자체는 1894년 갑오개혁 이후에나 폐지되었다. 이처럼 인간이 다른 인간의 노동력을 강제로 이용하는 것은 인류의 역사에서 매우 보편적으로 나타난 현상으로, 아프리카와 아랍 일부 지역에서는 아직도 현대식 노예제도가 유지되고 있을 정도다.

그러나 우리가 흔히 알고 있는 아프리카의 흑인 노예들은 그 사연과 스케일이 다른 노예들과 사뭇 다르다. 농경지를 뺏기 위한 전쟁에서 포로로 사로잡힌 것도 아니고, 인근 지역으로 끌려간 것도 아니다. 아프리카에서는 7세기 이래 적어도 3,000만 명 이상이 노예로 팔려갔고, 유럽 국가들이 본격적으로 가담한 18세기부터는 1,500만 명의 아프리카인들이 대서양을 넘어 신대륙으로 이송되었다. 인류사에 있어 이와 같은 규모의 노예 사냥은 아프리카 지역 외에서는 찾아볼 수가 없다.

대서양 노예무역의 이미지가 너무나도 강렬하기 때문인지 대부분은 유럽인만을 아프리카 노예 거래의 주범으로 생각한다. 그러나 이는 사실이 아니다. 아랍인들의 아프리카 노예 거래는 대서양 무역 뒤에 가려져 왔지만 최근 조금씩 그 잔혹한 실상이 드러나면서 유럽에 못지않았음이 알려지고 있다. 따라서 1441년 포르투갈의 서아프리카 해안 탐사를 아프리카 노예무역의 출발로 서술하는 역사서들은 진실의 절반만을 이야기하고 있는 셈이다.

아프리카 노예무역에 관한 또 하나의 이슈는 그것이 현대 아프리카의 사회와 경제에 미친 영향에 관한 것이다. 사람들은 보통 노예로 끌려간 흑인들의 고통스런 장면에는 익숙하지만, 정작 남겨진 자들의 땅, 아프리카 사회가 수천만 명의 가족을 노예로 보낸 이후 어떻게 지탱되어왔는지에 대해서는 잘 모른다. 그러나 인류 역사상 최대의 비극적 사건이 남긴 흉터는 아직까지 남아 있다. 그 흉터를 다룬 연구들은 이 부끄럽고 우울한 과거가 오늘날의 아프리카 현실과 모순의 한 원인이 되었다고 주장한다.

노예 거래선과 노예 수출 통계

| 연대 (년) | 노예 거래선(단위 : 명) | | | |
|---|---|---|---|---|
| | 대서양 거래선 | 사하라 거래선 | 스와힐리 거래선 | 홍해 거래선 |
| 801~900 | – | 344,800 | 229,900 | 114,900 |
| 901~1100 | – | 2,000,000 | 459,800 | 229,900 |
| 1101~1450 | – | 2,143,700 | 804,600 | 402,300 |
| 소계 (801~1450) | – | 4,488,500 | 1,494,300 | 747,100 |
| 1451~1600 | 442,400 | 879,300 | 344,800 | 172,400 |
| 1601~1700 | 2,158,100 | 816,100 | 229,900 | 114,900 |
| 1701~1800 | 8,792,600 | 821,800 | 229,900 | 229,900 |
| 1801~1900 | 4,000,600 | 1,385,100 | 862,100 | 1,063,200 |
| 소계 (1451~1900) | 15,393,700 | 3,902,300 | 1,666,700 | 1,580,400 |
| 합계 | 15,393,700 | 8,390,800 | 3,161,000 | 2,327,500 |

■ 출처: Peter J. Schraeder, African Politics And Society, A Mosaic in Transformation 2nd Edition(2006)

# 베일에 가려진
# 아랍 노예무역

15세기 포르투갈인이 상륙하기 이전에 이미 아프리카에는 사하라 사막 거래선, 홍해 거래선, 스와힐리 거래선과 같은 3개의 노예 거래선이 있었다. 이를 통한 거래는 아랍인들에 의해 개척되었으므로 흔히 아랍 노예무역이라 불린다. 아랍인과 아랍화된 아프리카 지배자들은 나일 강 상류, 에티오피아, 소말리아, 그리고 서아프리카 사헬 이남에서 잡은 흑인을 북아프리카 지역, 아라비아 반도와 인도 등으로 끌고 갔다.

대략 1450년까지 이렇게 팔려간 흑인 노예의 수는 약 700만 명에 달하는 것으로 추산되지만, 포획과 이동 과정에서 사망한 흑인을 포함한다면 피해자는 두세 배로 늘어날 것이다. 북아프리카 튀니스Tunis, 트리폴리, 마라케시Marrakesh, 통북투Tombouctou에는 일주일 단위로 노예 시장이 섰고 사하라 사막 너머로부터 끌려온 '물건'들이 공급되었다. 구매자는 북아프리카의 아랍인들이 대부분이었지만, 베르베르족과 투아레그족과 같은 원주민들도 있었고, 포르투갈, 스페인 상인들도 종종 구매한 것으로 보인다.

사하라 노예무역에 대한 기록은 흔하지 않기에 그 실상을 정확히 파악하기는 힘들다. 그러나 노예들이 사하라 사막을 지나는 모습에 대한 기록은 남아 있다. 노예들의 대부분은 여자와 소년들이었다. 그들은 목이 밧줄로 연결되어 있었으며, 낙타를 탄 노예 상인이 선두에서 그 밧줄을 끌어당겼다. 사하라 사막을 건너는 루트는 여섯 개 정도가 존재했는데, 이동하는 데는 한 달 정도가 걸렸다. 그동안 노예들은 하루에 물 한 모금과 옥수수 한 줌만을 먹으며 12시간 이상을 걸어야 했다. 죽지 않고 사막을 건너온 노예들이라고 해서 나을 것은 없었다. 특히 소년들은 경매에 붙여지기 전에 거세를 당했다. 대서양 노예무역에서는 볼 수 없는 끔찍함이 여기에 있다.

왜 거세되었을까. 그 이유를 묻기 전에 아메리카 대륙과 서아시아의 차이점을 눈여겨볼 필요가 있다. 아랍 노예무역과 대서양 노예무역으로 인해 끌려간 흑인 숫자는 비슷할 것으로 추산된다. 아메리카 대륙으로 끌려간 흑인의 수만큼이 북아프리카와 서아시아, 인도양으로 끌려간 것이다. 그러나 미주 대륙과는 달리 아라비아 반도와 서아시아에는 흑인 노예의 후손 집단이 존재하지 않는다. 아라비아 반도와 홍해 거래선을 통해 19세기에만 200여 만 명의 흑인이 끌려갔는데, 왜 이 지역에서는 흑인 사회가 형성되지 못한 것일까.

이에 대해 세네갈 역사학자 티지안 은자에<sup>Tidiane N'Ddiaye</sup>의 《숨겨진 인종청소<sup>Le Génocide voilé</sup>》(2008)는 다소 충격적인 아랍 노예무역의 실상을 폭로하고 있다. 먼저 아랍인들은 흑인 남성의 성욕을 두려워했다. 흑인들의 그것은 억제할 수 없는 위험한 욕구이며, 정상적 노동조차 불가능하게 만드는 본능이라고 본 것이다. 그리고 무엇보다도 아랍인의 땅에 흑인의 자손이 자라는 것을 원치 않았다. 무수한 증언들은 거세된 흑인들이 하렘<sup>Harem</sup>의 경비 또는 심부름꾼으로 일하거나, 심지어 아랍 동성애자에게 선물로 넘겨졌다고 말하고 있다. 최근 연구에 따르면 10세기 초 바그다드에만 7,000여 명의 거세된 흑인 남자 노예가 살고 있었다. 백인 남자 노예도 4,000여 명이 있었는데, 그들 역시 거세되기는 마찬가지였다. 아랍인들은 흑백을 가리지 않고 이

방인들의 자손이 뿌리내리는 것을 혐오했다.

은자에는 아랍인들이야말로 가장 악독한 인종주의자라고 비난한다. 아랍인과 아랍화된 아프리카인들은 7세기부터 흑인 노예를 사고 팔았다. 한동안 유럽인들에게 흑인 노예 매매의 주도권을 뺏겼지만, 19세기 말 유럽이 노예 거래를 불법화하자 다시금 아랍인들이 주도권을 쥐었다. 7세기부터 현재까지 1,500만 명 이상의 아프리카인들이 아랍인에 의해 노예로 끌려갔고, 흑인 남자들은 자손을 남기지 못한 채 죽어갔다. 은자에는 이를 '숨겨진 인종청소'라고 했다.

흑인 여성 노예라고 나은 것은 없었다. 이들은 권력자에게 첩으로 '선물'처럼 증여되거나 무희나 가수의 역할을 위해 끌려갔다. 일부다처제인 이슬람 사회에서 남자가 거느릴 수 있는 부인의 수는 네 명까지이지만, 첩은 제한이 없었다. 첩은 성적 노예나 마찬가지였다. 주인의 성관계 요구에 응해야 하되 결혼과 같은 권리를 요구하는 것은 불가능했는데 이를 규정한 것은 다름 아닌 코란이다.

최근 유전학 연구는 아랍 노예무역의 성적 착취를 과학적으로 증명한다. 서아시아와 동아프리카인의 유전 염색체를 분석한 결과, 현재 서아시아 사람들은 사하라 이남 아프리카인들의 염색체를 10퍼센트 이상 보유하고 있는 것으로 나타났다. 특히 예멘 사람들은 그 비율이 3분의 1을 넘는다. 그러나 이것은 모두 여성 유전자이며, 흑인 남성들로부터 물려받은 것은 거의 없다. 이는 서아시아로 건너간 흑인 남성들 대부분이 자손을 남기지 못했지만, 흑인 여성들은 하렘에서 생활하면서 아랍인 주인의 자손을 남겼음을 의미한다. 이후 흑인 여성의 자손들은 자유인이 되어 아랍인과 결혼했을 것이고, 그 후손들은 자연스럽게 아랍인에 동화되었다. 미국과 달리 서아시아에서 흑인 사회가 형성되지 못한 이유를 여기서 찾을 수 있다.

반면 백인들은 대체로 흑인 남자 2명당 여자 1명의 비율로 노예를 사고자 했다. 흑인 여성은 가사 노동용으로 그리고 노예의 재생산(흑인 아기)을 위한 용도로 끌려갔다. 백인 주인은 배란기에 접어든 여성 노예를 2~3일 동안 가두어놓고는 건장한 흑인 청년들을 들여보내 강제로 성관계를 갖게 했다. 그리고는 흑인 여성의 임신 여부를 체크했다. 도대체 가축의 교배와 무엇이 다르단 말인가!

알렉스 헤일리Alex Haley의 역사 소설 《뿌리: 어느 미국 가정의 일대기The Roots: The Saga of an American Family》(1976)에는 백인 주인의 폭행과 강간 장면이 나온다. 이러한 성적 착취 사례는 최근 속속들이 그 실태가 밝혀지는 추세다. 그렇지만 당시 백인들은 흑인들을 인간 이하의 존재로 여겼고, 흑백 간의 성관계나 결혼을 죄악시했다. 이를 다행이라고 해야 할지 망설여지긴 하지만, 백인들의 인종차별적 관념, 더 정확히는 흑인 노예의 2세까지 부려 먹겠다는 욕심으로 인해 미주 대륙의 흑인 남녀는 자손을 남길 수 있었고, 그 후손의 일부는 미국 시민으로 살아가고 있다.

아랍 노예무역과 대서양 노예무역 중 어느 것이 더 잔인한지를 따지는 것은 우스운 일이겠지만, 확실한 것은 아랍 노예무역의 실상은 아직도 많은 것이 베일에 가려져 있다는 것이다. 그동안 아랍과 아프리카는 지리적 인접성과 반서구의식, 그리고 이슬람교라는 실과 바늘로 비교적 안정감 있게 봉합되어왔지만, 아랍 노예무역은 둘 사이를 갈라놓을 수도 있는 칼과도 같다.

아프리카주의자들은 이슬람 노예무역에 대해 서서히 눈을 뜨고, 점점 더 많은 지식인들이 이에 대한 아랍권의 사과를 요구하고 있다. 유럽과 브라질이 노예무역에 대해 사과했고, 호주 정부도 원주민 학살에 대한 사과를 공식 표명했지만, 아랍인들만은 여전히 자신들의 만행을 인정하지 않고 있어 비판을 받고 있는 실정이다.

이러한 상황에서 아랍 지도자들 가운데 노예무역에 대해 처음으로 사과한 것은 리비아의 가다피다. 그는 2010년 10월 리비아에서 개최된 아랍–아프리카 정상회의에서 지난날 아랍의 잔인한 행동들에 대해 말문을 열었다.

> 나는 아랍인들의 행동을 유감스럽게 생각한다. 그들은 아프리카의 어린아이들을 북아프리카로 끌고 와서는 노예로 삼았고, 동물처럼 사고팔았다. 나는 이를 수치스럽게 생각하며, 진심으로 사과한다.

가다피의 사과가 얼마나 진정성이 있는지에 대해서는 의문의 여지가 있다. 아프리카의 왕이 되고 싶어 했던 그의 사과에 대해 아프리카의 집권자들은 그저 침묵할 뿐이었다. 대개 아프리카 지도자들은 아랍 노예무역이 이슈화되는 것을 원하지 않는다. 그들은 이슬람 형제 국가의 지도자로서, 또는 같은 독재자로서 연대의식을 느끼거나, 또는 이미 아랍 지도자들이 베푸는 돈맛에 길들여졌기 때문이다.

그래서인지 서구 사학자들과 아프리카 일부 지성인들이 아랍 노예무역의 실상을 고발해왔지만, 이를 근거로 아랍에 책임을 묻는 아프리카 지도자들은 없다. 대서양 노예무역은 박해받던 아프리카인들의 정체성이 무엇인지 각성시켰으나, 아랍 노예무역은 그러지 못했다. 18세기 이후 전 지구적 헤게모니를 쥔 서구에 대한 반감은 아랍과 아프리카를 같은 피해자로 느끼게 했고, 아랍 노예무역이라는 불편한 진실을 덮어왔던 것이다. 가해자인 아랍은 물론이고, 자신들의 아픈 역사를 외면한 아프리카의 지도자들 역시 공범으로 비난받아 마땅하다.

## 신대륙의 재앙, 대서양 노예무역

1441년, 포르투갈인들은 서아프리카 기니 연안에서 열 명의 흑인을 생포했다. 그들은 리스본으로 실려 간 후 항해왕 엔히크Henrique O Navegador 왕자에게 선물로 바쳐졌다. 그들은 호기심의 대상으로 자리 잡았고, 시간이 갈수록 상품성은 높아져만 갔다. 흑인을 유럽 시장에 팔아 이윤을 챙길 수 있음을 깨달은 포르투갈인은 노예 공수를 위해 더 많은 선박을 아프리카에 보내게 된다.

그러나 이들은 아프리카 노예를 직접 생포하지 않고 물물 교환을 통해 사들이는 방식을 선호했는데, 여기에는 그럴 만한 이유가 있었다. 우선 흑인 노예를 잡기 위해 내륙으로 들어가는 것은 너무나도 위험했다. 말라리아나 황열병과 같은 열대병은 공포 그 자체였다. 대신 노예를 사는 것이 훨씬 안전하고 또 경제적이었다.

아프리카에는 이미 노예제도가 보편적이어서 사하라 이남 투아레그족 사회는 노예의 비중이 70퍼센트를 넘을 정도였다. 현지의 왕 또

● 세네갈 고레Gorée 섬 노예 수용소. 현재는 박물관으로 활용되고 있다(위)
어린아이 노예를 가둬 두던 장소(왼쪽 아래)
고레 섬 노예 동상과 그 앞에서 포즈를 취하는 흑인 여성(오른쪽 아래) ⓒ 윤상욱

는 부족장으로부터 그들을 사들이는 것은 어렵지 않았다. 포르투갈
인들이 지불했던 것은 팔찌나 목걸이와 같은 장신구, 싸구려 럼주,
식칼, 옷과 같은 것이었지만, 아프리카인들은 평생 처음 보는 물건들
에 감탄했고, 자신들의 노예와 기꺼이 맞바꾸길 원했다. 이런 식의
물물 교환은 비교적 소규모로, 1600년까지 지속되었다. 그때까지만
해도 아프리카 제일의 노예 장사꾼은 아랍인들이었다.

1492년 콜럼버스의 신대륙 발견은 아프리카인들에게 재앙 그 자체였다. 신대륙에서 백인들은 인디언들을 노예로 부려먹지 않았다. 백인들의 식민지 개척 과정에서 살아남은 인디언의 수가 부족했기 때문에 대규모 노예 공급자로서 가치가 없었다는 설명이 있는가 하면, 인디언을 '인간'으로 보았기 때문이라는 설명도 있다.■ 아무튼 아메리카 대륙에서 본격 대규모 농장이 조성되고, 영국과 프랑스가 이른바 삼각 무역에 뛰어들면서부터 흑인 노예의 수요는 급증했고, 이후 300년간 1,500만 명의 흑인이 대서양 너머로 끌려가야 했다.

　학자들은 항해 도중 사망한 노예 비율이 전체 '선적 물량' 중 13퍼센트라고 추산하고 있지만, 문헌에 남겨진 중간 항해middle passage의 실상은 너무나도 끔찍해서 과연 그 정도만 사망했을까 하는 의구심이 든다. 한 예로 영국의 노예 거래 회사 아이삭 홉하우스 앤 컴퍼니Isaac Hobhouse & Company는 선장에게 노예와 함께 아프리카산 상아도 함께 배에 실을 것을 지시했다. 항해 도중 노예들이 과다하게 사망했을 경우, 상아를 팔아 그 손실을 보전해보겠다는 생각이었다.

　스티븐 스필버그 감독의 영화 〈아미스타드Amistad〉(1997)에 묘사된 것처럼 '이렇게 사느니 차라리 죽는 게 낫다'고 생각했던 노예들도 상당수 있었다. 굶어 죽는 길을 택해 급식을 거부하는 이들도 있었으나 그마저도 여의치 않았다. 백인들은 굶으려는 흑인의 입을 강제로 벌려 삶은 옥수수알 한 주먹을 털어넣은 다음 물 한 컵을 쏟아부었

---

■ 유럽과 달리 미국은 아메리카 대륙의 인디언 문화를 야만시하거나 멸시하지만은 않았다. 미시시피 강, 애팔래치아 산맥, 미시건, 나이아가라 폭포 등은 모두 인디언 고유의 지명이다. 미국 자동차 회사와 군수 회사는 아예 인디언 부족의 이름을 딴 자동차와 헬리콥터를 만들기도 한다. '체로키Cherokee'와 '아파치Apache'가 그 예이다. 유럽인들이 짐바브웨의 Mosi-o-Tunya(천둥소리가 나는 연기) 폭포를 빅토리아 폭포라고 개명한 것과는 사뭇 다르다.

● 노예선의 구조(위) ⓒ Wikimedia Commons(http://hitchcoch.itc.virgini.edu)
　중간 항해의 실상(가운데) ⓒ http://negroartist.com
　노예 무역 지도(아래)

다. 2~3개월이 소요되는 중간 항해 기간 동안 노예들은 갑판 위로 끌려나와 햇볕을 쬐거나 춤을 춰야 했다. 벼룩이나 이를 제거하는 한편 근력을 유지하도록 하기 위해서였다. 백인들은 항구에 도착했을 때 비쩍 말라 다 죽어갈 것 같은 노예를 시장에 내놓지 않기 위해 철저히 관리했다. 또한 백인들은 갑판 위에서 항상 총부리를 겨누고 있었다. 흑인 중 일부가 바다에 뛰어들어 자살하는 것 역시 화물 손실이었기 때문이다.

중간 항해의 고통을 이겨내고 신대륙과 카리브 제도에 도착한 흑인들은 대부분 농노가 되어 고통스러운 삶을 살았다. 일반적인 예상과는 달리 미국으로 끌려간 노예는 약 5퍼센트 정도에 지나지 않는다. 90퍼센트 정도는 신대륙의 포르투갈, 스페인, 프랑스 식민지, 즉 남미와 카리브 지역에 정착했는데, 특히 브라질은 거의 절반에 가까운 흑인 노예들을 흡수했다. 오늘날 호주를 제외한 지구 남반구가 흑인들의 터전이 된 것도 대서양 노예무역 때문이다. 인류 역사상 이처럼 대대적인 강제 이주는 찾아보기 힘들 정도다.


## 노예무역,
## 아프리카의 사회적 죽음을 양산하다

대서양 노예무역은 단기간에 아프리카 노동력을 감소시켰고, 아프리카의 근대화 과정에 치명적인 영향을 미쳤다. 역사학자 올란도 페터슨Orlando Paterson의 표현대로 노예 생산 과정은 '사회적 죽음'의 생산 과정이었다. 우선 노예를 포획하는 것 자체가 폭력적이어서 그 과정에서 많은 수의 사상자가 생겨났다. 청년과 어린아이들이 사라져버린 마을에 남겨진 부녀자와 노인, 영유아들은 그 고통을 떠안은 채 고된 삶을 살아야 했다. 공급 과정 역시 참담했다. 내륙 지방에서 생포된 노예들은 항구까지 가는 길에서, 그리고 대서양을 건너는 중간 항해 과정에서 죽어갔다. 이러한 부수적 피해까지 감안하면, 실제 아프리카 대륙에서 소실된 인구는 신대륙 항구에서 인도된 노예 수보다 훨씬 많을 것이다. 일부는 그 수치가 두 배가 넘을 것이라고 보기도 한다.

대서양 노예무역이 아프리카의 인구 감소에 미친 영향 중 잘 알려져 있지 않은 것 하나는 흑인 아동에 관한 것이다. 보통 백인들은 15~25세의 흑인 남자를 가장 비싸게 쳤는데, 실제로 전체 노예 가운데 64.4퍼센트가 남자였다. 유럽인들은 대농장plantation 경영에 필요한 노동력 수급을 우선 고려했던 것이다. 당연히 백인 농장주들은 아동 노예를 선호하지 않았다. 그들에게 힘든 노동을 시킬 수도 없으며, 사망률도 높아서 그만큼 손해 볼 가능성이 컸기 때문이다.

그러나 18세기 후반 무렵, 노예무역이 폐지될 것이라는 소문이 돌자 사정이 바뀌었다. 신대륙의 농장주들은 이제 흑인 아동들을 선호하기 시작했다. 노예 공급이 끊긴 이후에도 부려먹을 수 있었기 때문인데, 덕분에 흑인 아이의 어머니들도 함께 끌려갔다. 아동들을 양육해야 할 사람이 필요했기 때문이다. 결국 아랍인들이 그랬던 것처럼 백인들도 19세기에는 아동과 여성 노예를 잡아갔다.

1790년에서 1867년에 이르는 기간 동안 스페인, 포르투갈 식민지로 끌려간 노예 중 아동의 비율은 42퍼센트나 된다. 19세기에 자이르

강 유역에서 잡혀간 흑인 노예 절반이 아동들이었다. 같은 시기 앙골라에서는 그 비율이 60퍼센트 가까이 된다. 19세기 대서양 노예무역은 말 그대로 '아동 납치'와 다를 바가 없었다.

실제로 다른 대륙의 인구가 증가하는 동안 아프리카의 인구는 1850년까지 정체되어 있었다. 종속주의 사학자 월터 로드니<sup>Walter Rodney</sup>가 대서양 노예무역이 아프리카의 저발전을 고착화시켰다고 주장하는 이유 중 하나도 바로 인구 감소의 치명적 효과 때문이다. 역사적으로 노예제도를 통해 국가가 강성해지고 부유해진 경우가 다수 있었지만, 아프리카 노예들은 아프리카가 아닌 서양을 위해 일했기에 그 어떤 노예제도와도 근본적으로 다르다고 보았다.

또 다른 관점에서 노예무역이 아프리카의 인구 감소를 초래했고, 이로 인해 유럽형 국가 발전 과정이 지체되었다고 볼 수도 있다. 역사 통계학자들은 이를 계량적으로 입증해 보였다. 이들은 노동력 징발의 부정적 영향들과 독립 이후 아프리카 국가들의 경제 성장 간의 상관관계를 분석했는데, 실제로 1400년에서 1900년 사이에 아프리카 국가별 노예 공급수와 2000년 1인당 실질 GDP 간에는 강력한 음(-)의 관계가 있는 것으로 나타났다.

그러나 단순히 인구 감소만으로 모든 것을 설명할 수는 없다. 사회적 죽음의 과정을 좀 더 면밀히 들여다보면 독립 이후 일어났던 아프리카적 현상을 보다 잘 이해할 수 있다. 우선 아프리카의 노예 생산 과정에서 아프리카인들 스스로가 어떤 역할을 했는지를 따져봐야 한다. 대서양 노예무역에서 가장 도드라지는 특징 중 하나는 바로 아프리카인들 서로가 싸우는 과정에서 노예가 생산되었다는 것이다.

● 서아프리카의 수도들(괄호 속 지명은 옛 수도)

말하자면 대서양으로 건너간 흑인 노예들은 대부분 전쟁 포로인 셈이다. 그 사이에서 노예를 사들이는 유럽은 아프리카의 폭력을 부채질한 것이다.

15세기 이후 아프리카에서는 크고 작은 왕국들이 등장했고, 영향권을 둘러싼 갈등이 일기 시작했다. 초창기 포르투갈을 비롯한 유럽인들은 해안 지역 왕국에 신무기를 공급하면서 전쟁의 승리를 기원했고, 그 대가로 전쟁 포로를 받아 갔다. 전쟁이 끝나 노예 공급이 중단되면 아프리카 해안선을 따라 내려가면서 또 다른 왕국과 거래를 했다. 해안가에 위치한 왕국이 내륙 왕국을 정복하는 데 유럽이 일조한 것이다. 코나크리, 반줄, 몬로비아, 아크라, 리브르빌, 루안다 등 오늘날 아프리카 국가들의 수도들은 대부분 해안가에 위치하고 있는데, 이는 아프리카인들의 해상 활동이 왕성해서가 절대 아니다. 노예를 얻고자 한 유럽인들의 왕성한 해상 활동이 그렇게 만든 것이다.

한편 유럽이 아프리카 왕국들의 정복 전쟁 승리와 영토 확장에 기여했고, 소규모 부족 단위로 쪼개져 있던 아프리카인들의 통합을 도왔다는 주장은 궤변에 지나지 않는다. 정복 전쟁이 끝나 더 이상 전쟁 포로가 잡히지 않자, 이제 아프리카의 권력자들은 자신의 사람들을 팔기 시작했다. 이미 유럽제 물건에 중독되어버린 권력자들은 노예를 끊임없이 팔지 않고는 견디지 못했다. 유럽 역시 17세기 신대륙 개발로 노예 수요가 급증하고 있었던 차에 흑인 노예가 어떻게 어디서 잡혀왔는지 따질 필요가 없었다. 아프리카의 왕들은 군대로 하여금 아무나 노예로 잡아올 것을 지시했다.

이제 아프리카 전역은 폭력이 난무하는 지경에 이르렀다. 잡아먹지 않으면 잡아먹히는 상황에서 아프리카 부족과 마을들은 과거에 사이가 좋지 않았던 마을을 습격했다. 어떤 곳에서는 그다지 사이가 나쁘지 않지만, 단지 먼저 당하지 않기 위해서 이웃을 습격하기도 있다. 전쟁에 이긴 쪽은 포로를 노예로 팔았는데, 그 대가로 얻은 것은 주로 칼과 창 같은 무기류였다. 또 언제 누군가로부터 닥칠지 모르는 습격에 대비하기 위한 것이었다.

폭력과 불신이 증폭하고 무시무시한 공포가 주변을 떠도는 곳에서 사람들이 믿고 의지할 수 있는 대상은 누구인가. 가족밖에는 없다. '아프리카인들이 아프리카인들을 잡아먹는' 시대에 신뢰할 수 있는 공동체의 범위는 부족, 씨족, 가족 단위로 좁혀졌다. 아프리카의 파편화는 이를 표현한 것이며, 인근 부족, 이웃 마을 사람들 간 불신과 증오의 기억은 훗날 국민 국가 형성 과정에 결코 긍정적인 영향을 미칠 수 없었다.

이 모든 사회적 죽음의 생산 과정은 200여 년 뒤 아프리카 신생 독립국에서 일어났던 비극들과 너무나도 닮았다. 독립 이후 아프리카 권력자들이 국가를 사적 소유물로 여기면서 개인 재산 축적에 열을 올린다거나, 다이아몬드나 자원을 팔아 무기를 산다거나, 특정 부족에 대한 인종청소가 일어난다거나, 마치 언제 어디선가 본 듯한 장면이 20세기에도 재현된 것이다.

아프리카주의자들은 이러한 것들이 과거 노예무역 시대에 습득된 것이라고 주장하고, 유럽주의자들은 원래 아프리카인들에게 내재한 면모라고 주장하지만, 전자의 주장은 자기반성 없는 책임 떠넘기기식 변명임을, 후자의 주장은 인종주의적 편견임을 지적하지 않을 수 없다. 다만 노예 생산 과정에서 나타났던 증오와 불신, 폭력의 트라우마가 독립 이후까지 장기적으로 지속되었던 것만은 분명하다. 대서양 노예무역에서 비판받아야 할 가장 큰 문제는 노동력의 징발이 아니다. 자신들의 이익을 위해 아프리카인들의 갈등과 폭력을 조장한 서구인들의 몹쓸 행태다.

## BOX STORY 현대판 노예, 멘데 네이저의 기적

멘데 네이저Mende Nazer는 1980년대 초 수단 누바Nuba 산맥 어느 마을에서 태어난 평범한 소녀였다. 그러나 수단 내전이 한창이던 어느 날 이 열두 살 소녀는 마을을 습격한 약탈자에 의해 어디론가 끌려가고 말았다. 그녀는 노예 상인에게 건네졌고, 수도인 카르툼의 이슬람 가정에 팔려갔다. 그곳에서 가정부로 일했지만, 사실상 인간 이하의 노예 취급을 받았다. 가혹한 매질로 인해 생명이 위독해지기도 했고, 주인에게 성폭행도 당했다. 주인은 같은 이슬람교를 믿었지만 그녀의 기도 시간마저 빼앗았고 그녀는 하루 스무 시간에 가까운 노동을 해야 했다. 그렇게 7년을 살았다.

그러던 어느 날 주인은 멘데 네이저를 런던에서 근무 중인 친척 외교관에게로 보냈다. 그녀는 런던에서도 노예 취급을 받았다. 영어를 하지 못하는 그녀는 늘 갇혀 지낼 수밖에 없었는데, 그곳에서 기적이 일어났다. 심부름을 하던 중 만난 한 영국인 기자의 도움으로 그녀는 2000년 9월 목숨을 건 탈출에 성공하여 영국 내무성에 망명을 신청했던 것이다. 하지만 내무성은 이를 인정하지 않았다. 그러자 런던 거리에 내무성의 결정에 항의하는 시위가 벌어졌고, 전 세계 인권 단체와 노예제 폐지운동 단체의 항의도 빗발쳤다. 영국 정부는 곤혹스러웠다. 망명을 인정하자니 수단과의 외교 관계가 악화될 수도 있었기 때문이었다.

멘데 네이저는 2년간의 투쟁 끝에 2002년 11월 망명을 인정받았고, 영국 시민권을 얻었다. 인권 단체들은 수단의 노예제도를 입증하는 자료를 제출하였는데, 이는 멘데 네이저의 진술과 거의 일치했다. 영국 정부는 만약 그녀가 다시 수단으로 돌아갈 경우 정치적 박해를 받을 우려가 있다고 보고, 영국에서 살 수 있도록 망명을 인정했다.

자유인이 된 그녀는 《노예<sup>Slave</sup>》(2003)라는 책을 출간했고, 출판 기념회를 위해 미국을 여행하던 중 인생의 반려자를 만났다. 이후 후원자들의 도움을 얻어 2006년 꿈에 그리던 수단의 고향 마을로 돌아가 가족들과 상봉했다. 기적 같은 그녀의 스토리는 드라마 〈나는 노예다<sup>I am Slave</sup>〉(2010)로 제작되어 방송되기도 했다.

# II

# 빈곤과 저개발

# 젊어서 슬픈 대륙과
# 빈곤의 덫

## 아프리카의 가난은
## 왜 무서운가?

아프리카를 방문하는 외국인 대다수는 대개 그 나라의 수도만을 본다. 그래서인지 이들은 아마도 '빈곤의 대륙'이라는 표현에 이의를 제기할지도 모르겠다. 어지간한 수도에는 고층 건물과 근사한 고급 호텔들이 있고, 도로에는 낡긴 했지만 쓸 만한 차들이 굴러다닌다. 도심의 교통 체증은 심각한 수준이어서 '가난하다는 아프리카에 왜 이렇게 차가 많은가'라는 생각마저 들게 한다. 패셔너블하다거나 눈에 띄게 우아하지는 않지만, 시민들은 제법 말쑥한 의상을 입고 다닌다. 굶주림과 질병에 고통받는다던 모습은 잘 볼 수 없다.

그러나 아프리카 대륙 빈곤의 실상은 수도 외곽에서부터 펼쳐진다. 우선 도시로 몰려든 아프리카인들의 거대한 빈민촌이 눈에 들어

● 다카르의 고층 빌딩들과 빈민촌 ⓒ 윤상욱

온다. 어느 해질 무렵 감비아 수도 반줄 공항에 착륙하기 직전 하늘
에서 바라본 그 모습은 장관 아닌 장관이었다. 산불이라도 난 것처럼
하늘은 자욱한 연기로 가득 차 있었는데, 자세히 보니 그 연기들은
집집마다 피운 모닥불에서 난 것이었다. 도시가스는커녕 석유곤로
도 없는 이곳에서 저녁 식사 시간 무렵에는 늘 이런 연기들이 피어오
른다. 나중에 들은 얘기지만, 불을 피운다는 것은 그나마 식량이 있

아프리카에는 아프리카가 없다

102

다는 뜻이고, 곤궁한 시기에는 이 모습조차 볼 수 없다고 한다.

아프리카 전체 인구의 40퍼센트는 이런 슬럼 지역에서 사는데, 그 중에서 가장 악명 높은 곳은 케냐 나이로비 외곽의 키베라<sup>Kibera</sup> 지역 이다. 제주도의 3분의 1 정도의 면적에 200만 명 가까운 빈민들이 거 주하는 것으로 추정되지만, 정작 케냐 정부는 17만 명밖에 되지 않는 다고 발표했다.

내전과 기근으로 고향을 떠나 무작정 상경한 이들의 생활은 말 그 대로 처참하다. 수도와 전기는 물론이고, 변변한 화장실 하나 없는 그곳에서, 주민들은 생활 오수와 쓰레기에서 나는 악취와 각종 병균 에 무방비 상태로 노출되어 있다. 쓰레기 더미 속에서 찾은 판자나 비닐, 철봉으로 지은 집들은 화재로 순식간에 불타버리기 일쑤고, 집 집마다 말라리아와 괴질, 에이즈 환자들이 앓고 있다. 좁아터진 곳에 서 이웃들은 서로 다투기 십상이고, 종족 간의 집단적 폭력 사태도 심심찮게 발생한다. 케냐 정부와 국제 구호 단체들이 이곳의 생활을 개선하려는 노력을 하고는 있지만, 단순히 공중 화장실 몇 개를 짓 고, 하수도를 파는 것만으로는 해결될 문제가 아니기에 변화는 쉽지 않다.

소름 끼치도록 무서운 키베라 지역의 실상은 과연 '가난하다'라는 말이 무엇을 뜻하는지 다시금 생각해보게 한다. 우선 아프리카에서 빈곤으로 인해 벌어지는 일들을 나열해보자. 열악한 위생 환경에서 산모와 유아들은 영양실조와 질병으로 죽어가고, 기초 교육조차 받 지 못한 아이들은 길거리에서 구걸하는 방법을 배우게 된다. 어쩌면 구걸하는 편이 나은지도 모른다. 내전이 일어난 지역의 아이들은

● 하수도 옆에서 노는 어린아이들(왼쪽 위)
키베라 철로변의 빈민가(오른쪽 위)
키베라 지역의 호텔(왼쪽 아래)
ⓒ Chris Johnson

AK-47 소총으로 사람을 쏴 죽이는가 하면, 소녀 병사들은 어른 병사의 성적 노리개가 된다. 오랜 가뭄으로 농지는 버려지고 사람들은 어딘가로 떠나야 하는데, 뜨내기들은 어디든 환영받지 못해 토박이들의 미움을 사고, 종종 학살과 같은 참사로 이어지기도 한다.

어떻게든 먹고살기 위해 몸부림치는 이들 중 일부는 구걸보다는 마약 거래를 하거나, 몸을 파는 편이 더 낫다고 생각한다. 어머니는 열 살짜리 딸과 함께 거리의 남성을 유혹하고, 몸을 판 대가로 비스킷이나 먹다 남은 닭다리를 받기도 한다. 그러다 에이즈에 감염되지만 그 사실조차 모른 채 죽어간다. 그러면 이제 할아버지, 할머니들이 어린아이들을 먹여 살리기 위해 일하다 시름시름 죽어간다. 부모와 할아버지, 할머니가 죽으면 고아가 된 수백만 명의 아이들은 친척들과 마을 사람들에 의해 마녀로 낙인찍혀 괴롭힘을 당하다가 길거리로 나온다.

아이들이 학교에 다니면서 공부를 할 수 있다는 것은 어떻게 보면 축복받은 것이다. 아프리카인 절반 정도는 교육을 받지 못해 평생 문맹으로 살아가고 있는데, 이들은 취직을 해도 기껏해야 우리 돈으로 하루에 단돈 1,000원을 벌기 어렵다. 신문을 볼 줄 모르고, 교통·통신 수단마저 없어 세상 소식을 접할 길 없는 국민들은 그저 중앙정부의 선전이나 그 지역 출신의 거물들의 말을 맹신하게 되고, 독재자들을 무감각하게 찬양한다.

이렇듯 아프리카에서 가난의 문제는 그저 배고픔만으로 그치지는 않는다. 절대 빈곤은 인간의 존엄성을 무너뜨리는가 하면, 국가와 사회를 증오와 폭력, 범죄로 물들인다. 약하고 배고픈 자가 많을수록 힘을 가진 이들은 더욱 잔인해지고 탐욕스러워지기 마련이다. 매일매일 끼니거리를 걱정해야 하는 하루살이 국민들은 민주주의나 양성 평등, 교육과 복지와 같은 사회적 가치를 바라거나 이해할 기회를 갖지 못한 채 힘과 돈이 있는 권력자에게 순종하게 된다. 아프리카의 독재자는 절대적 빈곤 속에서 피어나는 곰팡이와 같은 존재다.


# 그렇다면
# 얼마나 가난한가?

우리는 가난을 경제적 개념으로 정의하는 데 익숙

해져 있다. 1인당 국민소득이나 경제 성장률은 어느 나라의 빈곤 정도를 측정함에 있어서 직관적인 이해를 돕는 것은 사실이지만, 이러한 이해가 문제를 해결해주기는 어렵다. 아프리카의 가난은 경제학적인 처방만으로 해결할 수 없다는 뜻이다.

이는 아프리카 국가들이 독립하기 시작했던 1960년대 이후 유엔을 비롯한 국제 사회가 경험으로 확인한 오류다. 경제가 성장하면 당연히 빈곤은 없어질 것이라는 시각이 지배적이었던 시대에 모든 지도자들은 GNP 증가나 경제 성장만을 추구했지만, 그 결과 역설적이게도 아프리카의 경제는 오히려 추락하고 빈곤은 없어질 기미를 보이지 않았던 것이다.

1990년대 들어 이에 대한 반성이 일기 시작했고, 경제 위주의 논리보다는 빈곤을 초래하거나 빈곤으로부터 야기되는 사회적 문제에 눈을 돌리게 되었는데, 이로 인해 등장한 개념이 인간개발지수<sup>HDI, Human Development Index</sup>다. 유엔개발계획<sup>UNDP</sup>의 인간개발지수는 소득, 건강, 교육을 3대 지표로 삼고 이를 계량화하여 '삶의 질'을 매긴다.

인간개발지수를 평가한 2011년 보고서에 따르면 노르웨이의 삶의 질이 1위, 그리고 DR콩고가 최하위로 나타났다(한국은 15위로 2년간 무려 11계단이나 상승했다). 뿐만 아니라 사하라 이남 아프리카 중 36개 국가가 최하위 그룹에 속해 있으며, 가봉, 나미비아, 보츠와나, 남아공 등 9개 국가만이 중간 그룹에 겨우 이름을 올리고 있었다.

인간개발지수를 좀 더 들여다보자. 사하라 이남 지역의 평균 국민소득은 2,000달러 정도인데, 빈곤의 대륙치고는 꽤 많이 버는 것처럼 보이지만 사실은 그렇지 않다. 사회적 불평등이 극심한 아프리카 사회에서는 상류층들의 소득을 제외하면 별로 남는 것이 없다. 예를 들어 남아공에서는 상위 10퍼센트에 속하는 부자들이 전체 국민소득의 절반 이상을 가져가는 데 비해 하위 10퍼센트에 속하는 빈민들은 0.2퍼센트만을 가져갈 뿐이다.

보다 현실적인 얘기를 하자면, 사하라 이남 아프리카인구의 절반 정도는 우리 돈 1,300원도 안 되는 돈으로 하루를 살고 있다.■ 탄자니아, 르완다, 말라위, 기니, 라이베리아와 같은 나라에서 이런 극빈층의 비율은 70~80퍼센트나 된다. 그나마 양식이 생기면 함께 나눠 먹는 온정이라도 있어서 집단적인 아사는 흔치 않지만, 이것마저 구할 수 없을 때는 그야말로 굶는 것 외에는 도리가 없다. 아프리카에서 매일 2만 5,000명이 굶어 죽는다는 통계가 의심스럽겠지만, 도시 여기저기에 직업이나 집도 없이 시간을 보내는 사람들과 슬럼가의 모습, 피폐해진 농촌을 보고 나면 고개를 끄덕이게 될 것이다. 우울하게도, 기후 변화와 흉년으로 인해 앞으로 그 숫자가 더 커질 것이라는 예상도 나오고 있다.

## 젊은 대륙 아프리카, 그래서 슬프다

절대 빈곤은 아프리카인들의 건강을 위협한다. 사하라 이남 아프리카인들의 평균 수명은 50세 전후로 OECD 국가 국

---

■ 세계은행은 1.25달러 미만의 돈으로 하루를 연명하는 사람들을 극빈층으로 정의한다. 1.25달러는 빈곤선poverty line에 해당된다.

민들의 평균 수명보다 30년이나 짧다. 그래서인지 아프리카를 소위 '젊은 대륙'으로 묘사하기도 한다. 청년층이 절대 다수를 구성하고 있기 때문에 아프리카는 활기에 차 있고 그 미래도 긍정적이라고 보는 것이다. 그러나 이러한 식의 전망은 상당히 씁쓸한 느낌을 준다. 아프리카에는 '젊은 일꾼들이 많다'고 말하기보다는, 높은 유아 사망률과 영양 부족, 에이즈, 말라리아, 내전 등으로 인해 사람들이 빨리 죽는다고 하는 편이 옳기 때문이다.

말라리아균을 가진 암컷 모기는 아프리카의 어린아이들에게 있어 정말로 위협적인 살인자다. 다섯 살이 되기도 전에 죽는 아프리카 어린아이들은 연간 400만 명에 달하는데, 이 숫자는 20년 전과 비슷한 수준이다. 국제 사회의 원조에도 불구하고 유아 사망자 수는 좀처럼 줄어들지 않고 있다. 장마철에 모기장만 치더라도 나아질 텐데, 모기장을 살 돈조차 없는 사람들이 대부분이며, 행여 구호 단체로부터 모기장을 얻는다 하더라도 어떤 사람들은 그것을 잘라 옷으로 만들어 입고 다닌다. 말라리아 사망자는 하루에만 3,000명 정도이며, 이들 중 대부분은 말라리아에 특히 취약한 어린아이와 산모들이다.

노인들도 예외는 아니다. 60세 이상 아프리카인이 생존할 확률은 5퍼센트밖에 되지 않는데, 이는 위생 환경의 열악함과 영양 부족, 의료 서비스의 부재 때문이다. 평생 굶주린 채 변변한 병원 진료 한번 받지 못하는 아프리카인들은 그만큼 면역력 저하나 노화가 빨리 찾아올 수밖에 없다. 그래서 일자리를 구하는 아프리카인들 중에는 능력과 경험이 많고 신중해 보여도 단지 나이가 50세에 가깝다는 이유로 채용되지 못하는 경우가 종종 있다. 언제 무슨 병이 도져 죽을지

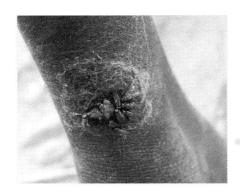

세네갈 산골 마을인 상골Sangol의 어느 환자. 환부를 소독하지 못해 파리와 벌레들이 달려들고 있다. ⓒ 허성용 '나의 국제자원활동 이야기'(Hubnbridge.tistory.com)

모르기 때문이다.

이렇듯 아프리카에 젊은이들이 많은 이유는 슬프게도, 사람들이 일찍 죽기 때문이다. 그렇기 때문에 '아프리카는 젊은 대륙'이라는 표현을 접할 때마다 이렇게 반문하고 싶어진다. '당신들의 눈에는 아프리카인들이 노동자와 소비자로만 보이는가?'


## 무지해서 가난하고
## 가난해서 무지하다

이토록 우울한 현실을 바꿀 수 있는 방법 중 하나는 인재를 육성하는 것이다. 유엔 새천년개발계획의 여러 목표 가운데 지난 10년간 가장 탁월한 성과를 거둔 것은 초등교육의 보급으로, 초등학생이 4,000만 명 증가하면서 전체 아동 중 70퍼센트에 가까운 아동들이 학교에 다니고 있다. 초등학교 취학률이 100퍼센트에 가까운 우리의 현실과 비교하면 안타까울 수 있으나, 아프리카에서는 너무나도 반가운 소식이다.

　그러나 다른 한편으로 역시, 숫자가 모든 것을 말해주는 것은 아니다. 우선 입학은 했으나 졸업을 하지 못하는 학생들이 너무 많다. 세네갈이나 DR콩고의 초등학생 절반은 중간에 학교를 그만둔다. 우리 돈 2만 원 정도의 등록금을 내지 못하거나, 멀리 떨어져 있는 학교를 걸어서 다닐 엄두가 나지 않기 때문이다. 그러나 이보다 심각한 문제는 학생들이 공부할 동기를 찾지 못한다는 것이다. 아동들은 점심 식사를 해결해주지 못하는 공립학교를 뛰쳐나와 길거리에서 구걸을 하고, 싸구려 잡화 몇 개를 손에 쥐고는 자동차 운전석 유리창을 두들기면서 물건을 사달라고 애원한다.

　일부 아프리카 국가는 길거리에서의 구걸을 법으로 금지하는 대신, 종교적 목적의 기부 요청은 허용하는데, 이슬람 코란 학교는 극빈층 학생들에게 제대로 된 구걸 방법을 가르친 후 '현업'에 뛰어들게 만든다. 그래서인지 이슬람 사원 근처에는 구걸하는 아동들과 장애인들을 흔히 볼 수 있다. 기독교 성향의 언론들은 코란 학교를 아예 '앵벌이 학교'라고 비난하기도 한다.

　각종 통계들은 아프리카의 문자 해득률이 60퍼센트를 넘어섰다고 하지만, 실제 체감 비율은 이보다 훨씬 낮다. 문자를 사용한다고 말하는 사람들 중에는 기껏해야 자신과 가족들의 이름, 그리고 아주 기초적인 단어만 이해하는 사람들이 태반이기 때문이다.

　아프리카의 독특한 투표용지도 이러한 현실을 잘 보여준다. 공용문자를 이해하지 못하는 선거인들을 위해 후보자의 이름을 영어와 원주민 언어로 병기하고 그 옆에 사진도 함께 제시하는 것이다. 감비

감비아의 투표함

아 투표소에서는 후보자 사진이 붙어있는 드럼통이 비치되어 있고, 유권자들은 구슬을 집어넣는 방식으로 투표한다. 다소 코믹한 장면이긴 하나, 문맹이 만연한 사회에서 참정권을 보장하기 위한 고육지책인 것이다.

한편 초등학교를 졸업한 학생들이 모두 중학교로 진학하는 것은 아니다. 절반 정도는 학업을 그만두는데, 결국 아프리카인들의 4분의 1 정도만이 중학생이 되는 셈이다. 이후 진학생의 비율은 점점 줄어들어 결국 초등학교에 입학했던 학생의 5퍼센트만이 대학생이 된다. 물론 남학생의 비율이 압도적으로 높다.

25세 이상 아프리카 성인들이 태어나 교육을 받은 기간이라고 해봐야 평균 5년이 되지 않는다. 그 시간 동안 글자라도 익힐 수 있으면 그나마 다행이고, 취직에 도움이 되고 생산성을 높일 수 있는 직업교육을 받는 것은 손에 꼽을 정도다. 그렇게 많은 아프리카인들은 저급 노동자로 자리 잡게 된다. 가난해서 무지하고, 무지해서 가난한 악순환은 아직 이렇게 반복되고 있다.


## 자연에 순종적인 농업

이제 보다 근본적인 문제를 짚어보자. 아프리카는 왜 그토록 가난에서 빠져나오지 못하는가. 세계 경제가 꾸준히 성장해왔던 지난 50년간 아프리카의 빈곤은 왜 확대되고 있는가. 풍부한 자원과 노동력을 가진 대륙임에도 왜 이를 활용하지 못하는가. 천문학적인 국제 사회의 원조에도 불구하고 왜 아프리카는 저개발 상태로 남아 있는가.

숱한 지식인들이 빈곤의 원인을 연구한 바 있지만, 여기서는 보다 현실적인 장면들을 다뤄보자. 먼저 흉년은 아프리카인들의 생계를 위협하는 가장 직접적인 원인이다. 일부 다국적 기업이 운영하는 기업형 농장을 제외하고, 현지인들이 경작하는 아프리카의 농촌은 말 그대로 소박하기 그지없다. 경운기나 양수기, 트랙터와 같은 농기계가 없어 손으로 밭을 갈고, 하늘에서 내리는 비에만 의존한다. 자동차가 다닐 수 있는 도로는 거의 없기 때문에 대부분의 농부들은 수확물들을 머리에 이고 운반해야 한다. 신선도를 유지시켜주는 냉장 보관 창고가 없어 농작물의 상당 부분이 썩어버린다. 선거철이 되면 정부가 선심을 베풀면서 비료를 선물하기도 하는데, 이 비료에 곡물 성장 촉진을 거의 전적으로 의존한다. 당연히 해충제도 없다. 아프리카의 농업은 홍수, 가뭄, 병해충에 무방비 상태로 놓여 있어 흉작의 가능성이 크고, 영농 기술과 시설도 낙후되어 있어 생산량이 인구 증가분을 따라 잡지 못한다(이에 대해서는 뒤에서 자세히 다룬다).

흉년이 들면 일단 그 지역 농부들이 타격을 입고, 이들의 생산물을 소비하던 인근 지역 주민들도 함께 굶주리게 된다. 정부는 농민으로부터 세금을 걷을 수 없게 될 뿐만 아니라, 부족한 식량을 수입해야 하므로 국가 재정은 더욱 궁핍해진다. 시장에서 특정 곡물의 품귀 현상으로 가격이 폭등하면, 이를 대체할 수 있는 다른 식량의 수요가 증가해 물가 상승으로까지 이어진다. 만약 식량을 수출하는 국가에서 흉작이 발생하면, 이를 수입하던 인근 국가들도 함께 궁핍해진다. 이러한 흉작의 영향은 이듬해까지 이어진다. 흉년으로 소득이 감소하면 그만큼 새로운 종자나 비료를 살 돈도 줄어들고 이듬해 작황도 나빠지기 때문이다.

한마디로 아프리카 농업은 자연에 대해 너무나도 순종적이다. 다카르 어느 해수욕장에서 만난 구두닦이는 1년에 반만 구두를 닦고 나머지는 고향으로 돌아가 농사를 짓는다고 했다. 이유인 즉, 비가 오지 않는 건기에는 아무것도 자라지 않아 먹을 것이 없기 때문에 도시로 나와 돈을 번다는 것이다. 정부가 도시로 빈민이 몰리는 것을 억제하기 위해 귀농정책을 발표했지만, 실제 농민들에게 주어지는 혜택은 거의 없다고 한다. 더구나 아프리카 농부의 70퍼센트 이상은 여성인데, 교육다운 교육 한번 받지 못한 이들에게 재해에 대비한다거나 생산성을 높이기 위한 노력을 요구하는 것은 너무나도 비현실적인 일이다.

## 먹지 못하는 작물들

한편 식민 지배 시절의 획일적 농업 생산 구조도 빈곤의 원인으로 작용한다. 당시 유럽인들은 아프리카인들의 사정을 전혀 고려하지 않은 채, 아프리카를 식량과 원료의 공급지로 만들었다. 그 결과 아프리카 국가들의 농업 생산은 수출용 작물, 즉 돈이 되는 특정 작물에 집중되었는데, 면화, 땅콩, 코코아, 커피 같은 것들이 대표적인 예다. 먹을 수가 없거나, 먹어도 영양 공급에 별 도움이 되지 않는 것들이다.

세네갈의 땅콩을 예로 들어보자. 프랑스는 요리용 기름과 공업용 윤활유를 얻기 위해 세네갈에서 대규모 땅콩 경작을 시작했는데, 그 후로 150년이 지난 지금도 세네갈 농업은 땅콩 생산과 수출에 크게 의존하고 있다. 사하라 사막 언저리에 위치한 세네갈은 국토의 12퍼센트 정도만이 경작 가능하다. 그런데 그 소중한 경작지의 절반 정도는 땅콩 재배에 사용되고 있다.

국제 땅콩 가격의 하락 때문에 몇 번의 적자를 경험한 정부가 뒤늦게나마 다른 농작물을 재배하려고 시도하지만 이것마저도 쉽지 않다. 한번 땅콩을 재배한 땅에서는 다른 작물이 자라기 힘들기 때문이다. 게다가 땅콩 농사가 인접한 곳의 삼림을 파괴하고 사막화를 앞당긴다는 연구 결과까지 나왔지만, 그렇다고 당장 땅콩 농사를 그만두라고 강요할 수도 없는 처지가 되었다. 땅콩을 팔지 않으면 농민들의 소득이 없어지기 때문이다. 세네갈에서는 어느 맥주집이건 땅콩을 무료 안주로 제공하는데, 이런저런 생각 때문인지 땅콩 맛이 무척 씁쓸하게 느껴질 때가 있다.

그래도 땅콩은 먹을 수나 있지만(실제로 세네갈의 빈민들은 땅콩 한 줌으로 점심을 때운다), 면화는 아예 입에 댈 수조차 없다. 베냉, 부르키나파소, 말리, 차드는 면화 수출로 외화를 버는 나라들인데, 이 역시 식민지 시절에 고착된 것이다. 프랑스는 이곳에서 생산된 솜을 수입한 다음, 옷으로 만들어 다시 아프리카에 팔았다. 그런데 독립 이후 아프리카의 면화 생산은 미국산 면화와 경쟁이 되지 못했다. 미국 정부가 자국 면화 생산자에게 막대한 보조금을 지급했기 때문이다. 아프리카 농부들은 울며 겨자 먹기로 면화를 헐값에 수출할 수밖에 없었는데, 그럴수록 소득은 더욱 낮아지고 빈곤은 깊어져만 갔다.

이와 같이 획일화된 수출용 농업 구조는 빈곤 퇴치에 도움이 되지

◉ 세네갈의 땅콩 상인들
ⓒ 윤상욱

못하며, 국제 시장에서의 경쟁에도 취약한 면모를 지니고 있다. 일차적인 책임은 유럽 식민 종주국에게 있겠지만, 사실 더 큰 책임은 독립 이후 수십 년 동안 농업 생산 구조를 바꾸지 않은 아프리카 정치 지도자들에게 있다. 독립 이후 돈이 아쉬웠던 아프리카 지도자들에게 땅콩, 커피, 코코아, 면화 수출은 외화 획득의 중요한 방법이었기에 굳이 농업 생산을 다변화할 필요성을 느끼지 못했다. 이것이 훗날 아프리카 농업에 독이 된 것이다.

최근에는 거대 다국적 기업이 아프리카의 농지를 헐값에 사들여 원료용 옥수수나 사탕수수, 커피 등 환금작물을 대량 재배하고 있는데, 이 역시 현대판 플랜테이션 농장이라는 비난을 받고 있다. 전통적 농경으로 연명하던 아프리카의 소농들은 삶의 터전을 빼앗기고 저급한 일용노동자로 전락하고 만다. 다국적 기업은 그 땅을 개간하여 역시 먹지 못하는 작물을 재배하여 수출하는데, 이 역시 아프리카의 빈곤 퇴치에 도움이 되지 못한다.■

## 피 흘림의 대가

내전이나 전쟁 역시 무시할 수 없는 빈곤의 원인이다. 내전이 일어나면 우선 수많은 사상자와 유랑자들이 발생한다. 농사는 물론이고 모든 경제 활동이 중단되며, 땅에는 지뢰가 묻혀 사람들의 이동마저 불가능하게 된다. 정부는 무기를 구입하기 위해 큰돈

---

■ 이렇듯 다국적 기업이 아프리카 농토를 사들여 환금작물을 재배하는 것을 '토지의 저주'라고 비판하기도 한다. 보다 상세한 내용은 뒤에서 다루었다.

을 쓰는데, 설사 전쟁에서 이긴다고 해도 남는 것은 부상자와 파괴된 국가 시설들, 그리고 고향을 떠난 난민들뿐이다. 국제 원조와 해외 투자는 중단되고 관광객마저 끊겨 정부의 재정 적자는 불어나고, 급기야 돈을 마구잡이로 찍어내 살인적인 인플레이션을 부른다. 유혈 분쟁은 그 국가뿐만 아니라 평상시에 교역을 하던 인접국에도 파급 효과를 미친다. 대개 국경은 통제되어 교역 또한 중단되기 때문인데, 때문에 인접국 국민들도 함께 고통을 받는다.

아프리카는 독립 이후 내홍을 겪지 않은 나라가 거의 없을 정도로 폭력과 유혈이 낭자한 곳이었다. 2006년 한 해에만 전 세계 유혈 분쟁의 40퍼센트 정도가 아프리카에서 일어났으며, 11개 아프리카 국민들이 전란 상태에서 호환, 마마에 떨어야 했었다. 내전은 국가 경제를 상처투성이로 만들기 마련인데, 아프리카에서만 매년 180억 달러의 국민소득이 사라진다고 한다. 1990년에서 2005년까지 분쟁이 일어났던 아프리카 국가들의 손실은 무려 3,000억 달러나 된다. 국가들마다 차이는 있지만, 내전을 치르는 사이에 매년 GDP의 15퍼센트 정도가 사라져버리는 것이다.

그런데 이 유혈 분쟁은 1~2년 만에 끝나지도 않는다. 상당수의 아프리카 내전은 5년에서 10년 가까이 지속되었고, 그 경제적 피해는 해가 갈수록 불어났다. 일례로 13년간 내전을 겪은 부룬디는 그 기간 동안 GDP의 40퍼센트가 사라져버렸다. 앙골라는 1975년 독립과 동시에 좌우익 간의 내분으로 27년간 내전을 치렀는데, 이로 인해 50만 명이 사망하고 400여만 명의 이주민이 발생했다. 장기간의 내전으로 외채와 물가는 정부가 도저히 감당할 수 없을 정도로 악화되었고, 결국 이러한 부담을 이기지 못해 정부는 타협안을 제시하면서 종전을 요청했다. 수세에 몰렸던 반군이 이를 수용함으로써 분쟁은 종결되었는데, 앙골라는 2002년에야 독립 이후 처음으로 평화를 누리게 된 것이다. 석유 부국 앙골라는 그 후 연평균 10퍼센트가 넘는 경제 성장을 달성했고, 오늘날 세계에서 가장 빨리 성장하는 국가가 되었다.

당연한 얘기겠지만, 숱한 정치적 불안과 쿠데타와 내전은 아프리카 지도자들로 하여금 무기를 사 모으고 군사력을 키우는 일에 열광하게 만들었다. 1990년대 초 사하라 이남 아프리카 국가들의 평균 군비 지출은 GDP의 3퍼센트를 넘는 수준이었는데, 이 비율은 오늘날 한국, 중국, 프랑스보다 높은 수준이다. 농지를 개간하고 수도와 전기 공급 시설을 만들어야 할 돈으로 로켓포와 지뢰, 그리고 AK-47 소총을 산 것이다. 그리고 아마도 군비 지출에는 알려진 것보다 더 많은 돈이 쓰였을 것이다. 대부분 집권자들이 금 또는 다이아몬드와 무기를 맞바꾸는 현물 거래를 하기 때문이다.

어쨌거나 코코아를 키우거나 다이아몬드를 캐내어 국민들이 피땀 흘려 벌어들인 외화로 지도자들은 무기를 샀다. 그 무기로 반란군과 전투를 치르고, 자신을 위협하는 정치가와 부족들을 처단한 것이다. 자신의 정권 유지에 급급했던 지도자들에게 국민들의 고통과 굶주림이 안중에 있을 리 없었다.

고전 경제학자들은 흔히 저축을 늘려, 이를 투자에 활용하면 빈곤의 악순환에서 벗어날 수 있다고 하지만, 워낙 소득이 낮은 아프리카 국민들에게 이를 기대할 수는 없다. 그렇지만 오늘날 에리트레아나 부룬디를 보면 '국민들이 저축을 안 해서 경제가 빈곤하다'는 주장은 억지처럼 들린다. 이들 국가는 각각 GDP의 24퍼센트와 6퍼센트를 국방 예산으로 지출하고 있다. 그중 절반만이라도 산업 투자에 활용한다면 빈곤의 악순환에 조금쯤 제동을 걸 수 있지 않을까.

그러나 이것만으로 아프리카의 빈곤 문제를 설명하기는 부족하다. 앞에서 언급한 낙후된 농업, 낮은 교육 수준과 질병의 만연, 내전과 유혈 사태 등은 실제 눈에 보이는 현상일 뿐이다. 이제 보다 근본적인 원인에 대해서는 다루기로 하는데, 물론 그것들은 무능하고 부패한 집권자들이 어떻게 국부를 가로채는지, 잘못된 정책으로 실패를 거듭하면서도 권력욕에 사로잡혀 국민들을 고통스럽게 하는가에 관한 이야기들이다.

| 02 |

# 부패한 정부의
# 에고노미<sup></sup>

## 빈민을 위협하는 부패

누구든 아프리카에서 살다 보면 온갖 종류의 '부실'을 경험하게 된다. 이를테면 수도와 전기가 심심찮게 끊기는가 하면 도로는 이곳저곳이 움푹 꺼지고 패어진 채로 방치되어 있고, 녹슨 가로등이 쓰러져 주행하던 자동차들을 위협하기도 한다. 그럴듯한 모양의 건물이 들어서나 싶더니, 철근과 콘크리트가 모자랐는지 건물의 일부만 완공하고 그 위층은 여전히 미완성 상태로 남아 있다. 건물 꼭대기에 회색 벽돌과 삐죽삐죽 튀어나온 철근들이 불쾌한 인상을 주는데, 미관을 따지는 것은 꽤나 사치스러운 일이다. 그렇게 지어진 건물들은 비가 새고 틈이 벌어져 결국 무너져 내리는 경우가 적지 않기 때문이다.

■ 에고Ego, 즉 자기 자신만을 위한 경제라는 뜻.

이런 부실들을 접하면서 처음에는 단지 아프리카의 기술과 자본이 부족해서 생긴 현상이려니 생각하지만, 이내 사회 전체가 부실을 대단치 않게 여기고 있다는 사실을 발견하게 된다. 그리고 좀 더 시간이 지나면 모든 부실은 부패로부터 비롯된 것이며, 그 부패에 가담하지 않으면 나만 손해를 본다는 느낌을 갖게 된다.

물론 부정과 부패는 세상 어느 나라에나 있는 것이고 사회가 발전할수록 사라지겠지만, 아프리카에서의 그것은 좀 특별할 수밖에 없다. 많은 국민들이 굶주리고 병들어 죽어가는 아프리카에서의 부패는 국민들의 생존권을 위협하는 문제이기 때문이다.

예를 들어 아프리카의 유명한 독재자들은 수십억 달러의 국가 재산을 스위스 은행에 빼돌린 재산가들로, 종종 유럽 여행을 하면서 고급 병원에서 VIP 대접을 받으면서 치료받는다. 그 돈으로 국내에 병원과 학교를 짓고, 깨끗한 식수와 전기 공급을 늘린다거나, 하다못해 굶주리는 이들에게 쌀 한 줌씩이라도 배급할 수 있을 테지만, 그런 데에는 도통 관심이 없는 것이다.

2011년 6월 말리 보건부장관의 국제 원조 자금 횡령 사건도 그렇다. 장관을 포함한 일곱 명의 관료들이 에이즈, 말라리아 퇴치를 위한 원조 기금 56만 달러를 빼돌린 혐의로 기소되었다. 그들은 허위로 서류를 만들어 약품과 모기장, 콘돔을 구매한 것으로 꾸몄는데, 만약에 들통 나지 않았더라면 그들은 말리의 질병 퇴치를 위해 공을 세웠다고 업적을 자랑했을 테고 구호 단체 역시 말리의 질병 사망률이 낮아질 것이라 기대했을 것이다.

아프리카의 빈곤과 질병을 퇴치하기 위한 국제 사회의 노력을 비웃기라도 하듯, 아프리카의 집권자들과 공무원들은 개인 재산을 축재하는 데 열을 올리고 있다. 자이르(구 DR콩고)의 모부투 대통령이 스위스 계좌에 은닉한 80억 달러는 이 나라의 외채를 갚고도 남는 돈이다. 나이지리아의 아바차<sup>Sani Abacha</sup> 장군은 200억 달러를 빼돌린 아프리카 최악의 부정 축재자로 꼽힌다.

이렇게 아프리카 30개국 지도자들이 과거 해외로 숨긴 자금은 이들 국가 외채의 1.5배에 달하는 것으로 추정된다. 지도자들 말고도 공무원을 포함한 엘리트층이 빼돌린 돈까지 합친다면 가히 천문학적인 수준이다. 독립 이후 나이지리아 공무원들이 횡령한 금액이 3,000억 달러에 달한다는 세계은행 총재의 쓴소리나, 매년 아프리카에서 1,500억 달러에 가까운 돈이 부패로 사라진다는 아프리카연합의 보고서는 아프리카를 돕기 위해 발 벗고 나선 공여국 정부와 NGO들을 좌절하게 만든다. 2008년 한 해 동안 선진국들이 아프리카의 빈곤 퇴치와 개발을 위해 지원한 금액은 225억 달러 정도인데, 이것의 7배나 되는 돈이 아프리카 엘리트들의 호주머니로 빠져나가는 셈이다.

촉망받는 여성 지도자 라이베리아의 엘렌 존슨 설리프<sup>Ellen Johnson-Sirleaf</sup> 대통령은 2009년 BBC와의 인터뷰에서 '아프리카는 가난하지 않다. 다만 엉망으로 관리되었을 뿐<sup>Africa is not poor, it's just POORLY MANAGED</sup>' 이라며 이를 비꼬았다. 다름 아니라 국민들의 피를 빨아 먹고사는 아프리카의 뱀파이어들에게 비수를 던진 것이다.

# 이코노미는 없고
# 에고노미만 있는 정부

정녕 아프리카 정부 관료들에게는 이코노미<sup>Economy</sup>가 없으며, 단지 에고노미<sup>Egonomy</sup>만 있는 것인가? 만약 그렇다면 아프리카를 돕겠다고 하는 이들은 한번쯤 이 문제를 잘 살펴봐야 할 것이다. 자신의 행위가 뜻하지 않게 아프리카의 관료들을 돕는 것이 된다면 곤란하지 않겠는가.

아프리카의 정부는 종종 국민의 빈곤, 질병 퇴치와는 무관한 대형 사업 계획을 발표하면서 국제 사회의 투자를 요청한다. 민생과 무관하다 못해 생뚱맞은 느낌마저 드는 사업들임에도 말이다. '하얀 코끼리를 위한 묘지 건설', '사막 위의 성당 건설'과 같은 비아냥거림이 나올 만도 한 것이, 멀쩡한 공항을 고쳐 쓸 생각은 하지 않고 신공항 건설 계획을 발표하는가 하면, 별로 효용 가치도 없는 군함과 항공기 구매 등 대형 국책 사업에 열을 올리기 때문이다.

빈곤, 문맹, 질병 퇴치처럼 정말로 시급한 문제는 공여국과 원조 기관의 돈으로 해결하면 된다고 생각하는 것인지, 중앙의 엘리트들은 언제나 대형 국책 사업들과 위대한 미래의 청사진만을 제시한다. 국가 성장의 장기적 비전을 갖고 추진한다고는 하지만, 사업 추진 과정에서 부정부패가 끼어들어 부실이 양산되고 이로써 건설 공사가 아예 완성되지도 못한 채 하염없이 중단된다거나, 설사 완성된 이후에도 기대만큼 수익을 올리지 못해 정부의 재정 적자만 악화시키는 경우가 허다하다.

그럼에도 정부가 대형 사업에 집착하는 데에는 그럴 만한 이유가 있다. 이러한 사업은 우선 국민들에게 국가가 현대적인 면모를 갖추면서 발전하고 있다는 것을 시각적으로 보여주기에 좋다. 그리고 무엇보다도 사업의 규모가 클수록 중간에서 가로챌 수 있는 돈도 커지게 된다. 대형 건설 사업은 하청업체가 많아서 입찰 특혜를 주고 뇌물을 얻기 더없이 좋지만, 소규모 보건소나 지역 수도 보급 사업은 국가의 엘리트층에게는 그다지 돈이 되지 않는 건수다.

부패가 만연하다 보니 정말 아프리카에서는 되는 것도 없고 안 되는 것도 없다. 대부분 행정 서비스는 불투명하고 예측할 수 없지만, 뇌물만 챙겨주면 안 될 것이 없다는 뜻이다. 혹시라도 친밀한 대화를 할 수 있는 아프리카 대학생이 있다면 솔직하게 물어보라. 졸업 후에 당장 돈을 벌려면 어떤 직장을 가져야 할지 묻는다면, 그들은 세관원, 중앙은행 환전원, 경찰, 동사무소 서기라고 대답할 것이다.

실제로 이전 근무지 제네바에서 보낸 이삿짐을 다카르 항구에 도착한 지 한 달 후에야 찾았던 경험이 있다. 그것도 세관원 그리고 자동차 담당 공무원에게 '수고비'를 준 덕분인데, 그렇게 하지 않았다면 짐은 세관 야적장에 몇 달은 더 방치되어 있었을 것이다. 짐 찾는 일을 도와준 현지인은 '아프리카에서는 인맥 아니면 돈이 필요해요. 돈이 있으면 인맥은 자연스럽게 생기죠'라고 조언해주었다.

개인적인 이삿짐뿐만 아니라, 제조업, 건설업에 필요한 자재들도 뇌물이 없이는 제시간에 빼내기 힘들다. 세관원들은 국가 경제가 어떻게 되든지 간에, 우선 자기 잇속부터 챙기려고 하는데, 그래서 아프리카에서는 '배꼽 정치politics of belly'가 무엇인지 확실하게 이해할 수 있다.

# 아프리카의 부패는
# 어디에서 왔나

부패는 가난한 곳에서, 그리고 법치주의와 사회적 제도화가 성숙되지 못한 곳에서 흔히 기승을 부린다. 그러므로 아프리카에서도 경제와 정치, 사회가 발전하면 자연스럽게 부패가 줄어들 것이라 예측은 할 수 있지만, 지난 50년간 경제적 상황은 물론 사회적 정의 모두 별반 달라진 게 없다. 그래서 부패야말로 아프리카 빈곤 고착화의 주범이라는 인식이 확산되었고, 일부 학자들은 아프리카인들의 전통적 습성이 부패와 밀접하다는 주장까지 하기에 이르렀다. 아프리카주의자들은 이에 대해 새로운 인종주의적 편견이라 비난하지만, 일단 그러한 주장은 어떤 논리인지 살펴볼 필요는 있다.

아프리카인들의 전통적 습성과 부패의 관련성을 주장하는 이들은 우선 아프리카의 확대 가족과 공동체적 생활 전통이 인적 측면에서 부패의 토양을 제공한다고 본다. 아프리카는 씨족 사회를 이루면서 대가족을 공동 부양했는데, 식민지시대 이후에는 공동체 구성원 중에서 사회적 성공을 이뤄 중앙에 진출한 사람에게 의존하려는 경향이 보편화되었다. 중앙의 공직자들은 최대한 자기 출신 지역에게 혜택을 주기 위해 노력하고, 그 과정에서 뇌물이 오고 가기 마련이지만, 이를 비난하는 사람은 거의 없다. 왜냐하면 거의 모든 지역 주민들이 자기 지역 출신 공무원들을 응원하기 때문이다. 하물며 그저 개인적인 목적으로 뇌물을 챙겼다고 해도 고향 사람들은 이를 비난하지 않는데, 부정한 재산 축적일지언정 그중 일부라도 친척인 나에게 떨어질 수 있다고 생각하기 때문이다.

나이지리아의 '케이크 나누기' 논쟁은 이러한 면모를 그대로 보여준다. 250개가 넘는 부족이 몰려 있는 나이지리아에서는 독립 이후 국가 재산과 자원을 차지하기 위해 부족 공동체 간의 다툼이 치열했다. 다양한 부족 출신의 중앙 공무원들은 자기들의 출신 부족만을 위한 정책을 입안하고 시행하기 위해 노력했는데, 그러다 보니 국민들은 같은 부족 출신의 공무원들이 부정한 짓을 하더라도 이를 문제 삼지 않았다. 최근 굿럭 조너선Goodluck Jonathan 대통령은 '이제 케이크를 나누지만 말고, 나이지리아 국민들이 함께 더 많은 케이크를 구워야 한다'고 반성을 촉구했지만, 뿌리 깊은 제 몫 찾기 관행이 하루아침에 없어질 것이라 기대하기는 아직 이르다.

아프리카의 가부장적 전통 또한 오늘날 부패와 무관하지 않다. 아프리카에서 만나는 상류층들은 대부분 자신들이 대통령 또는 장관들과 어떠한 관계에 있으며, 얼마나 총애를 받고 있는지 과시하기를 즐긴다. 그리고 실제로 많은 경우는 친인척들이 정관계 요직을 독점한다. 흔히 후견인-피후견인으로 연결된 인맥들이 정부 내에 광범위하게 존재하는데, 이들은 공무원 사회의 위계를 무시한 채, 자신을 공직에 앉혀준 후견인만을 바라보며 일한다. 국민에 대한 봉사의식이 있을 리 없고, 국가 경제를 살찌우는 것보다 에고노미를 챙기는데 관심을 기울일 뿐이다.

능력보다는 인맥을 중시하는 사회적 분위기의 부작용은 또 있다. 우선 정부 정책 자체가 전문성이 없어 각종 부실 사업들을 양산한다. 권력자들은 우수한 인재를 양성하거나 발굴하는데 관심이 없고, 이들 국가들의 테크노크라트technocrat들은 특혜 받는 소수 집단으로 한

정된다. 시니컬한 사회적 분위기속에서 우수한 인재들은 외면받기 마련이고, 그중 일부는 아예 일자리를 찾아 해외로 가버린다. 인적 부패 구조가 아프리카식 두뇌 유출을 조장하는 것이다.

반면 아프리카주의자들은 모든 부패가 외부적 요인에 의해 생겨난 악성 종양과 같은 것이며, 아프리카의 전통적 가치와는 결코 무관하다고 주장한다. 역사적으로 유럽이 아프리카에서 자행했던 부정적 면모가 부패한 관행의 씨앗으로 이식되었다는 것이다.

이 역시 나름 논리는 있다. 우선 대항해시대에 유럽인들은 아프리카 왕 또는 부족장들에게 싸구려 유럽 제품을 주면서 노예 공급을 부탁했는데, 이것 자체가 뇌물 지급 행위로 아프리카 지도자들의 의식을 썩게 만들었다.

1884년 베를린회의▪ 이후에 아프리카 식민 지배를 공인받기 위해서는 해당 지역의 왕 또는 정부와 문서화된 '보호' 동의 조약을 맺고, 이를 열강들에게 증거로 제시해야 했다. 이로 인해 열강들은 아프리카 곳곳의 비점령 지역 부족장 또는 왕들에게 '보호' 조약 체결을 종용하였는데, 여의치 않을 경우 뇌물로 매수하거나 폭력을 행사하기도 했다.

실제로 영국은 부간다 왕과 그 친척들에게 얼마간의 땅을 주는 대신, 그외 우간다 지역에 대해서는 영국의 지배에 동의한다는 '조약'을 체결했다. 덕분에 부간다 왕국은 오늘날까지 명맥을 유지하고 있지만, 어떤 왕들은 영국의 요구를 끝끝내 거부하다 비참한 죽음을 당

---

▪ 1884년 베를린회의에서는 유럽 열강의 식민지 소유권에 대한 원칙이 정해졌다. 이에 대해서는 아프리카 국경선 부분에서 자세히 다루겠다.

하기도 했다. 어떻게 생각해보면 조삼모사식 거래를 받아들인 부간다 왕이 오히려 현명했는지도 모른다.

　지도층들이 식민 지배시기에 회유와 협박에 의해 부패에 물들여졌다면, 그다음은 아프리카의 일반인들 차례였다. 유럽의 직접 통치를 계기로 아프리카에는 비로소 공공행정서비스 개념이 도입되었지만, 이는 말이 공공서비스이지 사실상 아프리카인들에게 봉사하기 위한 것이 아니라 군림하기 위한 지배 시스템일 뿐이었다. 아프리카주의자들은 공무원들에게 뇌물을 주는 관행이 가혹한 식민시 시절의 조세 징수와 강제 노역에서 벗어나기 위해 어쩔 수 없이 생긴 것이라고 한다.

　아프리카 부패의 외래 기원론은 오늘날 치열하게 전개되는 아프리카 자원 쟁탈전과도 맞닿아 있는데, 특혜를 요구하는 다국적 기업의 물량 공세가 아프리카 지도자들을 부패의 유혹에서 빠져나오는 것을 막기 때문이다.

　실제로 기니는 전 세계 보크사이트(철반석) 매장량의 절반과 막대한 철광석, 금, 우라늄을 가진 축복받은 나라지만, 과거 군부 정권은 각종 광산을 외국 기업에게 헐값에 넘기는 대신 막대한 이권을 챙겼다. 다행히 2010년 12월 최초의 민주적 선거로 당선된 알파 콩데Alpha Conde 대통령은 그동안 잃어버린 국부를 다시 찾기 위해 광업법을 보다 투명하고 공정하게 정비했고, 채굴된 광물의 정부 지분도 두 배로 올렸다. 기니의 광산에 투자를 계획하던 다국적 기업들은 지나친 자원 민족주의라 비난했다. 이 소식을 접한 한국 기업인도 '그런가요. 그럼 별로 재미없어지겠는데요?'라며 실망스러운 표정을 지었다.

## 매수된 심판

아프리카의 부패가 어디에서 비롯되었는지와는 별개로, 오늘날 아프리카 사회의 얼개와 최근의 정치적 면모만 살펴봐도 부패의 원인을 이해하는 데 도움이 될 것이다.

아프리카는 민간 분야의 인프라나 서비스의 발달 수준이 낮아서 의료, 교통, 전기, 자격증 인허가 등 실생활에 밀접한 영역 대부분을 정부 서비스에 의존하고 있다. 권력은 과도할 정도로 중앙에 집중되어 있는데, 특히 군인 출신으로 권력 투쟁에서 살아남은 자는 스스로가 모든 것을 독식해도 되거나, 무엇이든 할 수 있는 존재라 여기는 모습을 종종 보여준다.

중앙아프리카 공화국의 독재자 장베델 보카사Jean-Bédel Bokassa가 그 대표적인 예다. 그는 1977년 스스로를 보카사 1세로 명명하며 황제에 취임했는데, 취임식을 위해서만 무려 2,000만 달러의 국고를 사용했다. 이 우스꽝스러운 초호화판 즉위식은 마치 국가와 국가 재산을 마치 사유물처럼 다루는 면모를 잘 보여준다.

이렇게 지도자층들이 빼돌린 재산을 제외하고 나면 국민들에게 나눠줄 것은 얼마 남지 않기 마련이다. 이 부족한 재원을 차지하기 위해 법과 제도보다는 개인적 커넥션이 더 중시되고, 사회 전체는 부패를 공유하게 된다. 윗물이 맑지 않다 보니, 아랫물도 덩달아 흐려지는 것이다.

중하위직 공무원들에게 부패는 곧 생계 수단이다. 경찰서에 구금된 용의자들은 재판을 받기 위해 인근 재판정으로 이송되어야 하지만, 경찰들은 교통수단이 없다는 이유로 무작정 기다리라고만 한다.

재판 일자가 확정되지만, 뇌물을 주지 못한 피고인은 법정에 출석도 못한 채 불리한 판결을 받게 된다. 재판받게 해달라며 뇌물을 줘야 할 지경이다. 형무소에는 형기가 만료되고도 뇌물을 주지 못해 석방되지 못하는 '죄수'들이 꽤 있다. 나이지리아의 지방 도로엔 없어도 될 검문소가 꽤 많은데, 이들은 검문소라기보다는 차라리 '통행료'를 받는 톨게이트에 가깝다. 전기 회사 직원들은 전기 사용료를 절반만 내도록 검침기를 조작해줄 테니, 대신 매달 얼마씩 자기에게 바치라고 유혹한다. 교육 수준과 봉급 수준이 낮은 이들 공무원들의 '한탕주의'가 시민들의 호주머니를 터는 것이다.

아프리카의 생계형 비리를 단시간 내에 근절하는 것은 어려워 보인다. 국민들의 의식과 공무원들의 교육, 봉급 수준을 동시에 향상시키기란 쉽지 않기 때문이다. 그렇지만 적어도 견제와 균형의 원리가 작동된다면 일단 '윗물'은 맑아질 수 있을 것이다. 부족들 간의 경쟁이 심한 나이지리아에서는 비리를 저지른 각료들이 종종 라이벌 부족의 고발에 사임하는 경우가 있는데, 엄밀한 의미에서의 견제와 균형은 아니지만, 어쨌거나 비슷한 원리가 작동해서 비리 공무원이 퇴출되는 효과를 낳고 있다.

아직은 아프리카에서 견제와 균형의 원리나 삼권 분립이 제대로 지켜지거나, 독립적이면서 강한 사법 기관을 가진 나라는 극히 드물다. 감사원을 설립한 경우도 있지만, 대개 감사 위원과 원장의 선임 과정에서 조직적 독립성은 유명무실해지고, 감사도 야당 인사를 탄압하기 위해 편파적으로 이뤄지는 경우가 많다.

이는 마치 축구 경기에서 심판이 어느 일방에게 매수되어 편파적인 판정을 내리는 상황과도 같은데, 어차피 심판을 믿을 수 없는 마당에 페어플레이를 하려는 선수가 과연 몇이나 되겠는가. 윗물을 맑게 만들기 위해서는 공정한 게임의 법칙을 확립해야 하는데, 지도자들이 이를 진지하게 여기기도 쉽지 않고, 설사 그렇게 하려 해도 이를 실행하는 데는 언제나 기득권의 반발이 따른다. 개혁 정책을 폈던 지도자들이 군부 쿠데타에 의해 실각한 사례들은 이를 잘 보여준다.

최근 유엔과 국제 사회가 라이베리아와 기니를 주목하는 것도 이런 이유에서다. 이들 국가는 서아프리카 자원의 보고로서 무한한 성장 잠재력을 지녔으되, 잔인하고 탐욕스러운 독재자들이 늘 그 혜택을 독점해왔었다. 다행히 2006년과 2010년, 선거를 통해 설리프와 콩데 대통령이라는 개혁 성향의 문민 지도자를 선출했고, 이들은 국민들의 기대에 부응하기 위해 부패를 척결하고 천연자원 개발의 이익을 국민들에게 돌리려 노력하고 있다. 물론 구 집권 세력인 군부와 종족 갈등은 늘 개혁 정책을 위협한다. 실제로 콩데 대통령의 개혁으로 위기감을 느낀 구군부 세력이 2011년 7월 대통령궁에 로켓포를 발사하며 무력 시위를 벌일 정도로 아프리카에서의 개혁은 녹록치가 않다. 모쪼록 두 지도자가 현명한 정치력을 발휘하여 개혁의 싹을 키워나가기 바란다.

## BOX STORY 2011 노벨평화상 수상자 설리프 대통령

2011년 노벨평화상 수상자로 선정된 라이베리아의 설리프 대통령은 우리에게 다소 낯설지도 모르나, 그녀는 사실 2006년 대통령 취임 때부터 세계인들의 기대를 받던 인물이다. 무엇보다도 그녀는 아프리카 최초의 여성 대통령이었으며, 결선투표에서 축구 영웅 조지 웨아<sup>George Weah</sup> ■를 누르고 당선되었기에 많은 화젯거리를 제공했다.

그런데 정작 세계인들을 감탄시켰던 것은 그녀의 이런 프로필만이 아니었다. 그녀는 철의 여인이 되어 무능하고 부패한 정부를 개혁하기 위해 싸우는 한편, 오랜 내전으로부터 찢어지고 상처 입은 국민들을 어루만져주었다. 5년간의 임기 동안 그녀는 평화 정착, 부패 척결과 경제 민주화, 초등교육 보급, 언론 자유 보장, 여성 인권 향상 등에 있어서 괄목할 만한 업적을 이루었고, 〈뉴스위크〉, 〈이코노미스트〉, 〈타임〉과 같은 서방의 유수 언론은 그녀를 세계 최고의 여성 지도자로 선정했다.

미국과 유럽 등 서방 공여국들도 그녀에게 도움의 손길을 보냈다. 나날이 개선되어가는 라이베리아의 거버넌스를 높이 평가하여 그간의 채무를 면제해주는가 하면 원조의 양도 늘렸던 것이다. 2011년 12월 재선에 성공한 그녀는 다시 5년간 라이베리아를 이끌게 되었는데, 피 묻은 다이아몬드와 잔혹한 살상으로 얼룩진 라이베리아의 상처를 깨끗이 씻고 모범적인 아프리카 국가로 변모시킬 수 있을지 그 귀추가 주목된다.

● 설리프 대통령 ⓒ Wikimedia Commons

■ 1990년대 중반 최고의 축구 스타로 AC 밀란, 첼시, 멘체스터 시티 등에서 활약했던 조지 웨아는 20년 가까운 내전과 독재자의 학살에 신음하는 조국을 위해 대통령 선거에 나섰다. 그는 캠페인 과정에서 '아프리카는 차라리 유엔의 식민지가 되는 편이 낫다'며 아프리카 독재자들을 비난했다. 라이베리아 국민들은 이러한 조지 웨아를 사랑했고, 그는 1차 투표에서 28.3퍼센트의 득표를 얻어 결선투표에 나갈 수 있었다.

**아프리카의 부패에 관한 농담**

《1》

자정 무렵, 나이지리아 어느 시골 국도를 달리던 차 한 대가 경찰 검문을 받고 있다.

경찰: 이 야심한 밤에 운전자 혼자 차를 몰다니……. 벌금 5만 나이라를
　　　내시오.
운전자: 아니 뭐가 문제요?
경찰: 당신이 만약 사고가 나서 죽거나 다치면 누가 신고를 한단 말이
　　　요? 야간에 혼자 운전하는 건 안전 운전 위반이지!
운전자: 아! 저는 혼자가 아닙니다. 하나님과, 예수님, 성모 마리아와 요
　　　한, 천사 미카엘, 그리고 라파엘이 여기 있소.
경찰: 그래요? 이 조그만 차에 일곱 명이나? 탑승 인원 초과로군. 10만
　　　나이라!

《2》

중앙아프리카공화국 수도 방기발 킨샤사행 비행기에 몸을 실은 승객들은 초조해지고 있었다. 약속한 시간이 한참 지났음에도 비행기는 이륙할 기미를 보이지 않은 채 하염없이 시간만 흐르고 있었다. 탑승한 지 두 시간이 지나서야 마침내 기내 방송이 흘러나왔다.

"기내에 계신 승객 여러분, 오랜 시간 기다려주셔서 감사합니다. 저희
항공기는 13시 정각에 이륙할 예정이었으나, 기체에 결함이 발견되었
습니다. 기장은 이륙을 거부했고……. 결국 저희 항공사는 젊고 용감
한 기장으로 교체하였습니다. 저희 항공기 이제 출발합니다."

II. 빈곤과 저개발

# | 03 |
# 신이 내린 자원,
# 좀도둑과 장물아비들

## 자원을 찾아 몰려든
## 사람들

이제 아프리카의 다른 면모를 얘기해보자. 아프리카인들은 빈곤하지만, 사실 아프리카 그 자체는 빈곤하지 않다. 금, 은, 다이아몬드, 보크사이트, 구리, 망간, 코발트 같은 전통적 광물 개발의 역사는 이미 오래되었고, 최근에는 희토류, 우라늄, 티타늄처럼 미래형 산업 자원과 해양 유전들이 발견되어 세계인들의 주목을 받고 있다. 그래서 자원이 좀 있다고 소문난 아프리카 지역의 호텔에는 늘 투숙객들이 넘쳐 난다. 북반구 산업 국가의 공무원, 일확천금을 노리는 투자자, 그리고 다국적 기업 직원들이 자원을 찾아 몰려들기 때문이다.

그들은 유전과 광산 채굴권을 따내기 위해 아프리카 공무원들을 접촉하는데, 계약에 성공하면 일단 대가를 지불한다. 현금으로 특별 보너스를 지급하기도 하고, 아니면 도로, 댐, 철도 건설을 약속하기도 한다. 물론 돈을 주는 것보다 인프라를 건설해주는 것이 훨씬 나아 보이는데, 이걸로 끝나는 게 아니다. 이제 외국계 광물 기업들이 실제 자원을 캐내기 시작하면, 계약 내용에 따라 생산된 자원의 일부 또는 사용료royalty, 세금 등을 정부에게 준다.

그런 식으로 아프리카에는 독립 이후 막대한 돈이 유입되었을 것이지만, 이 규모가 정확히 얼마나 되는지 알 수는 없다. 다만 아프리카 석유 붐이 일기 시작했던 1970년 이후 30년간 나이지리아는 3,500억 달러를 벌어들였고, 앙골라는 2008년 한 해에만 원유 수출로 730억 달러 정도를 벌었는데, 이는 인구 2,100만의 서울시와 경기도가 2~3년 동안 쓰는 예산과 비슷한 수준이다(앙골라의 인구는 1,850만 명이다).

아프리카에 천연자원이 풍부한 이유는 지질학적으로 대륙 자체가 가장 오래전에 형성되었기 때문인데, 그런 면에서 아프리카는 정말 신의 축복을 받은 땅이다. 변변한 자원 하나 없어 수출만이 살 길이라 생각하고 달려온 과거 우리나라 노동자들이 열악한 환경에서 피땀 흘려 일해야 했던 것에 비하면 아프리카 국가들은 얼마나 행복한가. 어디에 무슨 자원이 묻혀 있는지를 알아냈는지, 어느 날 갑자기 외국 회사들이 달려와 자원을 개발해주겠다며 돈뭉치를 안겨주고, 또 실제로 그것들을 캐내서 나눠주니, 가만히 앉아서 돈방석에 앉는 것과 무엇이 다른가.

# 가만히 앉아서 망하기

그런데 '가만히 앉아서' 돈 버는 것이 과연 좋은 것일까. 아프리카에서는 이것 때문에 많은 문제들이 생긴다. 정부는 여기저기 묻혀 있는 자원만 팔아도 돈을 벌 수 있기 때문에 농업이나 제조업과 같은 다른 산업에는 관심이 없다. 아프리카의 농업이 아직도 초보적인 수준에 머물고 있으며, 제조업이라고 해봐야 전통 공예품이나 고무, 플라스틱으로 만든 단순 생활 용품, 직물류에 한정되어 있는 이유가 여기에 있다.

국가 산업이 어느 한 쪽으로 쏠리면 반드시 그 부작용이 나타난다. 이른바 화란병Dutch Disease ▪은 아프리카에도 여실히 나타났다. 당장 돈을 벌 수 있는 곳으로만 사람들이 모이는 탓에 정작 국민 생활에 필수적인 상품 생산은 줄어들고, 결과적으로 그것들은 죄다 외국에서 수입해서 써야 하기 때문이다. 예를 들어 가봉의 열대림에는 바나나가 지천으로 널려 있지만, 가봉 사람들은 이웃 카메룬 바나나를 수입해서 먹는다. 가봉에서 석유 붐이 일자 노동자들이 죄다 유전으로 몰려, 바나나 농장들이 하나둘씩 자취를 감췄기 때문이다.

바나나는 옆 나라에서 수입해서 먹는다 치더라도, 공산품은 비싼 선진국 제품을 수입해서 써야 한다. 이로 인해 아프리카 빈민들에게 휴지, 공책, 연필, 치약, 칫솔, 비누 같은 생필품은 사치품이 될 수밖에 없다. 그나마 최근에는 저가의 중국 제품들이 아프리카 생필품 시

▪ 1959년 네덜란드령 북해에서 석유가 발견되어 투자가 집중되었다. 석유 수출로 많은 외화가 유입되었고 잠시 동안 경제는 호황을 누렸으나, 이후 통화 가치 상승과 공산품 수출 여건 악화, 물가 상승과 같은 피해가 장기화되는 결과를 낳았다. 경제학에서는 이를 화란병이라고 부른다.

◉ 아프리카 시장의 중국산 공산품들 © 윤상욱

장을 휩쓸고 있어서 아프리카 빈민들의 호주머니 부담을 덜어준다. 그래서 세네갈의 다카르나 기니의 코나크리, 말리의 바마코 재래식 시장에 그득히 쌓여 있는 'Made in China'는 적지 않은 호감으로 바라보게 된다.

믿기지 않겠지만, 아프리카 산유국들도 석유를 수입해서 쓴다. 자국에서 난 원유를 휘발유나 경유, 등유 등으로 정제할 능력이 없기 때문이다. 아프리카에 정제 공장이 있긴 하지만, 이들은 모두 외국 자본으로 지은 데다가, 아프리카 석유 소비 수요를 충당하기에도 충

분하지 못하다. 부족한 석유는 당연히 국제 석유 시장에서 수입해야
한다. 사실 산유국 정부는 정제 공장 건설의 필요성을 느끼지 못한
다. 역시 '가만 앉아 있어도' 돈이 들어오기 때문이다.


## 신의 선물을 가로채는
## 장물아비들

오일 머니나 광물 자원을 수출해 벌어들인 외화 역
시 일반 국민들에게는 그저 남의 잔칫상에 올려진 진수성찬일 뿐이
다. 아프리카에서 자원으로 벌어들인 돈의 절대적인 부분이 집권자
와 공무원들의 호주머니로 들어가거나, 무기를 사고 군대를 육성하
는 데 사용된다.

아프리카의 자원과 관련된 부패 메커니즘은 이렇다. 대개 아프리
카 정부는 국영 자원 회사를 운영하고 있는데, 외국 기업과의 계약과
수익 분배와 같은 경영 업무를 맡을 뿐, 자원 채굴이나 가공과 같은
실제 생산 활동과는 무관하다. 국영 회사의 임원들은 보통 집권자의
친인척이나 측근으로 임명된다. 이들은 외국 기업과의 계약 과정에
서부터 특별 보너스, 광산 사용료, 세금 등 수익을 누락시키거나, 별
도의 이면 계약을 체결함으로써 '눈먼 돈'을 만들어낸다. 이러한 돈
들은 전문가에 의해 세탁된 다음 서아시아의 이슬람 은행이나 스위
스 은행 구좌로 입금된다.

해외로 빼돌리고 남은 돈은 일단 국고로 들어오지만, 이 역시 예산
삥튀기 수법에 능한 공무원들의 수중으로 들어간다. 국영 항공사의

유류비, 공무원들의 통근 버스 비용, 대통령 또는 도지사의 접대비 사용 내역을 조작해도 이의를 제기할 사람은 없다. 실제로 과거 나이지리아 국영 항공사는 단 두 대의 비행기로 운영되었음에도 불구하고, 보험료는 26대 분을 지불한 것으로 기록되어 있었다. 세계 9위 산유국인 나이지리아의 일인당 국민소득은 독립 당시 300달러 정도였는데, 50년이 지나서도 겨우 200달러 정도만 증가했다. 석유는 말 그대로 일반 국민들에게 아무런 도움이 되지 않았다.

한편 아프리카에는 민간인 광산 소유주도 많이 있는데, 이는 대개 독재 정부로부터 광산을 불하받았거나, 돈을 주고 산 경우이다. 국가를 사적인 소유물로 생각했던 아프리카 지도자들은 국토를 수백 개의 광구로 구분하여 일련번호를 부여한 다음, 가족들과 측근들에게 하나씩 선물로 주기도 하고, 재력가에게 돈을 받고 팔았던 것이다.

그런데 충적광상alluvial deposit 다이아몬드 – 냇물이나 해변에서 알갱이 형태로 발견 된다 – 처럼 손쉽게 채굴할 수 있는 광산의 소유주를 제외하면, 기술도 자본도 없는 대부분 광주들은 외국인의 자금과 기술을 빌릴 수밖에 없다. 자신의 광산에서 실제로 광물이 나오면 다행이지만, 그렇지 않은 경우가 더 많다. 그래도 광주들은 나오지도 않는 광물이 있다고 과장하기 일쑤인데, 광산 운영 경험이 없는 외국 투자자들이 이에 속아 넘어가기 딱 좋다. 일단 광주가 대통령과 친인척 관계에 있다는 점에 신뢰감을 느끼는 데다가 아프리카 오지에 대한 정보가 전혀 없어서 적당히 미화된 탐사 결과만 봐도 대단한 경제성이 있는 것으로 착각하기 때문이다.

아프리카의 광업은 워낙 리스크가 클 뿐만 아니라 도로와 전기, 통신 등 인프라가 열악해서 탐사에서부터 채굴까지 어마어마한 자본을 필요로 한다. 그럼에도 영세한 업체들도 아프리카 자원 개발에 종종 뛰어드는데, 이는 어쩌면 일확천금을 노리는 도박에 가깝다.

엄밀히 말해 광업 회사라기보다 브로커에 가까운 이들은 대개 투자자들로부터 또는 은행에서 대출을 받아 자금을 마련한 다음, 채굴 전문 업체와 계약을 맺어 광산을 파기 시작한다. 예상대로 막대한 광물을 캐내어 대박을 터뜨리면 모두가 행복해지지만 실제 그런 사례는 매우 희박하다. 가난한 아프리카 정부들은 팔리지 않는 국영 광산을 어떻게든 잘 포장해서 개발해보려고 하기에 투자하겠다는 외국 기업이 영세한지, 전문성이 있는지 가리지 않는다. 아프리카 정부로서는 실제 광물이 나오면 좋고, 그렇지 않아도 그만이다. 이미 개발권 계약 과정에서 특별 보너스 또는 은밀한 대가를 챙겼기 때문이다.

상황이 이렇다 보니 어느 날 민주 정부가 들어서 이제 부패를 끊고 천연자원을 이용해 국가 경제 개발을 해보겠다고 나섰다 해도 이제 쓸 만한 광구는 별로 남아 있지 않다. 많은 광구들을 이전 정권에서 리베이트를 받고 이미 나눠줘버렸거나, 외국 광업 회사와 말도 안 되는 조건으로 독점 채굴권을 줘버렸기 때문이다. 비유하자면 밥은 신이 지었는데, 군부 정권이 그걸 다 말아먹고, 그 설거지는 민주 정부가 하는 셈이다. 군부 독재를 청산한 기니 콩데 정부가 출범 7개월 만에 광업법을 개정한 것도 구집권 세력이 헐값에 불하해버린 광산을 다시 찾기 위해서였다.

아프리카 지도자들을 부패하게 만드는 다국적 기업 역시 신의 축복을 가로채려는 장물아비들이다. 2005년 인도계 철광 회사인 미탈

스틸<sup>Mittal Steel</sup> 사는 라이베리아 대통령 선거를 불과 3개월 앞둔 시점에서 9억 달러 규모의 철광산 개발 계약을 체결했지만, 곧 국제 여론의 도마에 올랐다. 몇 달 뒤면 물러날 과도정부 지도층을 돈으로 매수하여 느슨한 계약을 맺었기 때문이다. 다행히 2006년 당선된 설리프 대통령은 계약을 전면 수정하기 위해 협상을 요구했다. 이로 인해 사용료, 세금, 철광 가격 설정권, 광부들의 노동 조건 등과 관련된 독소조항은 삭제되거나 수정되었다. 설리프 대통령이 바로잡은 것은 이것만이 아니다. 20세기 최악의 독재자중 한 명인 찰스 테일러<sup>Charles Taylor</sup>는 다국적 기업에게 삼림 벌목권을 주고 짭짤한 수입을 올렸는데, 이로 인해 라이베리아의 삼림은 무자비하게 황폐화되었다. 설리프 대통령은 취임 이후 이 계약도 무효화시켰다.

기니의 개정 광업법은 특이하게도 소급조항을 두고 있는데, 이는 과거 군부 정권이 다국적 기업으로부터 뇌물을 받고 광산 개발을 허용했는지 조사하기 위한 장치였다. 또한 개정 광업법은 모든 광산 개발계약의 인터넷 공개를 의무화했다. 과거 관행처럼 이뤄지던 비밀 계약을 하지 않겠다는 것이다. 자원 개발 계약 과정에서 정부 스스로가 벌거벗은 채 부패 근절의 의지를 천명한 셈인데 이제 요구되는 것은 기니 공무원의 진정한 실천 의지, 그리고 다국적 기업의 새로운 기업윤리다.


## 무서운 좀도둑

이처럼 자원의 혜택을 입지 못하는 아프리카인들은

박탈감을 느끼기 마련이고, 급기야 폭력을 사용해서라도 이를 되찾고자 노력하기도 한다. 니제르 델타 지역은 나이지리아 석유와 가스의 75퍼센트를 생산하는 곳이지만 3,000여 만 명의 현지인들은 식수와 전기를 공급받지 못한 채 살고 있다. 옛날엔 떠먹어도 될 만큼 맑았던 니제르 강이 여기저기 원유를 뽑아 올리는 시설들이 세워진 탓에 강물에는 기름 덩어리가 둥둥 떠다니고, 맹그로브 숲들은 검게 말라 타들어버렸다.

독재자와 서방 자본가들에게 착취당하고 있다고 생각한 젊은이들은 송유관을 몰래 뜯거나 아예 유류 저장소를 습격하여 원유를 훔쳐 이를 되팔았다. 처음에는 단순한 절도범이었지만, 양상은 갈수록 조직화되고 폭력적으로 변했는데, 놀랍게도 훔친 원유를 사겠다는 국제 장물아비들이 꽤 있었던 것이다.

그런데 장물아비들은 그 대가를 무기로 지급하면서 더 많은 원유를 훔쳐 오라고 사주했고, 러시아 무기상과 이슬람 과격 단체의 도움으로 좀도둑들은 이제 쾌속정과 중화기까지 갖춘 무장 단체로 성장했다. 오늘날 니제르 델타에서 생산된 원유의 20퍼센트가 이렇게 새어 나가지만, 석유 회사들은 이를 묵인하는 경우가 많다. 로켓포 한 방에 유정油井 하나가 통째로 날아갈 수 있기 때문이다.

그중 가장 큰 무장 단체는 니제르델타해방운동MEND, Movement for the Emancipation of the Niger Delta인데, 이들은 니제르 델타 주민들이 나이지리아 정부와 외국계 석유 회사로부터 착취를 당하고 있다고 주장하면서 보상을 요구하는 한편, 석유 생산 시설을 공격하고 외국인들을 납치함으로써 이 지역 석유 생산량을 떨어뜨리기도 했다.

● 니제르 삼각주의 환경 파괴. 물이 없어 소금물로 음식을 만드는 현지인(왼쪽 위)
강물에 적신 나뭇가지. 불을 갖다 대면 쉽게 타오른다. 강물은 기름띠로 무지갯빛을 띠고 있다(오른쪽 위)
강물의 오염으로 생수를 사 마시는 아이(왼쪽 아래)
아프리카 최고의 산유국 나이지리아에서 밀수입한 기름을 쓰는 장면(오른쪽 아래) ⓒ 박정남 MBC W PD

나이지리아 정부는 이에 속수무책이었다. 2006년 MEND의 우두머리 헨리 오카Henry Okah가 체포되었지만, 3년 뒤 정부는 그를 사면할 수밖에 없었다. MEND가 이에 불만을 품고 쉘Shell의 송유 시설을 공격했고, 그 여파로 국제 유가가 상승할 정도로 위협적이었기 때문이다.

정부는 니제르 델타 지역 사회 개발 계획을 발표하는 등 유화책을 펴 보았지만, MEND는 이후에도 라고스 항구를 포격하고 수도 아부자의 정부 청사 폭탄 테러를 감행했다. 종종 석유 회사들의 지원을 받는 정부군이 게릴라 토벌을 위해 민가를 폭격하여 무고한 원주민들이 죽기도 하는데, 이럴 때마다 MEND는 무차별적 테러를 가하겠다고 선언한다. 니제르 델타 지역은 석유 자본의 힘과 부패한 정부, 생존을 위한 투쟁이 온통 뒤섞여 오늘날 세계에서 가장 가련하고 무서운 곳이 되어버렸다.


## 나의 것과
## 우리 모두의 것

이와 같이 천연자원의 존재가 오히려 경제 성장과 사회 평등, 국민 복지 향상을 가로막는 현상, 즉 '석유의 저주'나 '화란병'은 매우 일반적인 것처럼 보이지만, 사실 반드시 그런 것은 아니다. 천연자원을 보유함으로써 발생하는 부정적 현상을 지혜롭게 극복한 노르웨이, 칠레, 말레이시아, 그리고 보츠와나■ 같은 사례가 있기 때문이다.

산유국인 노르웨이는 1인당 국민소득이 8만 달러를 넘고, 유엔이 작성하는 인간개발지수도 세계에서 제일 높다. 1962년 북해에서 석유가 발견되자 노르웨이 정부는 석유 판매로 벌어들인 돈을 고용 창출, 복지 수준 향상을 위해 사용하는 한편, 석유 기금을 조성하여 그 수익으로 환경 보호 사업을 하거나, 국제 유가의 급락에 대비하는 지혜를 보여주었다.

■ 보츠와나는 천연자원에 관한 한 아프리카의 모범 국가다. 다이아몬드 광산의 혜택의 분배와 부패 근절을 위한 정부의 의지가 강하다. 수도인 가보론Gaborone 공항 곳곳에서는 '보츠와나는 조금의 부패도 용서하지 않는다Botswana has ZERO Tolerance for CORRUPTION'라는 문구를 볼 수 있다. 그 결과인지 일인당 국민소득은 6,300달러 정도로 사하라 이남 아프리카 평균의 세 배나 된다.

아프리카 국가들은 노르웨이와 무엇이 어떻게 다른가? 그 수많은 차이점 중에서도 가장 극명한 것을 꼽자면 노르웨이는 천연자원을 '우리 모두의 재산'으로 보지만, 아프리카는 '나의 재산'으로 여긴다는 것이다. 노르웨이인들은 현 세대뿐만 아니라 후손들도 석유의 혜택을 누리도록 배려하고 있으나, 아프리카 지도자들에게 그런 안목을 기대하기는 어렵다. 아프리카에서 자원이란 지금의 나, 그리고 나를 돕는 이들의 재산으로 인식될 뿐이다.

조만간 아프리카의 어떤 자원들은 급속하게 고갈될지도 모른다. 한때 아프리카 석유 부국이었던 가봉은 아마도 10년 뒤면 산유국 타이틀을 잃어버릴 것으로 보인다. 수단도 비슷한 처지다. 유전 지역이 밀집한 남수단의 분리 독립 이후 알 바시르 정부는 수단 경제의 활로를 다시 모색해야 할 처지가 되었다.

자원은 유한한 것이기 마련인데, 그 혜택을 오늘날 집권자와 엘리트 집단의 축재에 전용하는 것은 그 나라의 장래를 망치는 횡령 행위다. 오늘날 라이베리아, 기니, 보츠와나 등 소수 정부들을 제외하면 대부분의 아프리카 지도자들이 이런 비판으로부터 자유롭지 못하다. 먼 훗날 석유나 광물, 삼림이 모두 고갈되어버린, 그러나 국민소득은 여전히 1,000달러가 못되는 나라에서는 '신의 축복'을 과거 소수의 독재자들과 장물아비들이 가로챘다고 성토할 것이다. 물론 그렇다고 누군가가 보상을 해줄 리도 없다. 평범한 진리일수록 더욱더 외면 받는 곳, 아프리카의 현실이 너무나도 아쉽다.

아프리카에서 BYOI는 'Bring Your Own Infra'를 의미한다. 아프리카에 투자하려면 전기, 도로, 통신 등 인프라도 함께 가지고 오라는 것이다. 실제로 아프리카에 자원이 무진장 매장되어 있어도, 전기가 없어 캘 수 없고, 캐더라도 도로가 없어 이를 실어 나를 수 없다.

그래서 아프리카 광산 채굴 계약을 맺을 때는 종종 해당 광산과 항구를 연결하는 철도와 도로 건설 계약도 함께 이뤄지는 경우가 많다. 문제는 이러한 인프라 건설이 아프리카인들의 실제 생활과 무관하다는 것이다.

이로 인해 한 나라의 수도가 바뀌는 경우도 있었다. 식민지 시절 프랑스는 세네갈 북부의 생루이St-Louis를 식민지 수도로 삼았지만, 1923년에는 다카르Dakar로 이전했다. 총 길이 1,280킬로미터 다카르-니제르 철도의 종착역이 다카르 항구였기 때문이다. 프랑스가 이 철로를 건설한 것은 순전히 경제적인 이유였다. 내륙 지방에서 생산된 면화와 땅콩의 수송 수단이 필요했던 것이다.■ 덕분에 유럽풍의 아름다운 도시였던 생루이는 낙후되

● 세네갈과 말리의 다카르 – 니제르 철도 노선

■물론 철로 건설 과정에는 세네갈과 말리 사람들이 동원되었고, 가혹한 노동 조건하에서 많은 이들이 죽어갔다. 그 실상은 세네갈 소설가 우스만 셈벤느Ousmane Sembène의 소설《신의 나뭇조각들 Les bouts de bois de Dieu》(1960)에 적나라하게 기록되어 있다.

● 다카르 – 니제르 철도의 출발점인 다카르역 ⓒ 윤상욱

기 시작했고, 지금은 슬럼화가 진행되는 낡은 관광지가 되어버렸다.

　한편 역사적으로 말리의 중심지는 북부의 통북투Tombouctou였지만, 정작 독립 이후 수도로 정해진 곳은 남부의 바마코Bamako였다. 바마코가 다카르-니제르 철도의 서쪽 거점이었기 때문이다. 중세 이래 문물 교류의 장으로 번성했던 통북투는 북쪽 변방 도시로 전락하고 말았고, 오늘날에는 알카에다 이슬람 테러 단체가 외국인 관광객을 납치하는 흉흉한 곳이 되어버렸다. 유럽 식민정부의 인프라 프로젝트가 금족의 땅을 만든 것이다.

## | 04 |
# 아프리카의 저개발,
# 누구의 책임인가

## 500년간의 착취

21세기를 사는 현대인에게 '식민지'라는 단어는 매우 낯설게 느껴질 수도 있지만, 인류 역사상 식민 지배는 아주 광범위하게 이뤄졌다. 실제 지구 육지의 80퍼센트 정도는 16세기 이후 단 한 번일지라도 피식민 지배에 놓였고, 식민지라고 정의된 곳만 모두 160여 개나 된다. 오늘날 190개가 넘는 유엔 회원국 가운데 피식민 지배를 겪지 않은 나라를 찾기가 오히려 어려울 정도이니 사실 세계 근대사는 어쩌면 '독립의 역사'라고 할 만하다. 피지배 민족들은 식민 종주국의 경제적 수탈에 신음하는가 하면, 두 차례의 세계대전에서 강제적으로 피를 흘려야 했고, 고된 투쟁 끝에 독립을 얻었다. 이들에게 20세기는 해방과 희망의 시대였다.

그러나 대부분 독립 국가들은 정작 자신의 손에 쥐어진 것이 별로 없음을 깨닫게 되었고, 과거 식민 착취에 대한 적대감을 지울 수 없었다. 우리도 예외는 아니다. 일제 강점기는 경제적 착취와 민족 정체성 말살의 시대일 뿐이며, 우리의 근대화 과정도 왜곡되고 지연되었다. 그러나 오늘날 '일본의 지배 때문에 우리가 아직도 못 산다'거나, '한국 사회를 위협하는 문제들은 과거 일본의 지배로 인한 것이다'라고 말하는 사람은 없다. 광복 이후 눈부신 경제 발전을 이룬 탓도 있겠지만, 한국은 대체적으로 식민 지배의 그늘을 성공적으로 극복한 사례라고 할 수 있다.

한편 아프리카의 경우는 우리와 상당히 다르다. 우선 피식민 지배의 역사가 매우 길다. 유럽 국가들의 아프리카 쟁탈전이 공식적으로 선언된 1884년 베를린회의로부터 1990년 나미비아의 독립까지 유럽의 아프리카 식민 지배는 길게는 100년간 지속되었다. 1960년대에 독립한 31개 아프리카 국가들도 60년 이상 피식민 지배를 경험했다. 일본이 한국을 35년간 식민 지배한 것과 비교하면 두 배 정도 긴 시간이다.

일부 아프리카 학자들은 식민 지배 이전의 착취에 더 큰 의미를 둔다. 앞에서 살펴본 것처럼 15세기에 아프리카에 도달한 유럽인들은 싸구려 럼주나 총, 칼, 장신구 등 값싼 유럽산 제품을 주면서 흑인 노예와의 교환을 요구했다. 그 과정에서 아프리카 지배자들의 영혼은 타락했고, 아프리카는 서서히 세계 자본주의 체제를 위해 노동력을 제공하고 싸구려 제품을 소비하는 최하위 계급으로 편입되기 시작했다. 1,500만 명에 가까운 흑인 노예 포획은 아프리카 대륙의 경제와 사회 기반을 흔들었고, 씻을 수 없는 상처가 되어 장기적인 영향을 미치고 있다. 아프리카주의자들이 '식민 통치 100년'보다는 '착

II. 빈곤과 저개발

149

취 500년'이라는 표현을 사용하는 것은 이러한 연유인데, 그만큼 피해 의식의 골은 깊다.

## 모든 책임은 유럽에게

이런 피해 의식은 독립 이후 아프리카의 암울한 현실과 함께 보다 공식적으로 표출된다. 500년간 착취했던 백인을 몰아내고 드디어 흑인에 의한 자치를 얻었지만 오히려 경제는 피폐해지고 빈곤과 폭력이 심해져 아프리카인들의 삶을 위협했다. 과연 무엇이, 어디서부터 잘못된 것인가에 대한 설명이 필요했는데, 식민 종주국인 유럽이 이로부터 자유로울 리 없었다.

이런 의문들이 결집되어 1960년대의 유럽 책임론으로 발전했는데, 그 누구도 아닌 아프리카 정치 지도자들이 이에 열광했다. 독립 직후 의욕적으로 경제 개발을 시도했던 이들은 얼마 지나지 않아 실패를 맛보았고, 어떻게든 이를 해명해야 했다. 그들은 성급하고 독단적인 정책의 잘못을 시인하기보다는 그 원인을 식민 종주국 유럽에게로 돌렸다. 과거 유럽이 심어놓은 불합리한 구조들이 굴레가 되어 아프리카의 경제 발전을 가로막고 있다는 것이다.

독립으로 기대에 부풀었던 국민들 사이에 실망감이 확산되고, 정치적 반대 세력의 위협이 도사리던 시대에 이런 전략은 효과가 있었다. 국민들의 비난을 유럽으로 향하게 함으로써 자신들의 정치적 입지를 보존하는가 하면, 하루라도 빨리 식민지의 그늘에서 벗어나야 한다며 비상시국을 선포하고는 국민들을 강제 노역으로 몰아넣었다.

물론 대외적 효과도 무시할 수 없었다. 이들은 식민 종주국 유럽을 도덕적으로 압박함으로써 더 많은 원조를 얻고자 했다. 1960년대 유럽은 구식민지 아프리카 국가와 야운데협정$^{Yaoudé Convention}$을 체결하여 특혜 무역 관세와 경제 개발 기금을 제공하는 등 아프리카에 원조를 본격화했는데, 이는 식민 종주국으로서의 아프리카에 대한 책임을 지겠다는 것이기도 하지만, 사실은 구식민지 국가에 대한 기득권을 잃지 않기 위해서였다.

이 시대 아프리카 정치가들의 주장은 사상적으로 마르크스주의와 닿아 있었다. 마르크스주의는 노동자 계급이 당하는 억압과 착취가 자본주의 사회 구조상 피할 수 없는 것으로 여기기에 노동자에게 그 어떤 도덕적 비난을 가하지 않는다.

노동자 계급은 무능하고 무지해서 착취당하는 것이 아니다. 단지 사회 구조 자체가 그들을 노동자 계급으로 내몬 것이다. 이 논리를 아프리카에 적용하면 이렇다. 아프리카야말로 15세기 이래 팽창하는 유럽 자본주의의 희생물이 되었고, 그 결과 켜켜이 쌓인 모순들이 독립 이후 빈곤과 불행의 원인이 되었을 뿐, 아프리카인과 아프리카 지도자는 아무런 잘못이 없다.

가나의 콰메 은크루마, 기니의 아흐메드 세쿠 투레$^{Ahmed Sèkou Tourè}$, 말리의 모디보 케이타$^{Modibo Keita}$ 등 사회주의에 경도된 1960년대 초대 대통령들은 국민들을 향해, 그리고 유엔 또는 아프리카통일기구와 같은 국제 무대에서 오늘날 조국이 과거 유럽의 지배가 남긴 굴레로 인해 신음하고 있음을 열변했다. 그들이 보기에, 유럽은 오직 자신들의 이익 극대화를 위해 최대한 헐값으로 아프리카를 경영하였을 뿐, 남겨준 것은 아무것도 없었다.

　기니의 투레 대통령은 가장 강경한 유럽 책임론자로 유럽, 특히 프랑스의 아프리카 토착 사회 파괴와 변형을 비판했다. 유럽의 기업들은 제국주의 본국으로부터 특허를 얻은 다음, 식민지에서의 착취한 광물과 곡물로 막대한 독점 이윤을 챙겼다. 물론 식민지 원주민의 희생이 뒤따를 수밖에 없었다. 그리고 두말할 필요 없이, 독점 기업들에게 황금을 안겨주는 아프리카 원주민의 삶과 근대화에 관심을 가질 리가 없었다. 투레 대통령은 1960년 유엔총회 연설에서 '그 어떤 식민지 국가도 유럽에서 가장 못 사는 국가보다 더 가난하다'며 유럽을 비꼬았고, 다른 아프리카 정치 지도자들을 고무시켰다. 당시 아프리카의 노동조합 지도자와 지식인들은 식민지 수탈론의 홍위병으로 육성되었다.

　물론 당시 '프랑스의 책임이 아닌 자본주의의 책임'을 주장한 세네갈 셍고르 대통령이나, 아예 프랑스 식민 통치의 업적을 찬양했던 코트디부아르 우푸에부아니Houphouet-Boigny 대통령과 같은 경우도 있었으나, 이들은 대개 구식민 종주국의 정치·경제적 후원이 필요했던 탓에 유럽에 대한 비판을 자제했을 뿐이다. 이들을 제외하면 이 시대 아프리카에서는 유럽 책임론이 광범위한 정서적 공감대를 형성했는데, 여기에는 식민 종주국이 수백 년간 쌓아 올린 착취 구조가 하루아침에 없어지지 않을 뿐만 아니라, 독립 이후에도 계속 착취하고 있다는 신식민주의적 사고도 큰 몫을 했다.

# 유럽은 어떻게 아프리카를
# 저개발시켰는가

1960년대가 아프리카인들에게 독립과 희망의 시대였듯이, 세계인들에게도 제2차 세계대전 이후는 평화와 재건을 꿈꾸던 시대였다. 전후 유럽 재건 프로그램인 마샬 플랜Marshall Plan의 성공을 계기로 개발과 경제 성장에 대한 믿음이 확산되었다. 월트 로스토Walt Whitman Rostow의 성장 단계론은 '전통적 사회-선행 조건 충족 단계-도약 단계-성숙 단계-대량 소비 단계'라는 5단계를 제시하면서, 아프리카를 포함한 모든 국가가 이러한 경로를 거쳐 도약, 성장할 수 있다는 희망을 던졌다.

그런데 도약은 어떻게 이루어지는가? 로스토는 비교 우위를 가지는 재화에 생산을 집중하여 그 생산물을 수출함으로써 가능하며, 이를 위한 조건으로 자본과 인프라 축적을 내세웠다. 가난했던 나라 한국은 1960~70년대 로스토의 이론을 금과옥조처럼 여겼다. 부족한 자본을 축적하기 위해 절약과 저축이 최고의 미덕으로 여겨졌으며, 수출업체인 방직, 신발 공장에서는 불이 꺼질 줄 몰랐다. 한국은 국민들의 내핍과 가공 산업, 경공업에 특화된 전략으로 1차 도약을 달성했다.

이에 반해 아프리카는 사정이 좀 달랐다. 수백 년간 아프리카를 경영했던 유럽은 이미 아프리카를 노예와 자원, 작물의 공급지로 특화시켜놓았지만, 그 이상의 발전을 도모하지 않았다. 물론 독립 이후 아프리카에게 새로운 도약의 가능성은 있었다. 특화된 1차 산품 생산을 비약적으로 증대시킬 것인지, 아니면 또 다른 산업을 육성할 것인지였는데, 아쉽게도 두 가지 모두 실패했다. 아프리카 지도자들은 독립 이후 의욕적으로 식량 증산을 위해 사회주의식 집단 농장 제도를 실시하는가 하면, 반유럽 정서가 강한 곳에서는 수입품을 대체해 보겠다며 공장을 지었지만, 제조업에 대한 이해가 턱없이 부족한 상태에서 부실한 계획을 추진하다 보니 공장은 가동되기도 전에 폐허가 되기 일쑤였다. 국민들의 삶은 더욱 피폐해져 불만이 커졌고, 지도자들은 권좌를 유지하기 위해 더욱더 폭력적이고 독선적인 행태를 취했다.

이렇듯 1960년대 아프리카의 희망이 좌절로 바뀌자 서구식 경제 발전 모형에 대한 반론이 일었고, 이는 좌파 종속 이론의 발전으로 이어졌다. 이 이론의 대표적 학자 월터 로드니Walter Rodney는《유럽은 어떻게 아프리카를 저개발시켰는가How Europe Underdeveloped Africa》(1972)를 통해 사회주의와 종속 이론의 시각에서 아프리카의 현실을 설명했다.

그는 아프리카에 과거 말리, 송가이, 차카Tshaka, 모시Mossi 왕국처럼 한때 강성했던 문명이 존재했으며, 그들 나름대로의 경제 성장을 준비하고 있었다고 보았다. 그들만의 철기 문명을 발전시켜왔고, 음식의 저장이나 직물 제작 등 기술력도 어느 정도 갖추었으나, 비극은 1444년 포르투갈인의 아프리카 진출로부터 시작되었다. 유럽인들은 아프리카가 걸어왔던 성장 경로를 완전히 무시하고 자신들의 이익을 위해 새로운 시스템을 강제로 도입하려 했다. 노예무역과 식민 지배를 통해 아프리카는 1차 산품의 공급자로서 세계 자본주의에 편입되었고, 벗어날 수 없는 저개발 구조가 고착되었다.

로드니의 이런 주장은 로스토의 선형 단계 성장론을 정면으로 부

아프리카에는 아프리카가 없다

정한다. 종속 이론가들은 모든 나라가 동일한 경로를 통해 발전한다는 논리를 제국주의적 선전이라며 비판했다. 아프리카와 같은 개도국을 1차 산품의 생산자로서, 그리고 세계 자본주의 착취 구조의 희생물로 고착시키려는 허구적 논리라 본 것이다. 당시 아프리카는 자원과 코코아, 면화와 같은 농산품에 비교 우위가 있었고, 과거 유럽은 이를 헐값에 얻기 위해 자본을 투여해왔다. 로스토 모형은 아프리카로 하여금 과거에 해왔던 것을 이제 아프리카인 스스로 좀 더 잘해보라는 것과 다를 바 없었다. 유럽인들이 정해준 아프리카의 운명을 받아들이라는 것이다.

한편 종속 이론은 아프리카의 정치 엘리트와 독재자에 대한 비판이기도 했다. 독립 이후 아프리카의 지도자들은 아프리카의 유산을 올바르게 활용하지 않았다. 당장 돈이 필요했던 그들은 식민지시대에 그랬던 것처럼 광물이나 목재, 커피, 코코아, 땅콩을 국제 시장에 내다 파는 데 의지했다. 정부의 재정 수입이야 그런 식으로 충당되었겠지만, 협상력이 없는 아프리카 정부가 국제 시장에서 제값을 받고 팔았을 리는 만무하고, 국제 가격이 떨어질수록 아프리카 국민들은 생산량 증가를 위해 가혹한 착취를 당해야 했다. 아프리카 지도자들은 겉으로는 유럽이 남긴 유물을 비판했지만, 사실 그들은 그것을 통해 정권을 유지하고 나아가 막대한 개인 재산을 축적했다. 종속 이론은 이들이 '아프리카 납품업자African comprador'로서 세계 자본주의의 중심과 주변부 간 착취 관계를 잇는 역할을 한다고 보았다.

그러한 이유로 로드니가 제시했던 길은 단 하나였다. 저개발의 덫에서 헤어나오기 위해 세계 자본주의와의 연결 고리를 끊으라고 주문했다. 그 말은 곧, 서구 자본주의와 유착된 국내 엘리트들을 청산하기 위해 끊임없이 혁명하라는 것이었는데, 실제로 가이아나인인 로드니는 탄자니아에 살면서 아프리카 혁명을 위해 청춘을 바쳤다. 당시 많은 아프리카 지도자들 사이에서 로드니와 종속 이론가들을 불편하게 여겼을 법도 하다.


## 아프리카는 어떻게
## 아프리카를 저개발시켰는가

　　　　　　1960년대 유럽 책임론과 1970년대 종속 이론은 주로 경제적 측면에 관한 것이었는데 이에 더하여 식민 지배가 남겼던 정치, 사회적 유산도 도마에 오르게 된다. 아프리카의 종족 분쟁과 내전, 국경 분쟁은 끊임없이 되풀이되었는데, 식민 지배를 위해 자의적으로 그어진 국경선과 부족 간 화합을 무시한 분할 통치가 그 원인이라는 시각이 호응을 얻었다. 아프리카주의자들은 이를 '북쪽으로부터 온 문제northern problem'로 규정하면서 정작 당사자인 아프리카인들은 잘못이 없다고 주장했다.

　이런 식의 책임 떠넘기기는 1980년대 동서 냉전의 종식으로 힘을 잃어가기 시작했다. 세계적으로 신보수주의가 확산되자 아프리카에 대한 비판적인 논조가 확산된 것이다. 1981년 미국을 위시한 서구 국가, 그리고 IMF와 세계은행은 아프리카 정치 지도자들의 비효율적이고 엉성한 사회주의 경제 정책을 문제 삼았고, 시장 경제 도입, 민영화 등의 구조 조정 프로그램SAPs: structural adjustment programs을 원조의 조건으로 제시했다. 그러나 이를 따르려던 아프리카의 개혁은 오히려 빈곤 확대와 사회 불안이라는 역효과를 낳았고 서구는 고민에 빠졌다. 그 해답으로 채택된 것은 후진성을 면치 못하는 아프리카 정치의 개혁이었다. 1989년 세계은행은 비민주적이고 부패한 정부, 신뢰할 수 없는 정책이 개혁되지 않는 한 아프리카의 경제 성장은 도래할 수 없다고 결론을 내렸고, 아프리카의 민주화와 부패 척결, 선정good governance 확립을 요구했다.

1994년 남아공의 인종 분리가 철폐되고 만델라 대통령이 당선되면서 잠시 희망에 젖기도 했지만, 아프리카의 1990년대는 '잃어버린 10년'일 뿐이다. 이 시기에 시에라리온, 소말리아, 르완다, DR콩고 내전의 참상이 알려지면서 서구는 아프리카 회의론Afro-pessimism을 공공연하게 표출했다. 독립 이후 30여 년간 처절한 내분과 학살이 만연했던 아프리카는 말 그대로 암담한 대륙이었다.

이제 빈곤과 저개발의 책임이 유럽에게 있는지를 따지는 것은 무의미한 것처럼 보였다. 빈곤으로 고통받기보다는 학살과 인종청소로 내몰려가는 아프리카인들을 바라보면서 비난의 화살은 유럽이 아닌 아프리카인들에게 쏠렸다. 때마침 아프리카 대륙의 에이즈 보균자 실태가 전 세계에 알려졌고, 이로 인해 아프리카는 말 그대로 스스로를 병들게 하지만 고칠 능력은 없는 구제 불가능한 환자로 묘사되었다. 1990년대는 아프리카 회의론이 극에 달했던 시대였다. ■

좀 더 진지한 아프리카 회의론자들은 아프리카주의자들의 자기모

■1990년대 소말리아 내전을 다룬 영화 〈블랙 호크 다운Black Hawk Down〉(2001)은 세계 초강대국 미국도 어찌 손쓸 도리가 없는 아프리카의 암담한 현실을 은연중에 그리고 있다.

순을 비판했다. 가빈 킷칭Gavin Kitching은 '나는 왜 아프리카 연구를 그만두게 되었나Why I gave up African studies'(2000)라는 글에서 '아프리카 엘리트를 비판하지 않는 이들이야말로 진정한 제국주의자이다', '아프리카주의자들은 왜 스스로의 단점을 꾸짖지 않는가?'라며 호되게 비판했다. 독재와 폭력, 무능에 대해서는 입을 닫는 아프리카주의자들을 엄중하게 꾸짖은 것이다.

킷칭의 말대로 오늘날 아프리카가 왜 가난하고 못사는지에 대한 아프리카 일반인들의 생각은 확고하다. 아프리카의 여느 택시기사, 대학생, 가게 점원을 상대로 질문을 던져보라. 우선 유럽에 대해서는 어떻게 생각하는지. 그들은 아마 아프리카에서 자원을 가져가거나 물건을 팔 뿐, 정작 해준 것은 없는 유럽을 비난할 것이다. 이제 '당신 가족과 당신 나라는 왜 그렇게 가난한가?'라고 묻는다면 십중팔구는 '정치가들 때문이죠. 그들은 부자지만, 우리 같은 사람들은 가난해요'라고 대답할 것이다. 그럴 만도 한 것이, 지난 50년간 전쟁과 학살에 시달리고, 엘리트들의 부패를 목격했던 아프리카인들은 이제 유럽 식민 정부가 아닌 다른 누군가를 탓하게 된 것이다. 독재자들의 강제 노역에 시달리거나 아니면 내전으로 가족과 삶의 터전 모두 잃어버린 아프리카인들에게 '당신은 왜 가난한가? 유럽 때문인가?'라고 물어보는 것은 어쩌면 난센스 그 자체일 것이다.

2010년 10월, DR콩고의 독립 50주년 기념식은 아프리카 저개발 책임론이 어떻게 정리되고 있는지를 보여주는 좋은 사례다. 사실 이 행사는 식민 종주국 벨기에에게 부담스러운 행사였다. 고무와 동, 구리를 얻기 위해 1,000만 명 이상을 죽이고, 손발을 자른 레오폴드 2세와

아프리카에는 아프리카가 없다

벨기에는 독립 이후 피로 점철된 DR콩고의 잔혹사에 대해 결코 자유로울 수 없었다. 1900년대 초 마크 트웨인이나 코난 도일 같은 소설가들이 이름 붙인 '벨기에 범죄Belgium criminal'니 '레오폴드의 망령Ghost of Leopold'은 잊을 만하면 다시 회자되고는 했던 것이다.

그런데 콩고 정치인과 지식인들의 발언은 벨기에 정부의 어깨를 사뭇 가볍게 해주었다. 킨샤사대학의 한 교수는 "우리가 독립했을 때 유엔은 우리를 지켜주기 위해 여기에 왔다. 지금 우리는 독립 50주년을 자축하고 있는데, 아직도 유엔은 여기에서 우리를 지켜주고 있다"고 했으며, 콩고 외교장관마저도 "독립 50주년, 이제 우리는 성인이 되었다. 과거 일어났던 일을 떠올리고 있을 수만도 없고, 오늘날 우리들의 문제를 레오폴드 2세의 책임으로 돌릴 수도 없다"라고

벨기에 레오폴드 2세(왼쪽) ⓒ Wikimedia Commons
손발이 잘린 콩고인들(오른쪽) ⓒ Wikimedia Commons

말했던 것이다. 덕분에 행사에 참석했던 주 DR콩고 벨기에 대사도 "문제의 원인을 과거에서만 찾는 사고에서 벗어나 스스로 책임의식을 느끼는 것, 이는 오늘날 콩고인에게 주어진 과제다"라고 연설할 수 있었다.

이렇듯 오늘날 '누가 아프리카를 저개발 시켰는가?'라는 과거형 질문은 큰 의미가 없다. 대신 '왜 아프리카인 스스로 고통을 주고받는가?'라는 현재형 의문이 더 큰 관심을 받는데, 그만큼 독립 이후 아프리카인들 사이의 폭력과 무질서가 극심했기 때문이다. 아프리카 회의론은 어쩌면 헤겔의 인종차별적 철학만큼이나 정형화된 관념이 되었는데, 그 대부분 아프리카 지도자들에 관한 것이다. ▪

**BOX STORY  과거를 먹고사는 독재자, 무가베**

오늘날 아프리카에서는 짐바브웨의 로버트 무가베<sup>Robert Mugabe</sup> 대통령만이 여전히 유럽 책임론에 집착하면서 자신의 잘못된 정치를 외면하는 듯하다. 그런데 여기에는 다소 특별한 배경이 있다.

짐바브웨는 1980년에야 비로소 소수 백인이 지배하는 로디지아공화국을 무너뜨리고 독립했는데, 무가베는 바로 백인 이언 스미스<sup>Ian Smith</sup> 정권과의 무장 독립투쟁을 주도한 영웅이었다. 그는 독립 이후 국민들의 화합을 도모하였으며, 서구와도 원만한 관계를 유지했다. 유럽은 그를 유능한 지도자로 추앙했고, 엘리자베스 여왕도 그에게 작위를 수여했다.

---

▪물론 유럽이 아프리카에 남긴 부정적인 유산들이 부정될 수는 없다. 500여 년에 걸친 착취를 통해 쌓인 모순된 구조는 장기 지속적인 영향을 끼치기 마련이다. 종속 이론가들이 주장하는 산업 구조의 단편화, 그리고 국민적 단합을 무시한 분할 통치, 자의적인 국경선 긋기 등은 그러한 모순의 씨앗들인데, 이에 대해서는 뒤에서 보다 상세하게 다룬다.

그러나 정치적 반대파를 거둬들이지 못한 그는 철권통치를 휘둘렀고 경제정책의 실패로 국민과 군부의 불만이 커지는 상황에서 그 해결책으로 백인들의 재산 몰수라는 방법을 택하게 된다. 1990년대 말 무가베는 백인들이 소유한 토지를 몰수하여 흑인들에게 분배했고, 흑인들의 백인 농장 습격과 테러를 방조했다. 이른바 백인 학살 사건이 연일 보도되었고, 이를 방조한 무가베는 '흑인 히틀러'라는 별명을 얻었다. 이후 무가베는 독재의 길을 걸었고, 국민들은 혹독한 철권통치에 신음하게 되었다. 서방은 무가베에 대한 제재 조치를 취했고, 남아공와 나미비아 등 인근 국가에게 무가베와의 관계 단절을 요청했다. 독일 언론은 31년간 집권하고 있는 그를 세계 7대 최악의 독재자로 선정했다.

그러나 무가베는 오늘날 아프리카인들의 영웅으로 대접받고 있다. 아프리카연합 정상회의와 같은 모임에서 무가베는 늘 극진한 대접을 받는데, 이는 그가 백인과 싸워 이긴 영웅이기 때문이다. 아프리카 지도자들은 무가베가 궁지에 몰릴 때마다 그를 보살펴주었다. 무가베는 2008년 대통령 선거에서 지고도 정권을 유지할 수 있었는데, 이는 음베키 전 남아공

◈ 남 탓만 하는 무가베 ⓒ Zapiro (All rights reserved) Printed with permission from www.zapiro.com

대통령의 중재 때문이었다. 국제 사회는 짐바브웨의 다이아몬드 수출을 금지했지만, 2011년 이 규제가 해제된 것도 남아공과 인근 아프리카 국가들의 옹호 때문이었다.

88세 고령 집권자 무가베는 짐바브웨 국민들을 가혹하게 착취하는 독재자인 동시에, 대외적으로는 백인에 저항하는 흑인 투사 이미지를 최대한 활용하고 있다는 평가를 받고 있다. 그는 미국의 이라크전쟁이나 프랑스의 코트디부아르 로랑 바그보<sup>Laurant Gbagbo</sup> 대통령 축출, 리비아 가다피 축출 등 서방의 개입이 있을 때마다 신랄한 비판을 쏟아붓고 있으며, 심지어 짐바브웨의 야당마저 미국과 유럽의 앞잡이라고 선전한다. 그는 늘 국민들에게 백인 식민 통치가 다시 오지 않기 위해 자신을 지지해야 함을 역설하는데, 이러한 서구 콤플렉스는 갈수록 심해지는 듯하다. 어쩌면 다른 아프리카 지도자들이 쉽게 할 수 없는 말을 자유롭게 하는 대변인 기능을 하고 있다고 평할 수도 있을 것이다. 그는 과거를 먹고 사는 독재자이다.

| 05 |

# 얼마나, 어떻게
# 도와야 하는가

## 경제학이
## 통하지 않는 대륙

경제학자들에게 아프리카는 참 당혹스러운 대륙이다. 경제 이론으로는 설명할 수 없는 일이 너무나도 많아서다. 앞에서 살펴본 '석유의 저주'는 그 단면일 뿐이고, 또 다른 심각한 모순이 원조와 경제 성장의 관계에서도 나타난다. 경제가 성장하기 위해서는 일정 수준 이상의 자본이 축적되어야 하는데, 독립 초기 아프리카 국가들은 그 요건을 충족시킬 수 있었다. 보통 자본은 저축, 해외로부터의 투자를 통해 축적되지만, 아프리카 국가들은 유럽과 미국으로부터 원조를 받았던 것이다.

1950년대 독일과 일본의 성공 사례가 말해주듯 원조와 경제 성장은 강력한 상관관계가 있어 보였다. 이 두 제2차 세계대전의 패전국들은 미국의 원조에 힘입어 다시 일어선 것이다. 1960년대 케네디 대통령은 이제 미국이 돕기만 한다면 지구 상의 그 어떤 가난한 국가들도 경제 성장을 이룰 수 있다고 믿었다. 1960년대를 소위 '개발의 10년decade of development'이라고 부르는 것도 원조를 통해 신생 독립국들이 경제 성장을 이루고, 결국 식민 종주국과의 격차도 좁힐 수 있다는 신념 때문이다. 원조를 통한 경제 성장 시나리오는 마치 자연 법칙인 동시에 시대의 이념과도 같았다.

그러나 그 시나리오는 결코 현실이 되지 못했다. 이론대로라면 잠비아의 국민소득은 오늘날 2만 달러를 넘어야 하지만, 현실은 1,000달러도 되지 않는다. 50년 간 아프리카의 실질 소득은 겨우 25퍼센트 정도 증가했을 뿐인데, 이는 같은 기간 아시아 지역 경제 성장의 30분의 1도 못 되는 수준이다. 단적인 예로 여느 아프리카 국가의 경제 수준과 다를 바 없었던 한국이 오늘날 세계 10위권의 경제 대국으로 성장한 반면 여전히 아프리카는 지구 상에서 가장 가난한 지역으로 남아 있다.

그동안 아프리카에 투입된 돈은 천문학적이다. 2010년 한 해에만 약 1,000억 달러 가까운 원조가 있었으며, 독립 이후 아프리카에 투입된 자본은 1조 달러에 족히 달한다. 이토록 많은 자본이 투입되었음에도 불구하고, 저성장과 빈곤의 늪에서 벗어나지 못하는 아프리카의 현실은 말 그대로 의문과 모순덩어리다. 도대체 무엇이, 어디서부터가 잘못된 것일까.

## 원조에 대한 시행착오들

사실 원조와 아프리카의 경제 성장에 관한 믿음은 이미 1980년대 초부터 흔들리기 시작했다. 그간의 원조에도 불구하고 아프리카의 경제 성장은 형편없었고, 미국의 보수주의 정권은 미국 시민의 세금이 헛되이 낭비된다는 비판을 묵과할 수 없었다. 학자들은 아프리카의 경제 성장과 서방 원조가 어떠한 관계에 있는지를 탐구했지만 뚜렷한 결론을 내리지 못했다. 아프리카에는 많은 원조를 받고도 마이너스 성장을 하는 국가가 있는가 하면, 원조 없이도 성장한 국가들이 혼재해 있었던 것이다.

이러한 모순에 대해 당시 서구 공여국과 경제학자들이 내린 진단은 명쾌했다. 아프리카 자체가 자본주의적이지 않다는 것이다. 사회주의식 경제 체제에서 원조의 효과를 거둘 수 없다고 판단한 서방 진영은 IMF와 세계은행을 앞세워 시장 가격과 환율 통제의 철폐, 방만한 공기업의 민영화와 공공 부문 고용 감축, 식량 보조금 삭감과 같은 구조조정을 제시했고, 이를 수용하지 않으면 원조를 할 수 없다고 했다. 소위 신자유주의적 조건부 원조였다.

1970년대 석유 파동으로 막대한 채무를 지게 된 아프리카 국가들은 이를 받아들이지 않을 수 없었다. 게다가 1980년대 중반에 동서 냉전이 완화되자 서방 진영의 압력은 더욱 거세졌다. 아프리카에서 사회주의 확산을 막는 데 주력했던 서방 국가들은 이제 관대했던 과거의 자세를 버렸고, 복수 정당제와 선거 제도 도입과 같은 정치적 자유화도 원조 조건의 하나에 포함시켰다.

신자유주의적 원조는 정치적인 면에서 어느 정도 효과가 있었다.

형식적이긴 하나 아프리카에서 정당과 선거 제도가 자리 잡게 된 것이다. 그러나 경제적 결과는 참담했다. 해고된 노동자들은 사회 불안 세력이 되었고, 식량 보조를 받지 못한 도시 빈민들은 폭동을 일으켰다. 재정 적자를 줄이기 위해 공공 서비스 예산은 삭감되었고, 통화 가치가 떨어진 만큼 수입 물가는 올랐다. 국민들의 생활 전반이 악화될 수밖에 없었다. 경제 성장을 위해 제시했던 조건들이 오히려 실업과 빈곤을 심화시켰고, 그래서 이 시대 원조는 '반서민 원조' 또는 '빈곤 확대 원조'라는 비아냥거림을 들어야 했다. 반면 구조조정을 받아들인 아프리카 지도자들은 원조를 일종의 보상금처럼 여기며, 그 돈으로 정권을 유지하기 위해 썼다. 특히 새로 도입된 경쟁 선거에서 이기기 위해 많은 돈이 필요했기 때문이다.

1990년대 중반 서방 세계는 원조의 효과에 대해 다시금 고민해야 했는데, 다행스럽게도 의미 있는 교훈을 얻었다. 원조를 주는 국가, 즉 주체와 행위 자체의 문제점을 인식한 것이다. 그들은 그저 돈과 물자를 주면 그만이라는 식의 사고가 원조의 효과를 떨어뜨린다고 생각했고, 원조 받는 국가, 즉 수원국의 실정을 고려치 않는 일방적이고 무성의한 원조에 경각심을 느꼈다. 이러한 원조는 소위 탁상 원조bureaucratic aid 또는 눈먼 원조blind aid이며, 부패하고 무능한 정부가 원조 기금을 착복하거나 잘못 사용함으로써 원조의 효과를 떨어뜨린다는 연구 결과들이 속속 나왔다.

이러한 고민과 반성을 계기로 IMF와 세계은행은 원조의 효과를 높이기 위한 새로운 모델과 메커니즘을 시도했고, 그 취지들은 2005년 OECD의 원조 효과성에 관한 파리선언Paris Declaration on Aid Effectiveness에 반영되었다. 이 선언은 OECD 회원국뿐만 아니라 55개 개발도상국도 함께 채택했는데, 원조의 효과를 높이기 위해 주는 쪽과 받는 쪽 모두의 노력이 필요함을 인식했다는 점에서 그 의의가 크다.

이 선언은 우선 개도국 스스로가 중장기적 개발 정책을 마련하고, 전략의 우선순위를 설정해야 한다고 규정한다. 스스로 미래를 설계한 다음 무엇을 위해 어떤 도움이 필요한지 생각하게 함으로써 원조 사업에 대한 주인의식을 가지게 한 것이다. 공여국들은 이러한 미래 계획과 원조 수요에 대해 협의하고 조언을 제공한다. 아울러 파리선언은 공여국과 수원국 정부가 무엇을 했으며, 무엇이 어떻게 변했는지, 혹은 왜 변하지 않았는지를 검토하는 사후 관리 시스템의 도입을 제시했다. 원조가 일회성 사업으로 그치는 것을 막고자 한 것이다.

파리선언은 과거의 시행착오를 토대로 원조의 효과를 높이려는, 개발 원조 50년사의 새로운 장이라고 할 수 있다. 이후 국제 사회는 파리 선언의 실천을 점검하고 새롭게 나타나는 문제점들에 대해 논의하고 있는데, 신흥 공여국인 한국도 여기에 기여하고 있다. 2011년 11월 부산 세계개발원조총회4th High Level Forum on Aid Effectiveness는 그러한 노력의 한 부분이다.


## 원조 중독증

원조 효과를 높이기 위한 다양한 국제 사회의 노력에도 불구하고 회의적인 시각은 끊이지 않는다. 특히 2004년 노벨평화상 수상자 왕가리 마타이Wangari Maathai와 경제 전문가 담비사 모요

Dambisa Moyo가 서구식 원조를 비판했을 때 그 파장은 대단했다. 그들은 정치와 경제 분야에서 아프리카를 대표하는 지성인이었기 때문이다.

그들은 서구식 아프리카 원조가 약이 아닌 독이라 주장한다. 그것은 아프리카 정부의 원조 의존도를 높여 중독에 이르게 하고, 스스로 문제를 해결할 수 있는 능력을 자라지 못하게 한다는 것이다. 그들은 급기야 지금까지의 원조가 무능하고 잔인한 독재자의 생명 연장과 재산 증식에 기여했을 뿐, 실제 아프리카인들의 삶에는 영향을 미치지 못했다고 본다. 따라서 국민들에게 공공재를 제공해야 한다는 의무와 개념이 희박한 아프리카 지도자들에게 원조를 줘서는 안 되며, 차라리 아프리카 정부를 배제한 민간 부문의 원조가 보다 효율적이라고 했다.

아프리카 지도자들, 그리고 대부분 공여국 정부는 이들의 주장에 동조하지 않는다. 제프리 삭스 Jeffrey Sachs와 같은 경제학자 그리고 아프리카주의자들은 원조의 양을 늘려도 모자랄 판에 이를 근절한다는 것은 있을 수 없다고 반박했고, 인권 단체와 NGO마저도 당장 굶고 병들어가는 수천만 아프리카인들을 그냥 내버려둬서는 안 된다는 이유로 역시 반대했다.

하지만 마타이와 모요의 주장은 아프리카 원조 문제에 대한 당사자들의 가장 진솔하고 정확하며 대담한 지적이었다. 그 주장 그대로 아프리카 국가들의 원조 의존성은 심각한 수준이다. 아프리카 정상들부터가 이를 공공연히 밝힌다. 그들은 아프리카는 다른 대륙과 다르기 때문에 보다 많은 원조가 필요하다고 주장하는데, 구체적으로 아프리카 전체 GDP 대비 12퍼센트 이상의 원조를 요구한다. 실제로 콩고, 부룬디, 라이베리아, 르완다, 시에라리온과 같은 나라는 국민 총소득의 30~50퍼센트 정도를 원조에 의존하고 있다. 기니비사우 정부 예산의 절반 이상은 원조 받은 돈이며, 부룬디는 1년 국가 총수입액과 맞먹는 규모의 원조를 받는다. 심각한 것은 이러한 의존성이 해가 가도 낮아지지 않고 있다는 것이다.

아프리카에 근무하는 공여국 외교관이나 국제기구 공무원들은 이를 매일 느끼고 산다. 때로 아프리카의 정부 기관은 외국으로부터 보다 더 많은 원조를 받아내기 위해 존재한다는 느낌마저 준다. 숱한 정부 기관이 외교단을 상대로 원조를 요청하기 때문이다.

아프리카에는 이상하리만큼 장관들이 많은데 다 그럴 만한 이유가 있다. 대통령이 자신에게 충성해온 측근들을 위해 자리를 만드는 것이다. 이를테면 에너지부와 재생 에너지부, 환경부와 친환경 프로젝트부, 산업부와 수공예 산업부, 이런 식으로 정부 기능을 쪼개 장관직을 양산한다. 이런 부처들은 대개 예산이나 직원이 턱없이 부족해 독자적인 사업 추진이 불가능하다. 이들에게는 원조 사업을 개발해 외교단에게 도움을 청하는 것이야말로 중요한 임무이다. 그 모든 요청을 들어줄 수 없다 보니 아프리카에 근무하는 공여국 외교관들은 이를 매너 있게 응대하는 요령도 배워둬야 한다.

아프리카에서 원조를 얻어 내는 것은 공무원과 정치가들의 능력으로 간주된다. 대통령도 원조를 유치한 장관을 신임하기 마련이다. 국회의원들은 자신의 지역구에 원조를 유치하기 위해 발로 뛴다. 원조 사업으로 병원이나 학교가 지어져 준공식을 치를라치면 수없이 많은 공무원과 정치가들이 나서서 밥숟가락을 올려놓는데, 이들은 마치 병원과 학교 설립이 자신들의 업적이라는 듯 연설한 다음 기념사진을 찍는다.

대통령 역시 대형 원조 프로젝트를 발굴하기 바쁘다. 파리선언 이후 꽤 재미를 보는 업종은 아마 서구의 컨설팅 업체일 것이다. 아프리카 정부는 신공항, 고속 도로, 댐, 항만, 국립극장, 신도시처럼 야심만만한 건설 프로젝트들을 쏟아내는데 이는 모두 원조가 없이는 실현이 불가능한 사업들이다. 컨설팅 업체들이 사업의 타당성과 수익성을 보기 좋게 꾸며주고, 정부는 사업 계획이 완성될 때마다 외교단과 원조 기관들을 불러 모아 설명회를 가진다. 물론 개발 프로젝트를 발굴하는 것 자체가 잘못된 것은 아니다. 문제는 정부가 기존에 있던 것들을 유지, 보수해서 사용할 생각은 하지 않고 자꾸만 신규 사업을 만들어낸다는 것이다. 이를테면 원조 받은 농기계, 자동차, 트럭이 고장 나도 이를 고쳐서 쓰려 하지 않는다. 새롭게 원조 받는 편이 훨씬 수월하고, 또 국민들에게 더 큰 홍보가 되기 때문이다.

원조 중독은 무능한 정부를 더욱 더 무능하게 만든다. 실제로 아프리카 지도자들은 스스로 문제를 해결하기보다는 늘 외부에 SOS를 치기 바쁘다. 2011년 동아프리카에 사상 최악의 기근이 발생하여 1,000만여 명이 굶어죽을 위험에 처한 사태도 마찬가지이다. 무정부 상태에 있는 소말리아야 그렇다 치더라도, 에티오피아와 케냐 정부는 기근이 발생할 것을 예측하고 대비했어야 함에도 그러지 못했다.

이 지역은 기근이 상습적으로 발생하는 곳이었고, 2011년 초 케냐 적십자사가 기근 발생을 경고했지만, 정부는 관심을 갖지 않았다. 실제 3월부터 기근 발생이 외신에 의해 국제 사회에 알려졌고, 그제야 정부는 분주히 움직였지만, 실제로 유엔과 국제 사회에 손을 벌리는 것 말고는 대책이 없었다. 그럴 만도 하다. 언제나 그렇듯 문제가 생기면 어김없이 국제 사회가 인도적 지원을 해주었기 때문이다. 그렇게 시간이 흐르고 비가 오기 시작하면 모든 상황이 종료되고, 사태의 교훈이나 대비책은 그저 서류로만 남는다.

정작 아프리카 지도자들은 국민들의 직접적인 삶의 영역에는 관심이 없는 듯하다. 말 그대로 먹고사는 것은 국민 스스로가 해결할 문제일 뿐이고 부족한 것은 국제 사회의 도움으로 채우면 된다는 식이다. 예를 들어 말라리아가 극성을 부리는 나라의 정부 역시 모기장 제조 공장 건설에는 무관심하다. 원조 받은 돈으로 모기장 생산을 시작하면 기초 제조업을 익히고, 일자리를 만들어 경제를 활발하게 만들 수 있을 뿐만 아니라, 국민 보건에도 도움이 될 것이다. 그러나 모기장은 국제 사회가 알아서 제공해주기 때문에 굳이 정부가 나서서 공장까지 지을 필요는 없다고 보는 것이다.

뿐만 아니다. 택시와 버스는 물론이고 여객선과 군함도 원조를 통해 들여오는데, 이들은 거의 대부분 수명이 다해 환경을 오염시키고 대형 사고를 일으킨다. 그럼에도 정부는 비싼 돈을 주고 좋은 운송 수단을 들여올 엄두를 못 낸다. 국민 경제를 부강하게 하고 늘어난 조세 수입으로 좋은 물건을 사는 것이 정부의 도리겠지만, 그러느니 중고 물품들을 무상으로 얻는 편이 훨씬 편하고 빠르다. 한국도 오래되어 쓰지 않는 어선, 여객선, 경비정에 대한 무상 양도 요청을 자주 받고는 한다. 남의 물건, 그것도 폐기 처분된 것이라도 좋다며 달라

● 원조받은 택시와 버스들 ⓒ 윤상욱

고 하는 아프리카 공무원들의 자세가 독립 이후 50년간 변하지 않고
있으니 씁쓸하기만 하다.


## 원조의 저주

　　　　아프리카에서 원조는 석유처럼 별 다른 노력 없이도
주어지는 혜택이며, 나쁜 정부가 그 혜택을 좋은 방향으로 활용할 가
능성은 낮다. 석유의 저주만큼이나 '원조의 저주<sup>curse of aid</sup>' 역시 심각
한 곳이 아프리카인데, 그 직접적 피해자는 바로 아프리카 국민이다.

초창기 아프리카에 대한 원조는 동서 냉전이라는 정치적 상황과 경제 성장론의 환상과 결부되어 있었다. 그런 무성의한 원조가 아프리카 독재자 개인의 통치 자금으로 사용되는 것을 막을 방법도 없었다. 딸의 결혼식을 콩코드 기내에서 치렀던 모부투나 '프랑스에게 요구해. 그럼 돈을 줄 테고, 그럼 우린 그걸 낭비하는 거지'라 했던 중앙아프리카공화국의 독재자 보카사의 말은 1960년대의 원조가 어떠했는지를 보여준다. 이는 비단 그 시절만의 일은 아니다. 오늘날에도 원조를 횡령하는 아프리카 지도자들의 혐의가 종종 언론에 오르내리기 때문이다.

현금이 아닌 현물이라고 해서 다를 것은 없다. 과거 콩고와 에티오피아 정부는 서방으로부터 원조 받은 곡물 일부를 재수출해 이태리제 또는 소련제 무기를 샀고, 그 무기로 소수 부족을 학살했다는 혐의를 받고 있다. 그나마 남겨진 곡물도 독재자를 보호하는 군대의 군량미로 쓰였다.

그런데 굳이 복잡한 무역을 통해 무기로 바꾸지 않아도 서방으로부터의 받은 곡물은 그 자체가 정치적 무기가 된다. 굶어죽건 말건 정권에 반대하는 야당 성향의 부족들에게 의도적으로 배급을 하지 않는 것이다. BBC는 에티오피아 정부가 수십 년간 오가덴Ogaden 지역을 물리적으로 고립시켜 국제 사회의 손길을 막아왔으며, 그 결과 최근 최악의 기근으로 주민들이 죽어가고 있음을 보도했다. 영국 인권 단체는 오늘날 에티오피아 정부에 대한 직접적 원조 중단을 요구한다. 국민의 세금으로 조성된 공적 원조ODA, Official Development Assistance가 에티오피아 독재 정권의 유지 수단으로 활용되고 있기 때문이다.

이러한 움직임은 프랑스도 마찬가지다. 최근 아프리카와의 특별한 관계를 중시하던 구세대가 퇴조한 반면, 민주주의와 인권 외교를 요구하는 신세대들의 목소리가 커지고 있는 가운데 아프리카 지도자들의 부정부패에 대한 고발이 늘고 있다. 프랑스의 언론과 NGO들은 가봉, 카메룬, DR콩고, 적도기니 지도자들의 프랑스 내 외환 계좌와 부동산, 호화 별장을 연일 보도하면서 프랑스 정부의 조사를 요구하고 있다. 프랑스 국민들의 세금이 나쁜 지도자의 주머니로 흘러 들어가서는 안 된다는 것이다.

아프리카에 대한 공적 원조가 비판받는 또 다른 이유는 그것이 민주주의의 발전을 저해하기 때문이다. 대통령이 원조를 통해 재원을 충당하다 보니 자연스럽게 국민과 의회를 가볍게 여기게 된다. 대통령과 중앙정부는 늘 공여국 그룹과 다국적 기업, 그리고 어떤 경우에는 무기 판매 집단처럼 자신에게 뭔가를 안겨다 주는 이들과의 관계만 신경 쓸 뿐, 국민과 야당을 늘 귀찮은 존재로 여기고 있다.

아프리카의 조세 수입원은 매우 한정되어 있어서 눈에 보이는 농수산물, 소상공인들에 대한 직접세에 크게 의지하고 있고, 재정 역시 만성적인 적자 상태에 있다. IMF나 세계은행이 무역을 자유화해서 부가가치세와 같은 간접세를 늘리라고 권고하지만, 이 역시 쉽지 않다. 관세 수입뿐만 아니라 수출입을 통제함으로써 누리던 정부의 독점적 이윤을 포기할 수 없기 때문이다. 덕분에 양수기와 트랙터, 곡괭이 같은 농기구들은 여전히 높은 관세율이 매겨지고, 아프리카 농민들은 이처럼 비싼 농기구들을 살 엄두를 내지 못한다.

재정 상태가 이토록 열악하다 보니, 아프리카 정부는 외국으로부터 돈을 빌려 쓰고 국가 채무는 눈덩이처럼 늘어난다. 대부분 아프리카 국가들이 부채 상환 기한의 연장을 요구하고 있는데, 실제로 이런 요구가 받아들여지기도 한다. 2008년 사하라 이남 아프리카에서 공적 원조를 가장 많이 받은 국가는 나이지리아, 수단, 카메룬, DR콩고로, 이들은 약 400억 달러를 지원받았는데, 이중 70퍼센트는 기존 채무의 면제분이다. 이들 모두 풍부한 천연자원을 가진 나라라는 점에서 국제 사회의 채무 면제는 아이러니하기만 하다.

이렇듯 정부 재정이 원조로 채워지고, 각종 국책 사업도 남의 돈으로 이뤄지다 보니, 국민에 대한 책임 의식이란 게 자랄 수 없다. 제네바에서 알게 된 유엔개발계획UNDP의 어느 직원은 '에티오피아 공무원들은 정부나 국민보다 유엔과 공여국 정부를 더 사랑하는 것 같다'고 말했는데, 사실 그럴 수밖에 없다. 잘만 하면 원조 사업으로 큰 돈을 벌 수 있는데, 이는 정부가 국민의 세금을 걷어서 주는 봉급의 수십, 수백 배나 되는 돈이다. 아프리카의 공무원들이 정상적인 소득만으로 외제 승용차를 구입한다는 것은 불가능하지만, 그럼에도 불구하고 신형 벤츠를 타는 와벤지Wabenzi▪족들은 늘고 있다.

프로젝트가 실패해도 그 책임을 원조 기관이나 공여국 정부에 떠넘기면 그만이다. 국민에게 책임을 지지 않아도 된다. 그들은 공여국과 공여 기관, 그리고 국민들을 배신하지만 그다지 죄책감을 느끼지도 않는다. 오죽하면 IMF의 한 직원이 '그나마 잠비아 공무원들의 생활수준은 올라갔다'고 말했을까.

▪ 스와힐리어로 '벤츠를 타는 거물들'을 의미한다.

원조는 수원국의 정치 또는 민주화 수준을 높이는 것과는 직접 연관이 없다. 그러나 적어도 원조가 민주주의에 해를 끼쳐서는 안 된다. 오늘날 호주, 뉴질랜드, 그리고 북유럽의 일부 국가들은 부패지수가 낮은 국가를 선별하여 공적 원조를 지급한다. 원조는 아프리카 국민들을 위한 것이지, 정부를 위한 것은 결코 아니기에 이 점을 아는 정부만을 선별하여 원조 프로젝트의 파트너로 삼는 것이다. 한편 유럽연합은 공적 원조의 상당 부분을 아프리카 선거 시스템 구축을 위해 지급한다. 독재자의 투표 조작을 막아 국민들의 선택을 신성하게 여기도록 하려는 것이다. 어떤 의미에서 모든 아프리카 비극의 출발점은 국민을 무서워하지 않는 정치 문화에 있다고 할 수 있는데, 유럽의 민주주의형 원조는 그런 의미에서 각별하다.

## 얼마나 더 필요한가?

마타이와 모요의 솔직한 지적에도 불구하고, 아직까지는 아프리카 원조를 늘려야 한다는 주장이 더욱 큰 호응을 받고 있다. 우선 공여국 정부 스스로가 공적 원조를 통한 국제 기여도를 늘리겠다고 발표하고 있고, 반기문 유엔 사무총장도 2015년 새천년 개발 목표의 달성을 위해서는 원조 금액의 대폭적인 증대가 필요하다고 호소했다.

성장주의 경제학자들도 이론적으로 재무장했다. 《빈곤의 종말The End of Poverty》(2005)의 저자이자 경제학계의 슈바이처라 불리는 제프리 삭스의 이론은 50년 전의 그것과 근본적으로 같다. 그러나 빈곤 퇴치에 필요한 공적 원조의 규모 자체가 다르다. 세계 경제 성장의 혜택을 입지 못한 10억 극빈층이 자립할 수 있도록 선진국이 사다리를 놓아줘야 하지만 지금까지의 미약한 공적 원조로는 부족하다. 그는 선진국 국민 총생산의 0.7퍼센트, 즉 연간 2,000억 달러 정도의 공적 원조가 조성된다면 2025년까지 절대 빈곤을 완전 제거할 수 있을 것이라 주장한다. 부자들이 조금만 더 기부하면 지구 상의 절대 빈곤층이 굶어 죽는 일은 없어진다는 것이다.

삭스의 주장은 아프리카 지도자들과 원조 찬성론자들의 열렬한 지지와 함께 혹독한 비판을 받기도 한다. 아프리카의 자생 능력을 부정하고, 선진국의 통 큰 원조를 필수 불가결한 것으로 여기는 그의 입장은 아프리카 비관론과 운명론, 그리고 서구 우월주의와 복음주의적 사명을 연상시킨다. 절대 빈곤을 없애기 위해 필요한 돈이 얼마인지를 계량화했다는 점에서만큼은 의미가 있지만, 원조 규모의 증대와 사회 간접 자본 건설에 대한 집착한다는 점에서, 그리고 수원국 정부의 거버넌스를 고려치 않는다는 점에서 몰가치적, 물질적 성장 이론의 후속편이라고 할 수 있다.

비단 삭스 때문만은 아니지만, 원조를 늘려야 한다는 인식은 21세기의 시대적 사명이 되어버렸다. 여기에는 언론과 NGO들의 활동이 과거에 비해 훨씬 왕성해져서 비극적인 아프리카의 실상이 보다 널리 알려진 까닭도 있다. 과거 자유주의적이고 공리주의적 성격의 원조에서 벗어나 인도주의적 차원에서의 원조 요구가 늘고 있는데, 여기에는 정치·경제적 실리를 쫓는 정부와 기업들, 실적 지상주의에 몰입된 NGO와 종교 단체처럼 원조를 통해 뭔가를 얻거나 스스로의 존재감

● KOICA와 해외 인터넷 청년 봉사단 활동 ⓒ 주세네갈 한국대사관/KOICA 사무소

을 부각시키려는 행위자들의 기여도 상당 부분 차지하고 있다.

　아프리카로서는 매우 반가울 수 있겠지만 사실 누군가를, 그것도 수억 명이나 되는 아프리카인을 잘 살도록 돕는 것은 결코 쉬운 일이 아니다. 삭스의 주장처럼 공적 원조가 현재의 두 배로 늘어나 아프리카에 고속도로와 학교, 병원, 발전소가 지어지고, 2025년 즈음에 절대 빈곤이 사라진다면 이보다 바랄 것이 없겠다. 그러나 냉정하게 생각해보자. 과연 2025년 이후 아프리카는 원조가 필요 없는 대륙이 될 것인가?

　공적 원조든 NGO 사업이든, 현장에 뛰어든 이들을 좌절시키는 것

은 무엇보다도 아프리카인들의 수동적인 반응이다. 원조 사업과 봉사 활동에 대해 고마워는 하지만 그 사업을 스스로 해보겠다는 의식은 희박하다. 그래서 원조 프로젝트를 시행하는 직원이나 NGO들은 사업장에서 철수하는 것을 두려워한다. 정부도 정부지만 아프리카 일반인 역시 원조를 '주어지는 것'으로만 생각하는 경향이 짙어 원조 사업으로 이뤄진 것들은 얼마 유지되지 못하고 무용지물이 되기 쉽기 때문이다.

이러한 이유로 '학습 참여형' 원조나 '수익 창출형' 원조가 대안으로 제시된다. 단순히 우물을 파주거나 밀가루를 제공하는 것보다 우물 파는 법과 제분 기술을 가르치는 것이 보다 지속적인 효과를 보장한다. 원조에 관한 한, 얼마나 많이 하는가는 사실 의미가 없다. 누구를 상대로 어떻게 하는가가 보다 중요한 문제이다. 과거 미국의 아프리카 무상 식량 지원 사업인 '평화를 위한 식량 계획Food for Peace'처럼 아프리카 농민들의 경작 의욕을 저하시키는 원조는 안 된다.

2009년 오바마 대통령은 가나 의회에서 '아프리카의 미래는 아프리카인들에게 달려 있다'고 연설했다. 그는 아프리카인의 운명과 이를 위한 변화는 은크루마나 조모 케냐타Jomo kenyatta와 같은 강력한 지도자가 아닌, 아프리카 국민과 이들을 대변하는 국회의원들이 주도해야 한다고 역설했다. 원조는 양날의 칼과도 같아서 자활의 의지가 없는 이를 더욱 무력하게 만들고, 돕겠다는 이들에게 원조 피로감을 줄 뿐이다. 무능하고 부패한, 국민을 돌보지 않는 정부, 운명론적 토속 신앙에 물든 아프리카인을 상대로 한 원조가 효과를 거두기 위해서는 보다 큰 지혜와 인내가 필요하다.

국제 사회의 개발 원조는 우선 그 이념적 배경에 따라 자유주의적, 공리주의적, 인도주의적 원조로 나뉠 수 있다.

자유주의적 원조는 경제적 이익을 취한 대가라고 할 수 있다. 그 대표적 사례가 식민 지배 보상 원조인데, 다시 말해 식민지 경영 당시 가져간 만큼 돌려주면 된다는 논리다.

불과 몇 년 전 우리나라 경제 부처도 이런 입장을 고수했다. 원조는 유럽 식민 종주국이나 하는 것이지 한국은 그럴 필요가 없다고 보았고, 그만큼 개도국 원조 지원도 인색했다. 다행히 오늘날 한국의 대외 원조관은 좀더 원숙해졌다. 한국은 그간 국제 사회의 도움을 최대한 활용했고, 이제는 그 노하우를 다른 개도국과 함께 나눠야 한다는 인식이 우세해진 것이다. 과거 식민 지배의 굴레를 벗어나, 국제 사회로부터 받은 그 이상을 베풀 줄 아는 모범 국가, 그것이 바로 한국이 가야 할 길이다.

공리주의적 원조는 이웃집 불을 끄기 위해 돕는 것과 같다. 이웃집의 불을 내버려두면 결국 자기 집으로 옮겨붙기 때문이다. 이런 원조의 사례로 주변국으로부터 대규모 난민 발생 또는 불법 이민을 막기 위한 지원, 특정 지역이 테러 집단의 기지로 활용되는 것을 막기 위한 지원 등이 있다.

인도주의적 원조는 말 그대로 이해관계를 따지지 않고 순수하게 인류애 차원에서 지원하는 원조이다. 일본 대지진과 지진해일 피해 지역을 복구하기 위해 우리 119대원을 파견하는 것은 그 대표적 사례로, 오늘날 거의 모든 NGO들의 활동이 여기에 속한다고 볼 수 있다.

원조는 그 재원에 따라 공적 원조와 민간 원조로 구별될 수 있다. 공적 원조는 그 자금 출처가 국민의 세금이며, 집행기관은 국가 또는 국제기구이다. 예를 들어 한국의 한국국제협력단$^{KOICA}$이 아프리카에서 행하는 모든 원조 사업은 국민의 세금을 사용하는 공적 원조이다. NGO나 종교 단체처럼 민간의 자발적 후원금이나 기부금을 활용한 원조 사업과는 확연한 차이가 있다.

원조는 다시 유상 원조와 무상 원조로 구별된다. 유상 원조는 공여국이 특정 사업—이를테면 도로, 항만 건설 등—을 위한 자금을 지원하되, 수원국은 이를 20~30년 간 장기로 원금과 이자를 갚아나가는 방식의 원조다. 이로 인해 공여국과 수원국 간에는 채권-채무관계가 형성되는데, 간혹 빚더미에 올라선 개도국 정부가 채무불이행을 선언하기도 한다. 우리나라 경제 부처는 매년 대외경제협력기금EDCF, Economic Development Cooperation Fund을 별도 예산으로 책정하여 개도국의 유상 원조 사업에 활용하고 있다. 물론 그 재원은 국민의 세금이다.

반면 KOICA나 NGO, 종교 단체 등의 활동은 그 비용을 전적으로 직접 부담한다. KOICA가 아프리카에 청년 의료 봉사 단원을 파견하거나, 우물을 파서 식수를 공급하는데 여기에 들어가는 비용을 해당 국가에게 부담 지우지 않는데, 이것이 무상 원조의 예다.

# Ⅲ

# 독재와 폭력

# 01

# 아프리카식
# 민주주의

## 아프리카의 대통령 선거

2010년 11월 코트디부아르 대선에서 로랑 바그보 Laurent Gbagbo 대통령은 야당 후보 알라산 와타라 Alassane Ouattara 에게 8퍼센트 차이로 졌지만, 패배를 승복하지 않았다. 자신의 패배가 야당의 '부정선거' 때문이었다며 억지를 부렸고, 헌법위원회를 움직여 이를 기정사실화했다. 바그보는 자신의 승리를 선언했고, 급기야 와타라 대통령 당선자의 체포를 명령했다.

그 후 코트디부아르에서는 차마 웃지 못할 상황이 연출되었다. 동시에 두 명이 각각 대통령에 취임하면서 국론은 분열되었고, 내전 상황으로 치달았다. 결국 유엔군과 프랑스군의 지원을 받은 와타라군이 바그보를 체포하면서 사태는 일단락되었지만, 내전 기간 동안 1,000여 명이 사망하고 100만 명이 대피해야만 했다. 전국에서 약탈과 살인, 강간, 방화가 일어났고, 세계적 코코아 수출국이던 코트디부아르의 경제도 피폐해지고 말았다.

　대통령 선거 과정에서 폭력이 난무하고 국가 분열 위기를 겪는 것은 비단 코트디부아르만의 현상은 아니다. 코트디부아르 사태는 어쩌면 2007년과 2008년 케냐와 짐바브웨에서 벌어진 현상의 완결판인지도 모른다. 이들 국가에서 역시 패배에 승복하지 않는 권력자들이 선거 결과를 억지로 조작했고, 야당과 이를 지지하는 부족들의 저항을 폭력으로 응징했다. 내전의 분위기가 감돌았고, 결국 코피 아난 Kofi Annan 전 유엔 사무총장과 음베키 전 남아공 대통령의 중재를 통해 간신히 갈등이 봉합되었다. 다만 중재를 통해 사실상 선거에서 진 집권자들은 권력을 고스란히 유지할 수 있었는데, 2011년 코트디부아르에는 그런 자비가 주어지지 않았다.

　이처럼 아프리카에서 대통령 선거는 민주주의의 축제라기보다는 언제 터질지 모르는 시한폭탄과도 같다. 장기 집권을 노리는 대통령들은 헌법을 무시하거나 고치면서까지 출마함으로써 일단 물의를 일으킨다. 정부는 공정하고 투명한 선거를 치를 의지도 능력도 없다. 부정과 폭력이 만연하기에 늘 선거 결과를 놓고 분열과 갈등이 반복된다. 아프리카연합이나 유럽연합 같은 제3자가 매번 선거 감시단을 파견하고, 감시 결과를 발표하는 것은 어쩌면 아프리카 집권자들 때문이다. 그들은 고집스럽게 권좌에서 내려오지 않으려 하고, 이를 위해 수단과 방법을 가리지 않는다.

　아프리카 집권자들의 권력욕이 어느 정도인지에 대해서라면 긴 설명이 필요 없다. 2012년 3월을 기준으로 사하라 이남 아프리카에서 10년 이상 집권하고 있는 지도자들은 모두 16명이나 된다. 그중 적도

아프리카의 장기 집권자들(2012년 3월 기준)

| 이름 | 국가 | 집권기간(년) |
|------|------|------|
| T.O. 응게마 음바소고 | 적도기니 | 33 |
| 호세 산토스 | 앙골라 | 33 |
| 로버트 무가베 | 짐바브웨 | 32 |
| 드니 사수 은게소 | 콩고 | 31* |
| 폴 비야 | 카메룬 | 30 |
| 요웨리 무세베니 | 우간다 | 26 |
| 블레즈 콩파오레 | 부르키나파소 | 25 |
| 음바와티 3세 | 스와질란드 | 25** |
| 알 바시르 | 수단 | 22 |
| 이드리스 데비 | 차드 | 22 |
| 이사이아스 아페웨르키 | 에리트레아 | 19 |
| 야햐 자메 | 감비아 | 18 |
| 멜레스 제나위 | 에티오피아 | 17 |
| 파칼리타 모시실리 | 레소토 | 14** |
| 이스마엘 오마르 | 지부티 | 12 |
| 압둘라예 와드 | 세네갈 | 12 |
| 폴 카가메 | 르완다 | 12 |

* 1979~1992년 집권 기간 포함
** 왕정제 국가

기니, 앙골라, 짐바브웨, 카메룬 등 9개 국가에서는 20년 넘게 정권 교체가 이뤄지지 않고 있고, 스와질란드나 토고는 아직도 왕이 다스리고 있다. 가봉, 토고에서는 부자가 대를 이어 40년 가까이 집권하고 있다.

이러한 이유로 아프리카에서는 현 집권자의 국민적 지지도가 아무리 낮아도 선거를 통한 정권 교체를 확신할 수 없다. 한 예로 2012년 세네갈 대통령 선거 결과를 두고 아시아의 어느 대사는 압둘라예 와드 Abdoulaye Wade 현 대통령이 이길 것이라 예언했다. 그 이유에 대해 물었더니 그는 주저 없이 "아프리카니까"라고 말할 뿐이었다.


## 그들만의 민주주의

오늘날 일부 왕조 국가를 제외하면 적어도 민주주의를 거부하거나 부정하는 나라는 없다. 국가 이름에 '민주주의'라는 단어가 포함된 나라는 모두 9개인데, 그중에는 북한(조선민주주의인민공화국)도 포함되어 있다. 국민들이 어떠한 삶을 살건 그들만의 민주주의를 실행하고 있다 주장하는 것이다.

아프리카도 마찬가지다. 독립 이후 지도자들은 식민 종주국이 남기고 간 헌법을 팽개친 후 독재의 길을 걸었고, 서구는 이에 대한 우려를 표명했다. 이에 맞서 아프리카주의자들은 아프리카 고유의 정치, 즉 '아프리카식 민주주의'를 주장했다. 아프리카식 민주주의, 그것은 부족의 단합과 컨센서스를 강조하던 아프리카 전통의 공동체 의식에서 출발한다고는 하나, 사실 반대 세력, 즉 야당을 인정하지 않겠다는 논리에 지나지 않는다. 아프리카에서 야당이 자리를 잡은 것은 1990년대부터인데, 그 이전까지는 법적으로 야당의 설립과 활동이 금지되어왔다. 그만큼 일당 통치의 뿌리가 깊다고 할 수 있다.

아프리카의 일당제는 집단적 가치를 중시하는 전통과 식민 지배의 잔재가 낳은 부산물이다. 독립 이후 아프리카는 서구식 민주주의나 아프리카의 전통적 가치관 모두 실현될 수 없는 상황이었다. 정치 엘리트들도 삼권 분립, 대의제, 자유와 평등과 같은 민주주의의 원리를 이해하지 못한 상황에서 부족 고유의 정체성에 익숙한 아프리카인

● 가나의 초대 대통령, 은크루마 동상 ⓒ Wikimedia Commons

들에게 국민의 개념 또는 다른 부족 출신 대통령의 통치 행위는 생소
할 수밖에 없었다. '부족의 단합'이 아닌 '국민의 단합'에 대해서도
거부감을 가졌다.

이러한 상황에서 헌법에 규정된 서구식 정치 행위가 몹시 부자연
스럽고도 거북한 것임을 깨달은 엘리트들은 아프리카식 통치를 정
당화하게 된다. 아프리카 정치의 가장 큰 특성이라 할 수 있는 일인·
일당 통치One Man One Party Rule는 가나 건국의 아버지 은크루마 대통령
이 처음 주장한 것이지만, 그것은 결코 은크루마의 개인적 정치 철학
으로 머물지만은 않았다. 미국 유학생으로, 영국의 식민 지배에 저항
한 은크루마는 1950년대 말 과도정부 수반 시절부터 야당, 노조, 언
론을 탄압하는 악법을 만들었으며, 대통령에 당선된 1960년에는 아
예 헌법을 개정해서 여당을 제외한 정당을 없애버렸고, 스스로를 종
신 대통령의 자리에 올려놓았다.

야당이 없는 나라의 종신 대통령, 이는 아프리카 부족 사회의 전형적인 모습과 닮았다. 아프리카의 부족민들은 부족장의 권위에 절대 복종해야 했고, 부족장은 죽지 않는 한 교체되지 않았다. 독립 초기, 식민지 잔재를 극복하고 경제 개발을 이뤄야 했던 은크루마 대통령으로서는 어쩌면 아프리카의 이러한 전통적 통치 방식이 더욱더 효율적으로 보였을 것이다.

탄자니아의 초대 대통령으로서 20년간 집권했던 줄리어스 니에레레Julius Nyerere 대통령은 일당제와 아프리카적 전통을 보다 견고하게 접목시켰다. 그는 컨센서스와 화합을 중시하는 부족 사회 원칙 우자마ujamaa■를 아프리카식 민주주의의 뿌리라고 보았다. 그리고 일당 통치는 민주주의의 기형물이 아니라, 아프리카의 전통을 현대적으로 반영한 것이라 주장했다.

그는 복수정당제도가 아프리카에 맞지 않는 이유를 꽤 논리적으로 설명했다. 정당은 계급의 이익을 대변하는 조직으로 유럽 사회에는 적합하지만, 아프리카에서는 필요가 없을 뿐만 아니라, 오히려 국가적 혼란만 가중시키는 암적 존재라고 보았다. 계급보다는 부족적 정체성이 도드라진 아프리카에서는 무수한 부족 정당들이 난립할 것이기 때문이었다.

일리는 있다. 실제 독립 당시 아프리카 국민들에게는 보수와 진보, 좌익과 우익처럼 이념을 공유한 정당보다는 자기 부족의 이익을 대변해줄 '혈연 정당'이 더욱 절실하게 느껴졌는데, 아쉽게도 이러한 정당 문화는 오늘날까지 이어지고 있다.

■ 스와힐리어로 형제애를 뜻한다.

## 들러리 서는 야당

일당제에 관한 주장은 정말로 끈질긴 생명력을 가지고 아프리카 지도자들을 매혹시켰다. 아프리카 지도자들은 지방의 부족장을 탄압하여 모든 권력을 중앙으로 집중시켰고, 당연히 야당의 활동을 금지했다. 야당은 존재 가치가 없으며, 국가의 단합에 해악만 끼치는 반역자일 뿐이었다.

그러나 이러한 야당에 대한 혐오는 집권자들의 자기 보호적 변명에 불과했다. 식민 지배 착취 시스템이 고스란히 남아 있던 독립 초기에 모든 국가적 이권이 중앙 정부에 집중되어 있었지만 정권은 안정된 기반을 확보하지 못하고 있었다. 지도자들은 대부분 국가 비상사태를 선포하면서 다양한 부족들의 요구를 받아들이지 않았는데, 이로 인해 폭력을 사용해서라도 권력을 쟁취하겠다는 열망이 커졌다. 어느 일방의 폭력 사용은 걷잡을 수 없는 폭력의 확산을 초래했고, 심지어 인근 국가에도 영향을 주었다. 폭력은 꼬리에 꼬리를 물고 아프리카 대륙을 전염시키며 헌법 질서와 제도를 무너뜨렸다.

이후 아프리카식 정권 교체의 악순환이 나타났다. 집권자들은 반대 세력을 폭력적인 수단으로 탄압했지만, 은밀하게 힘을 키운 반군역시 무력으로 독재자를 무너뜨렸다. 그렇게 수립된 정부는 역시 일당 독재를 추구하면서 폭력을 휘둘렀다.

우간다의 이디 아민<sup>Idi Amin</sup>이 그 대표적인 예다. 밀턴 오보테<sup>Milton Obote</sup>를 쿠데타로 축출시킨 그는 무자비한 철권통치로 많게는 50만 명을 학살했지만 10년 뒤 역시 쿠데타로 쫓겨났다. 일당 독재와 폭력, 쿠데타가 끊임없이 반복되었지만, 아프리카 지도자들은 과거의

● 이디 아민

교훈을 무시한 채 여전히 일당 통치에 빠져들었다. 그 누구든 권좌에 오르면 야당을 혐오했는데, 이는 사실상 국민적 단합보다는 자신의 안전을 위한 것이었다.

아프리카의 민주주의는 1990년대에 와서야 비로소 회복된다. 동서 진영의 대결이 치열했던 냉전시대에 아프리카의 지도자들은 양 진영의 보호를 받으며 국내적으로 무소불위의 권력을 휘둘렀지만, 그 시대가 저물자 민주화에 대한 압력을 받게 되었다. 서방 진영이 자유화, 민주화를 원조의 조건으로 제시한 것이다. 소련과 중국이 물러난 아프리카에서 이제 믿고 의지할 곳은 미국과 유럽밖에는 없었고, 지도자들은 울며 겨자 먹기로 자유화와 민주화 요구를 수용해야 했다.

복수 정당제와 선거 제도가 회복되었고, 민주화의 물결이 일어나며 아프리카는 '제2의 해방'을 누리게 된다. 1990~1994년 동안 아프리카 38개국에서 복수 정당제가 도입되었다. 1994년 남아공에서는 인종차별이 철폐되어 모든 국민들에게 투표권이 부여되었으며 아프리카통일기구에서는 아프리카인권헌장이 채택되어 이제 더 이상 아프리카에서 서로 죽고 죽이는 비극이 일어나지 않을 것이라는 희망도 싹텄다. 아프리카에서의 민주주의 회복은 노예무역과 식민 지배, 그리고 신식민주의적 착취라는 기나긴 고통에 종지부를 찍게 하는 것처럼 보였고, '아프리카 르네상스African Renaissance'가 열릴 것이라는 기대감을 안겨주었다.

그러나 장기 집권의 맛을 본 지도자들은 쉽게 물러서지 않았다. 선거는 폭력과 부정으로 얼룩졌고, 현직 대통령들은 대부분 선거에서 승리했다. 1992년 카메룬의 폴 비야Paul Biya 대통령은 최초의 다당제 대선에서 40퍼센트의 득표로 당선되었지만, 선거 기간 적어도 400명의 야당 인사들이 살해되거나 실종되었다. 비야 대통령은 당선 이후에도 야당 인사를 탄압했는데, 대선에서 2위를 차지한 사회민주전선의 존 프루 은디John Fru Ndi 총재와 135명의 당원들을 가택 구금시켰으며, 200여 명을 투옥하면서 국가 비상사태를 선포했다.

비교적 평화롭게 치러진 선거 역시 민주적이라 하기에는 부족한 면이 많았다. 집권당은 부족 간 갈등을 조장하면서 야당의 분열을 노렸으며, 그들이 단합할 수 있는 시간도 주지 않은 채 서둘러 선거를 실시해버렸다. 무수한 정당들이 우후죽순처럼 탄생했지만, 조직과 자금, 언론을 독점한 집권당에 상대가 되지 못했다. 1990년 코트디부아르 대선에서 독립 이후 30년간 집권해온 우푸에 부아니 대통령이 81.5퍼센트라는 압도적인 득표로 당선되고, 여당이 의회 175석 중 163석을 차지할 수 있었던 것도 놀랄 만한 결과는 아니다.

1990년대 아프리카의 민주주의 실험은 남아공, 세네갈과 같은 소수 국가를 제외하면 대체로 실패했다. 대부분 선거는 기존 집권자에게 제도적 정당성을 부여했을 뿐이었고, 간혹 새 정권이 수립된 곳에서도 과거의 독재적 관행으로 회귀하고 말았다. 한편으로는 군부 세력에 의한 쿠데타도 잦아들지 않았다. 1990년대에만 18개 아프리카 국가에서 모두 22차례의 쿠데타가 일어나 군부가 정부의 민주화 노력을 짓밟았다.

다행히 2000년대에 와서는 쿠데타의 빈도가 반으로 줄어들었고, 1990년대 시작된 내전과 종족 분쟁도 어느 정도 마무리가 되어가고 있다. 그러나 그렇다고 해서 아프리카에서의 민주주의가 진보한 것은 아니다. 지도자들은 영구 집권을 위해 헌법을 뜯어고쳤고, 부정선거나 투표 조작, 선거 결과 불복과 같은 무모한 행위를 저지르고 있다.

무엇보다도 야당을 국정 파트너라기보다는 매우 귀찮거나 해로운 존재로 인식하는 집권자의 태도는 변함이 없다. 지난 20년간 복수 정당제와 선거 제도가 이제 확고한 정치 행사로 자리를 잡았으며, 아프리카 유권자들의 정치적 의식도 성장했지만, 정작 집권자의 태도는 변화를 거부하고 있는 것이다. 그들은 여전히 야당의 국정 참여를 배제하면서 분열을 조장하고 있다.

야당 역시 아프리카 민주주의의 후진성에 책임이 있다. 아프리카의 야당은 있다가도 없다. 무슨 뜻인가 하면, 야당은 평상시에는 존재하지 않다가 선거 때만 되면 여기저기서 출몰한다. 당헌이나 당규, 그리고 정책이란 것도 없이 그저 부족이나 지역을 기반으로 정당이 형성되며, 선거가 끝나면 어디론가 사라진다. 평상시 당을 운영하거나 당원을 모집할 여력도 없고 필요성을 느끼지도 못한다. 더구나 야당을 탄압하는 분위기에서 일반인들도 야당의 당원으로 가입하기를 꺼린다. 한마디로 아프리카의 야당은 지속적인 활동을 통해 국민들을 정치화시킬 능력이 없다.

대부분의 야당은 특정 개인의 사조직 형태로 조직되며, 당 지도자가 절대적인 영향력을 행사한다. 거대 여당에 맞서기 위해 야당은 연합해야만 하지만, 야당 지도자 개개인의 이기적인 성향 때문에 이마저도 쉽지 않다. 나와 나의 가족, 내 부족의 정당이 다른 정당의 간판에 가려지는 것을 원치 않기 때문이다. 2008년 앙골라의 선거에서는 138개의 정당이 참가했는데, 이 숫자는 아프리카 평균을 조금 넘는 정도다. 야당이 너무나 많기 때문에 정당 이름을 중복되지 않게 짓는 것마저도 어려울 지경이다. 야당의 숫자가 많을수록 민주주의 수준이 높은 것처럼 보이지만, 그 결과는 정반대다.

집권당은 선거에 참여하는 야당의 숫자가 늘어만 가는 것을 즐긴다. 다만 선거관리위원회를 이용하여 행정 절차상의 이유로 정당 연합을 허용하지 않거나, 야당 지도자를 협박, 회유함으로써 연합 결성을 막는다. 탄압을 받은 야당은 선거 보이콧으로 대응하지만, 이마저도 허용되지 않을 수 있다. 에티오피아의 선거관리위원회는 야당이 선거 참여를 거부하면 그 정당의 법적 지위를 박탈해버린다. 다른 대안이 없는 야당은 선거에 참가하지만, 그저 들러리 서는 역할만 할 뿐이다.

2011년 8월 현재 아프리카 20개국에서 집권당이 국회 의석의 70퍼센트 이상을 차지하고 있다는 사실은 오늘날 아프리카 정치 문화의 단면을 적나라하게 보여주는 예다. 지부티의 집권당은 아예 의석을 100퍼센트 차지하고 있으며, 앙골라, 보츠와나, 카메룬, 적도기니, 에티오피아, 감비아, 세네갈의 여당은 85~99퍼센트의 의석을 점거하고 있다.

한 가지 희망적인 것은 점점 더 많은 야당이 대통령 결선투표제도를 이해하고 그 장점을 활용하고 있다는 점이다. 2010년 코트디부아르의 와타라와 기니의 콩데 후보는 야당 후보로서 1차 투표에서 2위에 그쳤지만, 이후 야당 지지자들의 표를 성공적으로 결집시켜 결선투표에서 승리, 대통령에 당선된 사례들이다. 이 두 나라의 선거 결과를 통해, 야당이 연합하면 정권 교체를 이룰 수 있다는 단순한 사실이 증명된 셈이다.


## 가부장적 대통령과
## 승자 독식

아프리카식 민주주의가 감추고 있는 또 다른 면모는 대통령을 전통적 가부장과 동일시한다는 것이다. 전통 사회에서 부족장들은 대부분 연장자로서 부족민들의 존경을 받았으며, 그의 결정에 대한 도전은 용납되지 않았다. 현대 아프리카 지도자들은 과거 전통적 부족장의 이러한 이미지를 교묘하게 활용함으로써 스스로를 국가적 가부장의 위치로 올려놓으려 한다.

특히 유혈과 폭력의 과정을 통해 집권한 자들은 가부장 그 이상을 추구한다. 그들은 스스로를 궁극의 승리자이자 최강자로 여기고 그 어떤 통치 행위도 정당화될 수 있다고 생각한다. 승자 독식의 통치는 너무나도 당연한 것처럼 여겨졌고, 대통령 개인을 우상화하는 것이나 친인척의 권력 독점, 그리고 부정 축재도 대수롭지 않게 생각했을 것이다.

정도의 차이가 있을지는 모르나 지도자들의 이런 특별한 권위 의식은 매우 보편적인 것이어서, 야당이나 반정부 인사들의 정당한 활동마저 그 권력을 이겨내지 못했다. 성공한 독재자들은 길게는 30년 이상 정권의 안정을 누리면서 가부장적 정치문화와 이를 향유하는 추종자 집단을 생산해냈다. 지도자들은 법과 제도를 무시한 채 부족과 같은 개인적 커넥션과 충성도를 기준으로 관직을 하사했고, 그렇게 임명된 관료들은 또 다시 자신들의 하수인들을 공무원으로 임명했다.

지배 집단 전체가 대통령을 정점으로 하는 후견인-피후견인의 커넥션들로 이루어진 이러한 시스템은 독재 정치에 매우 적절했다. 우선 이를 통해 매우 안정적인 지배 체제를 유지할 수 있었다. 말단 공무원, 그리고 정권의 혜택을 조금이라도 받는 중산층과 대통령과 같은 부족 출신들은 어떻게든 기득권을 유지하기 위해 정권에 충성을 바쳤다.

반면 그 커넥션에 닿지 못해 소외된 사람들은 생명의 위협마저 느껴야 했고, 시간이 갈수록 정권에 대한 적개심은 증폭되었다. 아프리카의 집권자들이 군사력 증강에 관심을 기울이는 것도 외적의 침입보다는 반대 세력의 무장을 두려워하기 때문이다. 독립 이후 아프리카에서는 모두 108건의 성공한 쿠데타가 일어났으며, 지도자 중 38명은 쿠데타로 집권해서 쿠데타로 쫓겨났다.

모든 것을 소유하고, 그 어떤 것도 할 수 있으나, 방심하는 순간 지도자로서 누리던 모든 것들은 순식간에 사라져버린다. 그렇기 때문에 국민의 생명과 복지보다는 자신의 권력을 유지하기 위해 모든 국가적 재원과 역량을 다 기울여야 하는 것이다. 정치적 안정을 위해서라면 1,000명이든 만 명이든 모두 감옥에 가둬버리겠다고 선언한 말라위의 헤이스팅스 반다<sup>Hastings Kamuzu Banda</sup> 대통령이나, 대통령 재직 중의 행위에 대해 죽을 때까지 처벌받지 않겠다며 헌법을 개정한 카메룬 비야 대통령의 의식 구조는 아마도 이럴 것이다. '나는 모든 부족들의 왕이다. 살아 있는 왕이 어떻게 물러날 수 있으며, 처벌받을 수 있단 말인가?'

## 파트타임 민주주의

민주주의의 가장 근본적인 작동 원리는 선거를 통해 국민들이 지도자들의 책임을 묻고 심판하는 것이고, 그 기준은 당연히 지도자와 그 정당이 그간 국민들을 위해 얼마나 일했는지다. 복수정당제를 도입하고 선거를 치르는 것은 형식적 수단일 뿐이고, 진정 중요한 것은 선거를 통해 선출된 지도자가 국민을 위해 일하는 것이다.

아프리카의 민주주의가 소위 파트타임 민주주의<sup>part-time democracy</sup>라고 비난받는 이유는 지도자들이 선거를 최종 결과물로 생각하기 때문이다. 그들은 선거 기간 동안에만 국민의 지지를 얻기 위해 각종 정책과 공약을 내놓고 관심을 요구하고, 막상 선거가 끝나면 국민을 잊어버린 채 다시금 자신의 권력과 경제적 이익을 위해 국가와 정부를 이용한다. 국민들은 선거 때만 잠시나마 국민으로서 대접을 받는다. 그나마 이것도 1990년대 도입된 선거 제도 때문에 가능해진 것이다.

아프리카 지도자들이 이토록 국민들을 가볍게 생각하는 데에는 그만한 이유가 있다. 우선 국민들은 너무나도 가난하기 때문에 세금을 낼 여력이 없다. 정부로서도 국민들로부터 걷는 조세에 큰 기대를 걸지 않는다. 그러니 국민들을 우습게 보는 것이다. 18세기 미국의 독립 투쟁 당시 등장했던 역사적 구호, '대표 없이 과세 없다No taxation without representation'는 국민의 참정권과 납세 의무 간의 관계를 말해준다. 그러나 아프리카에서는 이 두 개념의 관계가 너무나도 미약하다. 국가 재정에 도움이 되지도 못하면서 수도와 전기를 공급해달라, 도로를 깔아 달라, 학교와 보건소를 지어달라 요구하는 국민들은 아프리카 지도자들에게 달갑지만은 않은 존재다.

국민들의 조세를 대신하여 아프리카 지도자들의 재정 수입을 충당해주는 것들이 있다. 석유나 광물, 삼림 자원을 가진 아프리카에서 정부는 가만히 앉아 있어도 돈을 번다. 서방으로부터의 대외 원조 역시 부족한 재정을 보충해주는 중요한 재원인데, 대부분 아프리카 국가들은 GDP의 10퍼센트 상당을 원조로 지원받고 있다.

이렇듯 국민들이 굳이 세금을 내지 않아도 정부 재정이 채워지다 보니, 정작 정부는 국민소득이 오르면 조세도 많이 걷혀 정부도 부유해진다는 단순한 메커니즘에 큰 관심을 갖지 않는다. 막대한 자원과 해외로부터의 원조에도 불구하고 절대 다수 아프리카인들이 여전히 극빈층으로 남아 있는 이유가 바로 여기에 있다. 정부가 국민을 위한 정치를 하지 않기 때문이다.

흑인 노예의 후손이자 의사이며, 흑인 정체성의 회복을 위해 투쟁했던 프란츠 파농Franz Fanon은 독립 직후 아프리카의 지배 계층을 이렇게 묘사했다.

그들은 탐욕스러운 장사치와도 같은데, 과거부터 유럽인들이 던져주던 떡고물을 받고 사는 것을 즐겼다. 그들은 창의성 또는 기업가적 정신과는 거리가 멀었고, 다만 일정 부분의 마진을 떼어 먹는 중간 상인에 불과하다.

독립 이후 50여 년 동안 아프리카의 엘리트들은 파농의 날카로운 지적을 얼마나 진지하게 받아들이며 고민했을까. 국가와 국민 경제를 키우고 살찌우기 위해 노력하기보다는 오히려 자신의 권력 유지와 부의 축적을 위해 국가와 국민을 이용하지는 않았는가. 국민은 집권당에게 표를 찍어주는 존재이며, 선거철에만 대접해주면 된다는 식의 인식이 사라지지 않는 한 아프리카의 민주주의는 요원하기만 할 것이다.

## BOX STORY 아프리카 독재자들의 우상화

중앙아프리카 공화국의 보카사 대통령은 스스로를 현대판 나폴레옹이라고 여긴 나머지 결국 황제에 즉위했다. 그는 자신이 너무나도 자랑스러웠던지 초등학생들에게 자신의 얼굴이 그려진 교복을 입게 할 정도였다. 학생들이 이에 저항하자 황제가 몸소 학생들에게 방아쇠를 당겼다고 한다.

오늘날 DR콩고는 한때 자이르$^{Zaire}$라고 불린 적이 있었는데, 이는 모부투 대통령의 지시에 따른 것이었다. 유럽과 서구에 대해 극단적인 반감을 품고 있었던 그는 국명, 지명뿐만 아니라 국민들의 이름마저 아프리카 전통식으로 바꿀 것을 지시했다. 그의 공식 타이틀마저 예외는 아니었다. 각료들은 그를 'Mobutu Sese Seko Nkuku Ngbendu wa Za Bange'라고 불러야 했는데, 번역하자면 '세상 어느 곳에서도 전능하신 투사이시며, 승리

Caviar d'Iran
Chaussons aux ecrevisses
Suprême de capitaine à l'oseille
Sorbet aux poires et au
Marc de Champagne
Antilope sauce grand veneur
Foie gras
Cœurs de laitues
Gâteau Impérial

● 보카사의 황제 즉위식(왼쪽) ⓒ Jeremy Hunter (http://www.jeremyhunter.com)
　황제 즉위식 만찬 메뉴(오른쪽) ⓒ Jeremy Hunter ■

를 위해 그 어떤 것들을 다 견디어내시는, 정복과 정복을 이어가시며, 가는 곳마다 불꽃을 남기시는 모부투'라는 뜻이었다. 이런 이름으로 불린 모부투는 스스로를 제3의 예수, 즉 메시아라고 칭하기까지 했다.

　개인 우상화에 관해서만큼은 이디 아민도 절대 부족함이 없다. 그의 공식 직함은 '각하, 종신 대통령, 육군 원수, 박사 이디 아민, 이 세상 모든 짐승과 물고기의 주인, 영국령 아프리카의 정복자, 우간다의 지배자, 스코틀랜드의 왕' ■■이었다. 그는 1972년 우간다 내의 인도인과 아시아인을 추방했는데, 그 이유가 꿈에 신이 나타나 이들의 추방을 명했기 때문이라고 말했다. 스스로 신의 계시를 받는 신성한 존재라고 생각한 것이다.

■1977년 당시 중앙아프리카공화국의 몇 안 되던 서방 사진가 제레미 헌터는 보카사 황제 즉위식 연회에서 인육이 제공되었다고 증언하고 있다. 다음은 그의 기록이다. "황제는 하객들에게 만찬을 대접했다. 축구장만 한 넓이의 정원에 족히 2,500명이나 되는 손님들이 앉아서 식사를 기다리고 있었다……. 수도 방기에서 가장 대중적인 식당과 파리에서 특별히 초청된 요리사 6명이 만든 요리는 이란산 캐비어, 메인 메뉴인 사슴고기, 그리고 디저트인 케이크까지 모두 8가지였다……. 그로부터 2년 후 보카사는 쫓겨났고, 우리는 황제 즉위식에서 먹었던 사슴고기가 실은 사람고기였다는 사실을 알게 되었다." 《장베델 보카사, 독재자, 폭군과 인육 섭취 Jean-Bedel Bokassa: Despot, Tyrant and Cannibal》 중에서

■■이디 아민은 스스로를 스코틀랜드의 왕이라고 칭했다. 그는 제2차 세계대전 당시 영국군으로 징병되면서 스코틀랜드를 흠모했고, 훗날 우간다 대통령이 되자 스코틀랜드를 영국으로부터 독립시켜야 한다며 엘리자베스 여왕에게 편지를 보내기도 했다. 기이한 그의 행적은 2006년 제작된 영화 〈라스트 킹 The Last King of Scotland〉에 잘 나타나 있다.

2007년 케냐, 그리고 2008년 짐바브웨에서의 대통령 선거는 아프리카 판 정치 타협이라는 비판을 받고 있다. 두 곳 모두 패배한 사람이 승자로 대접받고 있기 때문이다.

2007년 케냐 대통령 결선투표에서는 야당인 라일라 오딩가<sup>Raila Odinga</sup> 후보의 승리가 확실시되었다. 여론조사와 출구조사 모두 오딩가의 승리가 유력했고, 실제 개표 중반에는 음와이 키바키<sup>Mwai Kibaki</sup> 대통령을 100만여 표 차이로 앞서 나갔다. 그러나 믿을 수 없는 일이 벌어졌다. 이틀 뒤 선관 위가 키바키 대통령이 23만 표차로 승리했다고 발표한 것이다. 오딩가 지지 부족들은 폭동을 일으켰고, 정부와 키바키 지지 부족들도 폭력으로 맞서면서 2007년과 2008년 케냐에서는 1,000여 명이 죽고 60만 명의 이주민이 발생했다.

2008년 짐바브웨 무가베 대통령은 1차 투표 결과부터 조작했다. 대부분 여론조사는 야당의 모간 창기라이<sup>Morgan Tsvangirai</sup> 후보가 과반수를 얻어 결선투표 없이 당선될 것으로 예측했다. 그런데 선관위는 이런저런 이유로 발표를 미루다가 두 달이 지나서야 무가베 대통령과 창기라이 후보가 각각 43.2퍼센트와 47.9퍼센트 득표로 결선투표에 진출했다고 발표했다. 야당은 즉각 항의했고, 정부가 개표를 조작했다며 창기라이 후보의 당선을 주장했다. 무가베 대통령은 결선투표를 강행했고, 야당 인사들을 살해, 납치하였으며, 군대를 동원하여 국민들을 협박했다. '무가베를 찍지 않으면 총알을 맞을 것이다<sup>Vote or Bullet</sup>'라는 흉흉한 소문이 돌았다. 급기야 야당이 불참한 가운데 85세 고령의 무가베는 86퍼센트로 집권 기간을 연장시켰다.

일그러진 선거로 인해 케냐에서는 부족들 간의 유혈 충돌이 확대되어 자칫 내전으로 비화될 조짐이 보였고, 짐바브웨 여당의 부정 선거에 대한 국제적 비난 여론이 거세어지는 가운데, 코피 아난 전 유엔 사무총장과 음

베키 남아공 전 대통령이 중재를 자임했다. 두 명의 아프리카 중재자들이 제시한 방안은 거의 비슷했다. 서로 싸우지 말 것, 그리고 '조금씩' 양보해서 단합할 것이었다.

이에 따라 두 대통령은 현직을 유지하되, 야당 후보자를 총리로 임명하고 권력을 공평하게 나누는, 소위 연립정부 구성안이 채택되었다. 물러나야 할 키바키와 무가베가 아직도 대통령의 자리에, 그리고 대통령이 되었어야 할 오딩가와 창기라이가 오늘날 총리 자리에 있는 것은 그러한 이유 때문이다. 중재자들은 이러한 권력 공유를 아프리카식 민주주의의 모범으로서 자랑하겠지만, 사실상 이는 비유하자면 '구더기 무서워 장 못 담근' 격이었다. 선거에서 패한, 그리고 부정을 저지른 대통령을 달래주기에 급급했던 것이다. 오늘날 케냐와 짐바브웨 연립정부 내에서 갈등이 끊이지 않고 있으며, 특히 무가베 대통령은 하루라도 빨리 창기라이 총리를 쫓아내기 위해 대통령 선거를 이른 시일 내에 실시해야 한다고 주장한다.

한편 2011년 코트디부아르 바그보 대통령 역시 선거 패배를 인정치 않으면서 국가를 내전 상황으로 몰아갔다. 그러나 유엔과 프랑스가 야당후보의 승리를 인정하면서 바그보를 군사적으로 압박했다. 수세에 몰린 바그보는 마지막으로 협상을 요구했는데, 아마도 케냐와 짐바브웨에서처럼 연립정부 구성을 희망했을 것이다. 그러나 와타라군과 프랑스군, 유엔군은 자비를 베풀지 않았고, 바그보는 체포되어 현재 국제형사사법재판소로 이송된 상태다.

흥미로운 것은 케냐의 오딩가 총리가 바그보의 퇴출을 주장했으며, 와타라 당선자도 음베키에게 잘못된 선례를 반복하지 말 것을 주장했다는 것이다. 음베키는 나름 자신의 2년 전 짐바브웨 중재가 옳았다고 확신했으며, 코트디부아르에서도 '국가 단결'을 호소했지만 결국 공허한 외침이었다. 아프리카 정치 문제 해결사로서의 체면이 구겨진 셈이다.

# 02

# 부족의 수호자와
# 나쁜 이웃들

## 4D의 대륙 아프리카

극단적 비관론자들은 아프리카를 '4D의 대륙'이라고 부른다. 죽음<sup>Death</sup>, 질병<sup>Disease</sup>, 재난<sup>Disaster</sup>이 끊기지 않는 아프리카는 절망<sup>Despair</sup>의 대륙이라는 것이다. 미래에 대한 기대와 희망을 꿈꿀수 없는 절망의 대륙, 아프리카를 바라보는 시각 중에서 이보다 더 가혹한 표현은 아마 없을 것이다.

그런데 아프리카 비관론은 사실 질병과 재난보다는 서로 죽고 죽이는 아프리카인들의 모습에 무게를 두고 있다. 질병이나 기근 같은 재난은 엄밀히 말해 아프리카와 국제 사회가 함께 노력해 극복해야 할 '공공의 적'이지만, 아프리카인들 간에 벌어지는 폭력과 학살은 그간의 모든 노력을 헛수고로 만들고 만다.

소말리아는 오늘날 세계에서 가장 '실패한 국가'로 손꼽힌다. 그 이유는 나라 전체가 폭력으로 물들어 있으며 정부가 국민의 기본적인 생존마저 보장해주지 못하기 때문이다. 그간 국제 사회가 폭력의 중단을 위해 중재에 나섰지만 소말리아에서 평화는 오지 않고 있다. 그 사이에 국민들은 굶어 죽어가고, 일부는 해적이 되어 노략질을 하고 있다. 1991년 이래 20년간 지속된 내전으로 약 40만 명이 사망하고, 140여만 명의 피난민이 발생하는가 하면, 70만 명에 가까운 사람들이 소말리아를 떠나 외국으로 피신해 있는 상태다. 국제 사회가 지원하는 중앙정부의 통치는 수도인 모가디슈에 한정되어 있을 뿐이고, 전국이 군벌과 반군 세력으로 찢겨져 있다. 말 그대로 무정부 상태인 것이다.

그 와중에 2011년 7월 기근이 발생해 360만 명의 소말리아인들이 굶어 죽을 위험에 처했지만, 유엔이 식량과 구호물자를 보내는 것마저 쉽지 않았다. 알카에다 무장 반군 단체인 알 샤바브al-Shabab가 서구 기독교 제국의 원조를 거부하면서 물자 보급로를 차단할 것이라고 위협했기 때문이었다. 알 샤바브는 그동안 소말리아 남부 지역을 점령하면서 수도인 모가디슈와 중앙 정부를 공격해왔다. 유엔의 원조 활동은 남부 지역뿐만 아니라 소말리아 전역에서 제한을 받았다.

그러나 소말리아 내전은 그간 아프리카 대륙에서 일어난 비극의 한 장면일 뿐이다. 독립 이후 전쟁, 내전 또는 유혈 폭력 사태를 겪지 않은 아프리카 국가들은 거의 없다. 아프리카인들 간의 유혈 충돌로 불과 50년 남짓한 시간 동안 많게는 약 1,500만 명의 아프리카인들이 사망했는데, 이는 300년 동안 유럽인들에 의해 대서양 너머로 끌려가야 했던 흑인 노예의 숫자와도 맞먹는다.

유혈 사태의 참혹함 역시 이루 말할 수가 없다. 500만 명에 달하는 사망자를 초래한 DR콩고 내전(1998~2003)은 제2차 세계대전 이후 최악의 참사였다. 아프리카에서의 부족 간의 증오심은 최악의 폭력인 인종 학살의 양상으로 발전하고 사망자의 수도 급증한다. 1994년 르완다에서 80만 명의 투치족이 학살당하기까지 걸린 시간은 불과 100일 남짓이었다. 2003년 수단 다르푸르에서도 30만 명이 죽었다. 말 그대로 광적인 집단 학살이다.

이외에도 손과 발이 잘린 사람들, 집단 강간을 당한 여성들, 굶어 죽어간 사람들과 고아들의 숫자는 이루 다 셀 수가 없다. 최근 내전이 진정 추세에 있다고는 하지만, 2010년 말 현재 사하라 이남 아프리카에서 피란살이를 하는 사람은 약 1,000만 명에 달하는데, 그중 300만 명 정도는 아예 국경을 넘어 난민으로 살아가고 있다.

이토록 참혹하고 충격적인 실상이 세계에 알려지면 이내 아프리카 비관론이 확산된다. 도대체 누가, 어떤 나라에서, 무슨 이유로, 누구를 죽이는지, 그리고 앞으로도 그러한 양상이 반복될 것인지에 대해 관심을 갖는 이들은 흔치 않다. 수백 년간 내려온 인종주의적 편견마저 더해져 아프리카 비관론은 절망론으로 발전한다.


## 부족의 구원자

아프리카에서 유혈 사태가 잦은 이유를 묻기 전에 알아야 할 것이 있다. 아프리카에는 고전적인 전쟁보다는 내전이 월등히 많다는 것이다. 아프리카에서 국가와 국가 간 전면적 무력 충돌이라고 볼 수 있는 사례는 에티오피아와 소말리아 간의 오가덴전쟁

(1977)과 우간다-탄자니아 전쟁(1978) 뿐인데, 이 두 전쟁의 사망자가 2~3만 명으로 앞서 언급한 내전 사망자에 비해 오히려 적다.

대부분의 내전은 기존 정부의 전복과 정권 획득을 위해 일어났고, 그 시작은 권력에서 소외되거나 불이익을 받은 엘리트들이 주동했다. 앞 장에서 살펴본 것처럼 아프리카 지도자들의 가부장적 통치 스타일은 그 속성상 통치의 혜택을 골고루 나눠줄 수가 없다. 대통령과 개인적 인맥으로 연결된 엘리트 집단 또는 대통령을 지지하는 특정 부족들은 승자 독식의 수혜자가 되는 반면, 이외의 엘리트들과 부족들은 패자 절망Looser takes nothing의 박탈감을 느끼기 마련이다.

부족들은 절치부심하는 반란 지도자들에게 더없이 든든한 지원 세력이 된다. 부족들이 수십 년간 평화롭게 공존해온 것처럼 보여도, 어느 날 갑자기 수천, 수만의 반군으로 변모하는 것은 그들 역시 중앙 정부의 차별 정책에 대한 불만을 느껴왔기에 반군 지도자들의 정치적 선동에 쉽게 동화되기 때문이다.

DR콩고 내전(1997~1999)은 풍부한 석유 자원과 정권 찬탈을 노리는 두 군벌 지도자가 부족 갈등을 이용한 대표적 사례다. 콩고는 독립 당시부터 남부와 북부 부족 간 갈등의 골이 깊었는데, 정치 지도자들은 이를 충분히 이용했다. 자신의 부족을 기반으로 군벌 세력을 키워온 것이다. 1990년대 초반 복수 정당제 도입과 함께 군벌은 자연스럽게 정당으로 변모했지만, 그 본질은 역시 변하지 않았다.

그들은 사병을 모집하기 위해 부족 갈등을 부각시켜 공포 심리를 조장했다. 종종 전통 복장을 입고 이웃 부족민들에게 연설을 했고, 스스로를 모세, 메시아 그리고 콩고와 콩고 부족의 보호자이자 구원

자임을 자처했다. 연설의 결론은 간단했다. 부족의 젊은이들은 자신이 행하는 성스러운 사명에 동참해야 한다는 것이었는데, 이는 반강제적인 입대 권유나 마찬가지였다. 힘없는 소수 부족들은 그를 따르지 않으면 힘센 부족의 박해로부터 견딜 수 없다는 불안한 생각으로 아들들을 군대로 보냈고, 군벌 지도자는 부족의 전통 의식을 치르며 신병들을 환영했다.

그렇게 성장한 군벌들은 콩고의 민주주의를 흔들고 내전을 일으켰다. 콩고 최초의 민선 대통령인 파스칼 리수바<sup>Pascal Lissouba</sup>는 1997년 라이벌 군벌 지도자이자 전직 대통령인 드니 사수 은게소<sup>Denis Sassou Nguesso</sup>에게 사병의 해체를 요구했지만, 이에 반발한 은게소는 아예 정부군과의 전쟁을 선포했다.

리수바와 은게소의 충돌은 곧 콩고 부족들의 충돌을 의미했고, 콩고 전체가 공포에 휩싸였다. 프랑스군과 외국인들이 화를 피해 탈출했고, 80만 명의 콩고인이 피란을 떠났다. 결국 은게소는 재집권에 성공했지만, 곧이어 전직 총리의 반군인 닌자<sup>Ninja</sup>군의 활동으로 골머리를 썩여야 했다. 2007년 닌자군이 스스로 무장 해제를 선언할 때까지 콩고는 10년간 바람 잘 날이 없었다.

100만 명의 투치족이 죽음을 당했던 르완다는 더더욱 어처구니가 없다. 후투족 하뱌리마나<sup>Habyarimana</sup> 대통령은 1974년 집권 이후 소수파 투치족에 대한 포용정책을 시행했고, 1993년 투치족 반군 세력인 르완다애국전선<sup>RPF</sup>과도 평화 협정을 체결했다. 모두가 르완다의 평화가 올 것이라고 기대하는 순간이었다. 그런데 불행하게도 대통령을 태운 비행기가 의문의 미사일 공격을 받고 추락하고 탑승자 전원이 사망하자 후투족은 이를 투치족 과격파의 소행으로 단정하고는 대대적인 학살에 나섰다.

유엔이 진상 조사에 나섰지만 누가 미사일을 쏘았는지에 대해서는 끝내 밝혀내지 못했다. 그러나 심증을 굳히는 물증이 몇 가지 있다. 후투 과격파는 그 이전부터 투치족에 대한 탄압을 주장하면서 스스로를 무장했는데, 학살이 일어나기 1년 전에 무려 60만 자루의 중국제 대검을 수입한 것이다. 뿐만이 아니다. 대통령이 죽은 후 그들은 투치족뿐만 아니라 후투족 온건파마저 학살했다. 그 학살은 너무나도 조직적이고 신속하게 이뤄졌기에 우발적으로 자행되었다고 보기 어렵다. 이러한 여러 정황상 하뱌리마나 대통령의 포용정책에 불만을 품은 후투 과격파가 암살을 자행했을 가능성이 크다. 르완다 학살역시 공존과 평등을 거부하고, 정권을 쥐겠다는 소수 엘리트들이 부추긴 것이다.


## 나쁜 이웃들

아프리카에서의 내전은 어떤 면에서 국제전이자 대리전이기도 하다. 교전 당사자를 지원하는 외부 세력이 있기 때문인데, 이들은 아프리카의 분쟁을 더욱 복잡하게 만들고 피해 지역을 확장시킨다.

우선 부족 간의 내전에서 궁지에 몰린 쪽은 이웃 국가로 도피한다. 그곳에서 세력을 정비하면서 훗날을 도모하는 것이다. 1962년 르완다가 독립하자 다수파인 후투족은 투치족을 박해했는데, 일부 투치족은 아예 우간다로 피신해야 했다. 그들은 23년 후에 무장 단체인 르완다애국전선RPF을 조직했고 5년을 더 기다려 꿈에 그리던 고향 르완다로 진격했다. 투치족 난민의 복귀와 르완다 민주주의 회복을 주장하면서 정부를 공격한 것이다.

그런데 당시 RPF 반군들은 우간다군의 군복과 무기를 입고 사용했다. 우간다 정부의 부인에도 불구하고, RPF가 우간다 정부군의 지원을 받았음은 의심할 여지가 없다. 우선 요웨리 무세베니Yoweri Museveni 우간다 대통령이 투치족 출신인데다가, 과거 오보테 정권을 무너뜨리기 위해 RPF와 함께 게릴라전을 전개했기 때문이다. 무세베니는 결국 대통령에 취임했고, 그가 이끌던 반군은 이제 어엿한 정부군이 되었다. 사실상 무세베니 정부군과 RPF는 피를 나눈 형제와도 같다. 형제의 도움을 받은 RPF가 1994년 7월 르완다 키갈리를 점령함으로써 르완다 내전은 일단락되었다. 우간다에 이어 르완다에서도 투치족 정부가 들어섰고, 이제 후투족들은 탄압을 피하기 위해 자이르,

르완다애국전선과 무세베니

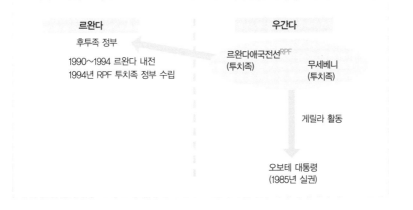

수단, 부룬디 등으로 도망쳤다.

제2차 DR콩고 내전(1998)은 표면적으로 카빌라 대통령에 반대하는 반군과의 무력 충돌이긴 하지만, 후투족과 투치족의 갈등이 자리를 옮겨 표출되었다는 점에서 르완다 내전의 연장선상에 있다. 이는 종종 '아프리카판 세계대전'이라 불리기도 하는데, 인근 지역의 7~8개국이 각각 정부군과 반군을 지원했기 때문이다.

1994년 르완다 내전에서 패한 후투족은 국경을 넘어 자이르(옛 DR콩고)에서 반군 활동을 하고 있었다. 르완다 정부는 군대를 파견하여 이들을 소탕하려 했고, 그 과정에서 당시 자이르의 반군 지도자인 카빌라와 손을 잡았다. 르완다와 카빌라 반군의 연합 공격으로 모부투 대통령은 도망을 쳤고, 결국 카빌라는 1997년 스스로를 대통령으로 선포하고 국명을 자이르에서 DR콩고로 바꾼다.

그러나 외세에 힘입어 창출된 정권에는 한계가 있었고, 카빌라 대통령은 집권 1년 만에 르완다에 대한 태도를 바꾸었다. 르완다군이 DR콩고 전역에서 후투족을 토벌하는 것을 금지했고, 24시간 이내 철수할 것을 명령한 것이다. 카빌라 정권 창출을 도왔던 르완다는 배신감을 느꼈고 이를 거부했다. 두 정부군은 이제 적이 된 것이다. 르완다는 우간다, 부룬디와 함께 카빌라를 쫓아내기 위해 장 피에르 벰바Jean-Pierre Bemba가 이끌던 콩고해방운동MLC 반군을 지원하여 내전을 본격화시켰다.

궁지에 몰린 카빌라는 천신만고 끝에 원군을 얻는다. 앙골라 군대가 벰바 반군을 물리친 것이다. 앙골라의 개입 역시 자국 반군 세력과 관계가 있다. 앙골라독립국민연합UNITA이 DR콩고에 은신하면서

DR콩고 내전과 주변국들

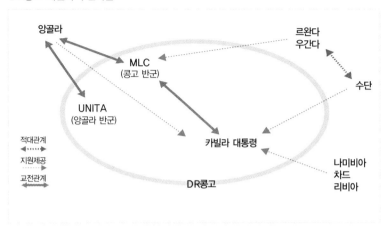

틈틈이 앙골라 마을을 습격하고 주민들을 납치해 갔기 때문이다. 앙
골라는 과거 자이르의 모부투 대통령이 UNITA를 지원해온 것에 불
만을 품고 있었지만, 이제 카빌라 정권이 UNITA를 토벌해주리라는
기대를 갖고 원군을 보냈다. 반군으로 몸살을 앓는 두 정부 간에 동
병상련의 정이 통한 것이다.

한편 나미비아, 차드, 리비아, 수단도 카빌라 편에 서서 군대와 물
자를 지원했는데, 그 동기는 각각 다르다. 나미비아는 대통령 개인의
경제적 이익 때문에, 차드는 프랑스의 요청으로, 리비아는 국제적 고
립을 벗어나기 위해 카빌라를 도왔다. 수단은 동북부 지역에서 은밀
하게 군사 행동을 감행하면서 우간다군을 괴롭혔다. 우간다와의 사
이가 나빴기 때문이다.

이처럼 DR콩고에서는 주변의 각종 '나쁜 이웃들'이 몰려들어 집
안싸움을 부추기거나 거들었다. 아프리카의 내전은 그 전염성이 강

해서 종종 인근 국가에까지 영향을 미치는데, 여기에는 다양한 동기들이 있다. 우선 옆 나라에서 같은 부족 출신의 형제가 박해받는 사실이 알려지면 이에 대한 보복 심리가 발동한다. 이는 재일 동포들이 일본에서 차별 대우를 받을 때 한국에서 반일 감정이 일어나는 것과 유사하지만, 아프리카에서는 훨씬 더 폭력적인 양상을 띤다. 우간다, 르완다, 부룬디처럼 후투족과 투치족이 뒤섞인 곳에서 일어난 불미스러운 부족 갈등은 옆 나라 부족에게 예민한 반응을 불러일으킨다.

부족과 관련 없이 불순한 정치적 의도를 가지고 옆 나라 반군을 돕는 경우도 있다. 수단 정부가 그간 조셉 코니Joshep Kony가 주도하는 신의저항군LRA, Lord's Resistance Army에게 자금과 무기, 은신처를 제공했다는 것은 공공연한 비밀이다. 수단은 난민의 대우와 교환 문제로 우간다와 외교 관계를 단절할 정도로 사이가 나빴고, 내부적으로는 남수단 지역의 분리 독립운동으로 골머리를 썩고 있었다. LRA는 여러모로 수단에게 활용 가치가 높았다. 그들은 우간다 정부뿐만 아니라 남수단 분리 세력을 괴롭히기 안성맞춤인 존재였는데, 한마디로 수단은 LRA를 용병으로 고용한 것이다. LRA 지도자 코니는 현재 남수단, DR 콩고, 우간다에서 집단 학살, 납치, 강간, 소년병 사용의 혐의로 국제 형사사법재판소에 기소된 상태이고, 수단의 알 바시르 대통령도 역시 다르푸르 사태의 전쟁 범죄 혐의로 체포 영장이 발부된 상태다.

리비아의 가다피 역시 사하라 이남 아프리카의 내전에 개입했다. 겉으로는 아프리카의 단합을 주장하고 아프리카합중국의 건설을 내세우지만, 그의 실체는 아프리카를 분열시키고 갈등을 조장하는 주범이었다. 가다피는 간접적으로 이슬람 혁명 군사 학교를 통해 라이베리아, 시에라리온, 부르키나파소의 게릴라 지도자와 독재자들을 교육시켰고, 실제로 이들의 반군 활동을 도왔다. 아프리카에서 아랍권의 확대를 위해 수단 정부를 돕는가 하면, 리비아의 영토 확장을 위해 인근 지역 내전에 개입하기도 했다. 리비아는 차드 북부 지역의 영유권을 주장해왔는데, 이러한 이유로 차드 내전이 발생했을 때 리비아와 가장 혈연적, 문화적 유대 관계가 깊은 아랍계 아킬<sup>Ahmat Acyl</sup>을 지원했다.

나쁜 이웃들 중에는 미국과 구소련도 포함된다. 그들은 냉전시대에 이념을 기준으로 아프리카에서 일어났던 거의 모든 내전에 무기와 자금을 공급했다. 소말리아는 미·소 양대 강국 사이에서 줄타기를 잘못한 경우다. 소련은 사회주의 정책을 폈던 모하메드 사이드 바레<sup>Mohamed Siad Barre</sup> 대통령을 지원했지만, 1977년 소말리아가 오가덴 지역 영토 문제로 에티오피아를 침공하자 등을 돌렸다. 역시 같은 사회주의 국가인 에티오피아 편을 든 것이다.

결국 소련, 쿠바, 북한의 지원을 얻은 에티오피아군은 압도적인 힘으로 소말리아군을 몰아냈다. 전쟁에서 패배한 바레는 사회주의 진영 뿐만 아니라 국내적으로도 입지가 불안해지자 이제 새로운 구원자, 미국에게 도움을 요청했다.

미국 정부는 공산주의자이며 독재자인 바레를 지원하는 것을 탐탁지 않게 여겼으나, 걸프 만을 감싸고 있는 소말리아의 지정학적 가치를 높게 평가하고는 그를 도왔다. 각종 무기를 공급하는 한편 소말리아 정부군 장교를 미국으로 초청해서 고급 군사 교육도 시켰다. 소말리아가 아프리카 동쪽 공산주의의 확장을 막는 보루가 되어주길 바랐던 것이다.

그러나 불행하게도 그 결과는 참담했다. 바레 정권은 미국으로부터 받은 무기로 자신에게 반대하는 세력들과 그들의 출신 지역 주민들을 가혹하게 학살하고 불구자로 만들었다. 그가 21년간의 통치 기간 동안 마지막 10년을 버틸 수 있었던 것은 바로 미국의 도움 때문이었다.

그러나 바레의 가혹한 통치로 소말리아 반군들은 단결하게 되고, 역시나 나쁜 이웃인 에티오피아가 보내준 무기로 맞섰다. 결국 1991년 반군 연합이 승리를 거뒀고 바레는 이웃 케냐로 달아났다. 그런데 문제는 여기서부터 다시 시작된다. 무장 투쟁을 해왔던 반군들의 연합이 깨진 것이다. 독재자를 쫓아내고 난 후, 각 부족의 군벌 지도자들은 정권을 잡기 위해 어제의 동지들에게 총구를 돌렸다.

이렇게 시작된 소말리아 내전은 오늘날까지 이어지고 있으며, 소말리아는 오늘날 세계에서 가장 병들고 골치 아픈 국가로 남아 있다. 일부는 미국이 애초에 700만 달러 상당의 무기를 바레 정권에게 주지 않았더라면 반군들도 에티오피아로부터 무기를 얻지 않았을 것이고, 내전도 일어나지 않았을 것이라고 주장하기도 한다. 그러나 굳이 반박하자면, 미국이 아니더라도 다른 나쁜 이웃이 나타나 바레를 도왔을 것이다.


## 검은 폭력, 흰색 뿌리

아프리카에 존재하는 2,000개 이상의 부족들은 평

화로운 시기에는 문화적 다원성의 원천이 되지만, 내전이 일어나면 서로에게 총칼을 겨누는 호전성을 띤다. 르완다, 우간다, 수단, 나이지리아, 소말리아, 부룬디, DR콩고에서의 내전은 그 피해가 클 뿐만 아니라 극도로 잔인했는데, 이는 부족 간의 증오와 혐오가 극에 달했기 때문이다.

이에 대해 아프리카주의자들은 '검은 폭력, 흰색 뿌리Black violence, White roots'라 표현하면서 유럽의 책임을 묻는다. 유럽은 부족의 정체성이나 분포 지역을 고려하지 않은 채 마음대로 아프리카의 국경선을 그었고, 이로 인해 아프리카 부족들은 원칙도 없이 하나의 국민으로 묶여버리거나, 멀쩡한 단일 부족이 갈라졌다. 유럽은 통치의 편의와 효율성을 위해 식민지를 부족 단위 행정 구역으로 나누어 소통을 막거나 경쟁을 유발했다. 이 과정에서 국민적 소속감이나 정체성은 싹틀 리가 없었고, 도리어 특혜 받는 부족에 대한 박탈감만이 조성되었다. 케냐와 나이지리아, 그리고 르완다에서 영국과 벨기에는 그 전형적인 모습을 보였고, 이는 훗날 종족 분쟁의 씨앗이 되었다.

그러나 이것이 분쟁의 씨앗을 심었다고 해도 그것은 과거의 일이다. 분쟁의 배경일 뿐이며, 직접적 원인은 아니다. 보다 큰 책임은 이기적이고 호전적인 아프리카 지도자들에게 있다. 내전을 일으킨 이들은 국가와 정부를 '우리 국민 모두의 것'으로 여기지 않는다. 대신 '나와 나의 추종자들'이 소유할 수 있는 것으로 생각하고, 투쟁에서 승리하기 위해 부족의 정체성을 조작한다. 유럽 제국주의가 남긴 유산을 아프리카 지도자들이 이용하는 것이다.

훌륭한 지도자는 '최대한 많은 국민'을 자기편으로 끌어들일 줄

아는 사람이다. 그러나 아프리카 지도자들은 정권을 차지하고 또 이를 유지하는데 '필요한 만큼'만을 국민으로 인정해왔다. 이러한 삼류 편 가르기 정치가 사라지지 않는 한, 아프리카의 평화는 요원할 것이다.

## 03

# 블러드 다이아몬드와
# 전쟁의 제왕

## 상식을 뒤엎는 아프리카 내전

상식적으로 아프리카에서 내전이 장기화되는 것은 불가능하다. 우선 대부분 아프리카 국가들은 소총과 같은 재래식 무기조차 만들 능력이 없다. 아프리카에서 무기 생산 능력이 있는 나라는 남아공과 이집트 정도인데, 그나마도 생산 규모가 작고 질도 낮아 잘 사용되지 않는다. 사정이 이렇다 보니 아프리카의 교전 당사자들은 다른 대륙으로부터 무기를 수입해야 하는데, 이마저도 쉽지 않다. 유엔이 인종 학살, 인권 유린 등의 범죄를 저지르는 정부와 무장 단체를 제재하기 때문이다.

예를 들어 유엔 안전보장이사회는 2004년 이후 수단 다르푸르 지역 이슬람 무장 단체 잔자위드Janjaweed에 대한 무기 수출을 금지해오고 있다. 이 단체가 다르푸르 지역에서 인종청소, 집단 강간 등의 범죄를 저지르고 있다고 판단한 유엔은 모든 회원국들로 하여금 잔자위드에게 직간접적으로 무기를 수출하는 행위를 금지했던 것이다.

현재 유엔은 10개 국가와 1개 단체—알카에다와 탈레반—에 대한 무기 거래를 금지하고, 이에 상응하는 조치를 유엔 회원국들에게 촉구하고 있다. 예를 들어 한국의 자동차 회사는 이들 나라에 무기 또는 군용 트럭을 수출할 수 없다. 미국은 담배, 와인, 가죽 제품, 카펫, 요트, 시계, 고급 승용차 등 사치품의 대<sup>對</sup>북한 수출을 금지했는데, 이 역시 2009년 유엔 안보리 결의에 따른 것이다.

1990년대 내전으로 한 차례 홍역을 치렀던 아프리카 대륙은 지금은 잠잠해졌지만, 그럼에도 오늘날까지도 수단, 소말리아, DR콩고, 중앙아프리카공화국, 차드, 코트디부아르, 나이지리아, 케냐 등지에서는 크고 작은 무력 충돌이 일어나고 있다. 이 중에서 수단, 소말리아, 코트디부아르, DR콩고는 유엔에 의해 무기 반입이 금지된 곳이다. 그럼에도 불구하고 도대체 어떻게 기나긴 내전을 치를 수가 있을까.

## 악명 높은
## 무기 거래상들

이러한 의문에 답을 해주는 영화가 있다. 니콜라스 케이지 주연의 〈로드 오브 워<sup>Lord of War</sup>〉(2005)와 레오나르도 디카프리오 주연의 〈블러드 다이아몬드〉(2006)는 모두 1990년대 시에라리온 내전을 다루고 있으며, 어떠한 경로로, 누가, 무슨 돈으로 불법 무기를 반군에게 전달하는지를 잘 묘사하고 있다.

두 편 모두 실존했던 독재자와 악명 높은 무기 거래상들의 이야기를 잘 조합하였기에 영화라기보다는 한 편의 다큐멘터리 같은 느낌을 준다. 잠시 시에라리온 내전의 실제 배경과 영화 속의 장면들을 관련지어 보기로 하자.

라이베리아의 독재자 찰스 테일러는 1980년대 사무엘 도<sup>Samuel Doe</sup> 대통령 시절 중앙관료였으나, 횡령 혐의를 받게 되자 미국으로 도망친다. 그러나 매사추세츠에서 체포되어 수감되었는데, 놀랍게도 그는 감옥을 탈출해서 리비아로 건너간다(물론 미국이 그를 몰래 풀어주었다는 소문도 있다). 리비아 혁명 군사 학교에서 교육을 받은 테일러는 그곳에서 가다피 뿐만 아니라, 장차 코트디부아르, 부르키나파소의 독재자가 될 '인재들', 그리고 시에라리온 게릴라 지도자와 교분을 쌓았다.

가다피의 혁명 교육을 '이수'한 테일러—사실 그는 침례교 신자였다!—는 리비아와 코트디부아르의 지원을 받아 1989년 라이베리아애국전선<sup>NPFL</sup>을 조직하고 사무엘 도 대통령을 몰아내기 위한 내전에 돌입했다.

1990년 반란군은 도 대통령을 붙잡아 살해했지만, 그 후 내부 분열이 시작된다. 라이베리아 전역은 부족 전쟁, 그리고 다이아몬드와 목재 등 자원을 탈취하기 위한 내전이 벌어지기 시작했고, 테일러는 무자비한 방법으로 반대파와 부족들을 처단했다. 결국 테일러는 1997년에 75퍼센트라는 높은 지지로 대통령에 당선되었는데, 국민들은 그가 낙선하면 또다시 내전이 일어난다는 불안 때문에 표를 던졌다고 한다.

한편 1991년 이웃 국가 시에라리온에서는 가다피의 지원을 받은 혁명연합전선[RUF]이 내전을 일으켜 정부 전복을 기도했는데, 내전 기간 내내 라이베리아의 테일러로부터 무기를 지원받았다. 그 대가로 지불한 것이 바로 다이아몬드였다.

영화 〈블러드 다이아몬드〉에는 RUF 반군 세력이 선량한 시에라리온 청년들에게 강제로 다이아몬드를 캐게 하는 장면이 나오고, 〈로드 오브 워〉에서는 무기 거래상 유리 올로프(니콜라스 케이지 분)가 찰스 테일러의 도움으로 시에라리온으로 건너가 불법 무기 거래를 하는 장면이 나온다.

이러한 영화 속 장면은 너무나도 사실적이어서 마치 유엔의 보고서 또는 재판 기록을 옮긴 것이 아닌가라는 느낌마저 든다. 우선 영화 속의 유리 올로프는 실존했던 무기 거래상 빅토르 보우트[Viktor Bout], 쿠벤호벤[Gus Kouwenhoven], 그리고 오살리[Samih Ossaily]의 이야기를 사실적으로 조합해서 만들어낸 인물이다. 냉전 붕괴로 쓸모없게 된 동구권의 무기들을 아프리카로 수출하는 과정에서 서류를 조작하고 뇌물을 준다거나, 수송선의 국적을 세탁하는 장면, 화물의 최종 수신인을 조작하는 장면 역시 재판 기록을 근거로 한 것이다.

유엔은 1992년부터 라이베리아에 대한 무기 수출을 금지했고, 이로 인해 테일러는 불법 무기 거래상에 의존하게 된다. 그러나 시에라리온의 다이아몬드가 테일러의 무기 구입 자금으로 활용된다는 사실에 주목한 유엔은 2001년에야 라이베리아 다이아몬드에 대한 금수 조치를 내렸다. 영리한 테일러는 이제 목재를 떨이로 팔아가면서 무기를 사 모았고, 이로 인해 라이베리아의 삼림은 가차 없이 베어지게 되었다. 이를 포착한 유엔은 2년 뒤에야 라이베리아 목재에 대해서도 교역 금지를 결정하게 된다.

10년 전 아프리카 독재자들이나 게릴라들은 대개 이러한 방식으로 무기를 구했고, 장기간의 내전을 치를 수가 있었다. 신이 내린 선물, 즉 천연자원과 맞바꾼 무기로 같은 아프리카인들을 잔인하게 학살한 것이다.

그리고 이곳에는 어김없이 전쟁을 부채질하는 '전쟁의 제왕'들이 있었다. 영화 속에서 찰스 테일러는 유리 올로프의 탁월한 상술에 감탄하면서 그를 '전쟁의 제왕'이라 칭한다. 무기 거래상 유리 올로프는 '전 세계에 팔린 총은 모두 5,500만 정……. 인구 12명당 1명만이 총을 가지고 있으니, 이게 문제군요. 나머지 11명은 어떡하란 말입니까?'라고 말한다. 아프리카든 서아시아든 전쟁이 있는 곳에는 자신과 같은 무기 거래상이 있을 수밖에 없음을 냉소적으로 드러내고 있는 것이다.


## 미필적 고의와
## 살인 교사죄

이 모든 일은 1990년대에 일어난 것이지만, 지금이라고 해서 달라진 것은 별로 없다. 그렇지 않고서는 수단의 다르푸르인, 그리고 소말리아인들이 어떻게 그토록 오랜 시간 동안 내전을 치를 수가 있겠는가. 다만 오늘날 아프리카인들이 사용하고 있는 무기는 합법적으로 수출된 무기들이 불법적인 경로로 교전 당사자에게 전달된다는 점, 그리고 과거 구 동구권이 아닌 중국과 러시아 무기가 유통된다는 점이 다를 뿐, 자원을 팔아 무기를 구매하는 방식은 달라진 것이 없다.

그중 큰 우려를 자아내는 것은 중국산 무기다. 중국산 무기들이 아프리카에 본격 도입된 것은 2000년대 초반부터로, 그 규모는 오늘날 아프리카에서 사용되는 재래식 무기의 5분의 1에도 못 미치지만, 문제는 그것들이 아프리카에서도 가장 잔혹한 전쟁터, 그리고 석유와 광물이 풍부한 국가들의 분쟁 지역에서 사용된다는 것이다.

우선 게릴라들의 전설이며 구소련과 모잠비크의 지폐에도 그려진 칼라시니코바 Avtomat Kalashnikova 소총(AK-47소총)은 이미 중국산이 아프리카 시장을 점령한 상태다. 이 총은 아프리카의 정부군뿐만 아니라, 콩고의 반란군, 우간다, 르완다, 부룬디, 차드에서도 발견되었으며, 특히 유엔의 제재를 받고 있는 수단 다르푸르 지역의 잔자위드도 사용하고 있다는 제보가 있었다. 2010년 유엔 감시단은 잔자위드가 쏜 중국산 총알에 의해 유엔 평화유지군이 피격을 당했다고 주장하면서, 이를 연례 보고서에 담으려 했지만 중국의 반대로 무산되고 말았다.

유엔은 2004년 잔자위드에 대한 무기 공급 행위를 금지했지만, 별 실효를 거두지 못하자 2005년에는 아예 수단 정부를 포함, 수단 지역 전체로의 무기 수출마저 금지하려고 했다. 수단 정부가 사실상 기독교계 흑인을 학살하는 잔자위드에게 무기를 공급하고 있다는 의혹이 제기되었기 때문이다. 그러나 중국과 러시아가 이에 강력하게 반발했고, 그래서 유엔 안보리는 '다르푸르 지역의 군사적 행동과 관련된 무기 수출 금지'로 결의안을 바꾸게 된다. 쉽게 말해 수단 정부에게 무기를 파는 것은 일단 합법이지만, 수단 정부가 그 무기를 가지고 다르푸르의 기독교계 흑인을 학살하면 불법이라는 것이다. 살인 혐의가 있는 용의자—수단 정부는 당시 다르푸르 인종청소를 배후에서 지원했다는 의혹을 사고 있었다—에게 칼을 쥐어주면서, 부디 사람은 죽이지 말라고 애원하는 것과 무엇이 다른가.

수단이 유엔의 금수 조치를 받는 동안 중국의 무기 수출은 무려 20배 넘게 증가했는데, 물론 이는 모두 합법적인 것이며, 적어도 중국에게는 책임을 물을 수가 없다. 수단 정부가 수입한 중국제 무기로 다르푸르인을 학살하는 데 쓴다면, 그것은 수단 정부의 책임이지 중국의 책임이 아니기 때문이다. 형법은 미필적 고의로 일어난 범죄, 그리고 흉기를 쥐어주면서 살인을 교사한 죄도 처벌을 하는데, 유엔 안보리 결의는 이 두 가지 죄를 모두 사하여준 것이다.

우려했던 대로 수단 정부가 수입한 무기는 다르푸르 교전 지역으로 흘러들어갔다. 유엔 감시단 보고서는, 수단 정규군 일부가 잔자위드군으로 위장 편입되었는가 하면, 심지어 수단 폭격기를 하얀색 페인트로 칠해 마치 유엔군 비행기인 것처럼 위장한 다음 다르푸르를 폭격했다는 의혹을 제기했다. 물론 수단 정부는 이를 완강히 부인했다.

수단뿐만이 아니다. 짐바브웨의 무가베 대통령은 가혹한 통치와 인권 탄압으로 국제적 고립 상태에 빠졌는데, 2005년 그는 동방정책을 표방하면서 중국에 접근하기 시작했다. 그 이후 3년간 중국은 제트기와 장갑차, 탱크, 시위 진압용 전차를 포함 2억 4,000만 달러 상당의 무기를 팔고, 또 공장도 지어주었다. 국제 사회가 30년간의 학대로 고통받는 짐바브웨 국민들을 위해 무가베 대통령의 목을 죄는

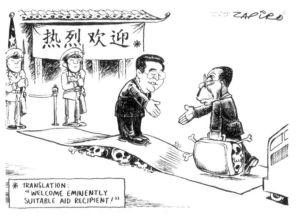

상황에서 중국은 그에게 무기를 판매한 것이다. 그 무기로 무가베 대통령은 정치 생명이 연장되었다.

에티오피아와 에리트레아가 서로 전쟁을 하던 순간에도 중국은 10억 달러 어치의 무기를 두 나라에게 팔았고, 르완다 내전에서도 마찬가지였다. 영화 〈호텔 르완다<sup>Hotel Rwanda</sup>〉(2004)에서는 중국제 칼이 나오는데, 이 칼들은 투치족의 목과 손목을 베기 위해 후투 정부가 대량 주문한 것이다. DR콩고의 카빌라, 그리고 라이베리아의 테일러 역시 중국제 무기를 이용했다. 특히 중국은 유엔의 제재를 피해 목재를 수입하고 테일러에게 무기를 수출했다는 의혹을 받았다.

그런데 문제는 이 모든 것들이 유엔의 제재를 모두 교묘히 비켜간 합법적인 수출이었다는 것이다. 중국의 무기를 일차적으로 수입한 곳은 산유국 또는 광물 자원이 풍부한 자원 부국이었고, 공교롭게도 그들은 대부분 내전을 치르고 있었다. 앙골라, 수단, 콩고는 중국이 소비하는 원유의 25퍼센트를 공급하는데, 이들 모두 중국제 경전차와 폭격기를 쓰고 있다. 촉망받는 산유국인 적도기니 역시 중국식 군사 훈련을 받았다.

유엔의 제재 조치에 대해 일부에서는 그것들이 꽤 실효성이 있었다고 평가한다. 예를 들어 시에라리온과 라이베리아의 다이아몬드 금수 조치 이후 테일러와 RUF 간에 다이아몬드-무기 거래가 줄어들었고, 이로 인해 RUF가 반군 단체에서 정당으로 변모하게 되었다고 분석한다. 그리고 유엔의 제재 이후 테일러는 자금난에 허덕이게 되고, 그래서 그토록 사고 싶었던 소련제 공격용 헬기를 끝내 타보지 못했다고 한다.

그러나 유엔의 제재는 아무래도 허점이 많다. 아프리카의 내전을 들여다보면 대개 인근 국가들로부터의 후원이 있기 마련이었는데, 이를테면 콩고 내전 당시 은게소 대통령은 인근의 앙골라, 차드로부터 무기를 지원받았다. 짐바브웨 역시 DR콩고에 경화기와 병력을 지원하는 대신 광물 개발권을 넘겨받은 것으로 추측된다. 이러한 아프리카 내부 간의 거래는 사실상 적발하기 힘들다.

2010년 10월 이란을 출발한 컨테이너선船이 나이지리아 라고스 항에 정박했는데, 어떻게 알았는지 나이지리아 경찰이 이 배를 덮쳤다. 압수된 12개의 컨테이너에는 유엔의 제재 중에 있는 이란제 로켓포와 수류탄으로 가득 차 있었는데, 언론들은 이 물건들이 감비아 대통령이 주문했던 것으로 추측하고 있다. 선박이 곧장 감비아 반줄 항으로 가지 않고 라고스에 정박한 것도 감시를 피하기 위해서였지만, 미 CIA는 이 배가 걸프 만에서 출항하던 때부터 끈질기게 감시했고, 그 정보를 나이지리아 경찰에게 제공했던 것이다. 이 정도의 정보력이 없다면 실제로 아프리카 내부에서 일어나는 무기 거래를 포착하는 것은 거의 불가능하다.

그런데 정말로 가슴을 먹먹하게 만드는 것은, 아프리카 국가들이 무기를 사는 메커니즘이다. 많은 아프리카 산유국들이 오일 머니의 상당 부분을 세탁하여 무기 구매에 사용하고 있고, 아예 자원과 무기를 현물 거래 방식으로 교환하는 경우도 있다. 내전 중에 다급해진 정부들은 아예 광산 또는 국영 기업을 통째로 넘겨주면서 무기와 병력을 얻기도 했다. 그런 식으로 얻은 총알들은 다시 아프리카인들의 피와 죽음을 부른다.

이 모든 것이 200~300년 전 유럽인들이 아프리카에 와서 했던 짓과 너무나 유사하다. 과거 아프리카 왕들은 유럽인들에게 노예로 잡아다 바쳤고, 그 대가로 권총과 칼을 얻었다. 이것이 오늘날 석유나 광물, 삼림을 팔아넘기면서 AK-47 소총과 지뢰, 공격용 헬리콥터를 사는 것과 무엇이 다르단 말인가. 남들이 쥐어주는 무기로 아프리카인들 서로가 죽고 죽이는 운명을 언제쯤 끊어버릴 수 있을까. 그리고 피와 죽음을 부르는 '전쟁의 제왕'들은 언제쯤이나 사라질 것인가.

영화 〈블러드 다이아몬드〉의 마지막 부분은 무기 구입용 다이아몬드의 불법 유통 규제, 즉 킴벌리 프로세스Kimberly Process를 다루고 있다. 국제 사회의 비난 여론이 빗발치자 다이아몬드 다국적 기업들은 2000년 남아공 킴벌리에 모여 분쟁 지역에서 생산된 다이아몬드가 국제 시장에서 유통되는 것을 막기 위해 원산지 추적 제도를 도입한 것이다.

2003년부터 실시된 킴벌리 프로세스는 현재 75개국이 참여하고 있으며, 다이아몬드 원석의 수출 통계를 공개하고, 분쟁에 활용되거나, 인권에 반하는 수단으로 생산되는 다이아몬드 거래를 규제하고 있다. 이 제도가 실시된 이후 10년 가까이 지난 오늘날, 그 실효성에 대한 평가는 엇갈리는데, 가장 최근에 논란이 된 사건 하나만을 소개해보기로 하자.

킴벌리 프로세스는 그간 짐바브웨에서 생산된 다이아몬드의 국제 거래를 금지시켰다. 무가베 정부가 2008년 군대를 파견하여 마랑게Marange 광산을 직접 '경영'했는데, 광부들에게 가혹한 노동을 강요하는가 하면, 어린아이까지 동원해서 다이아몬드를 캐게 했던 것이다. 그 과정에서 200여 명이 사망하고 광부의 부인과 딸들이 집단 강간당했다는 인권 보고서까지 제출되었다.

그런데 2년 만에 이 금수 조치가 해제되었다. 2011년 6월 콩고 킨샤사에서 개최된 킴벌리 프로세스 연례 회의에서 아프리카 국가들, 중국, 인도는 금수 조치의 해제를 강력하게 요청했다. 아프리카 국가들은 광부들의 생존권을 주장하는 한편 서구 중심의 노동 기준과 인권의 잣대를 거부했다. 세계 최대의 보석 가공 국가인 인도는 다이아몬드 원석의 공급 감소로 애를 먹어왔으며, 중국은 언제나 그렇듯이 아프리카 문제에 관한 한 아프리카의 편이었다. 콩고의 얌바Mathieu Yamba 의장이 일방적으로 금수 해제를 결정한 순간, 이에 격분한 인권 단체와 선진국 대표들은 회의장을 박차고 나가버렸다. 선진국들은 여전히 짐바브웨의 다이아몬드를 '블러드 다이아몬드'로 규정하여 불법 거래를 막아야 한다고 주장하고 있으나, 분명 킴벌리 프로세스는 출범 이후 최대의 위기에 봉착해 있다.

# 수상한
# 아프리카 국경선

## 베를린의 저주와
## 신의 복수

〈이코노미스트 Economists〉는 꽤 읽을 만한 잡지지만 아프리카에 대한 기사들은 언제나 뭔가 부족하다는 느낌을 준다. 오늘날 일어나고 있는 아프리카 대륙의 문제를 고발하긴 하지만, 그 역사적 연원을 따지려하지는 않는다. 잡지명 자체가 그러하듯 '과거가 무슨 상관인가요. 당신은 비즈니스맨이잖아요'라고 말하는 것 같다.

반면 아프리카인들이 발간하는 언론들은 다르다. 아프리카 대륙의 종족 분쟁, 민간인 학살, 내전과 같은 참상을 다루는 기사의 마지막 부분에는 항상 그 역사적 배경이 기술되곤 한다. 이를 통해 과거 유럽의 부도덕적이고 이기적인 식민 통치가 오늘날 비극의 씨앗이 되었음을 알리는 것이다.

그러한 씨앗들 중에서 가장 흔하게 거론되는 것은 아프리카의 국경선이다. 아프리카는 독립 이후 모로코-알제리, 가나-토고, 리비아-차드, 부르키나파소-말리, 소말리아-에티오피아, 나이지리아-카메룬 영토 분쟁이 있었고, 국내적으로도 무수한 종족 분규로 홍역을 앓았다. 그 결과 아프리카의 국경선들이 과연 국민적 정체성을 제대로 반영한 것인지 의혹이 증폭되었는데, 대개 그 대답은 'NO'였다. 말 그대로 유럽 열강은 단지 정치적 이해와 경제적 계산에 따라 자의적으로 국경선을 그었을 뿐이다.

아프리카의 이상한 국경선은 역사적으로 제국주의 시대의 서막을 알린 베를린회의(1884~1885)에 근원을 두고 있다. 독일 재상 오토 비스마르크Otto Von Bismark가 주재했던 베를린회의에서 유럽 열강들은 아프리카 식민 통치를 합리화하면서 그 원칙을 정했고, 열강들은 이를 기반으로 아프리카 쟁탈전에 뛰어들었다. 이들은 서로의 영역이 충돌하는 아프리카 지역에서 그 경계를 임의로 그었다. 그러니 아프리카에게 베를린은 그리 달가운 곳이 아니었고, 아프리카주의자들은 이상한 국경선으로 인해 야기되는 불행과 비극을 '베를린의 저주'라고 표현했다.

그로부터 76년 후 독일은 제2차 세계대전의 패전국으로 전락해버렸다. 세계는 동서 냉전의 시대로 접어들어 그 여파로 독일과 베를린은 분단의 아픔을 겪었는데, 아프리카주의자들이 그냥 넘길 리 없었다. 그들은 이를 두고 '신의 저주'라고 이름지어가면서 76년 전 '아프리카 분단'에 대한 한풀이를 했다.

일부 아프리카주의자들은 '제2차 베를린회의' 개최를 주장했다. 유럽인들이 마음대로 그은 영토 경계를 허물고 다시 그어야 한다는 게 그 이유다. 이상주의적 성향의 지식인들은 보다 큰 그림을 그리기도 했다. 아프리카 지도자들이 권력욕을 버리고 가나 초대 대통령이자 범아프리카주의의 선구자였던 은크루마를 좇아 통합 아프리카의 지도를 그릴 것을 제안했다.


## 이상한 국경선으로
## 만들어진 국가들

아프리카의 역사를 잘 모르는 사람들에게도 아프리카의 국경선은 참으로 독특하게 느껴질 것이다. 우선 직선으로 그어진 경계가 많다. 이런 것들이 산과 강을 이용한 자연적 경계로 보이지는 않는다. 모리타니, 말리, 니제르, 차드, 수단의 북쪽 국경은 크고 반듯한 'W'자를 연상시킨다. 그런가 하면 나미비아, 보츠와나, 짐바브웨, 앙골라 간의 국경은 두부를 칼로 반듯하게 두 번 썰어놓은 듯한 십자가 형상이다. 특히 나미비아와 보츠와나는 아예 동경 20도선을 경계로 나눠진다.

반면, 세네갈 이남부터 가봉까지의 아프리카 서해안은 수많은 국가들이 밀집해 있는 데다가 국경선도 매우 복잡하다. 세네갈 지도는 대서양을 향해 입을 벌리고 있는 사람 얼굴처럼 생겼으며, 그 벌려진 입 안은 감비아라는 길고 조그마한 나라로 채워져 있다. 기니와 기니비사오, 적도기니 세 나라 모두 서아프리카에 위치하고 있는데, 일반인들은 세 나라를 지도 상에서 구분한다는 게 쉽지가 않다. 인접해 있는 토고와 베냉은 쌍둥이처럼 마치 두부를 썰어놓은 듯한 직사각

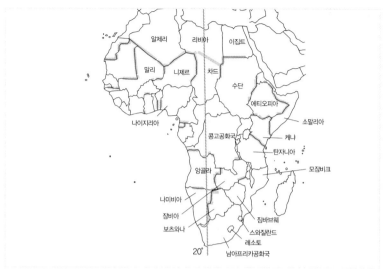

아프리카의 이상한 국경선. 굵은 선은 직선으로 그어진 국경선을 의미.

형인데, 왜 따로 독립했는지 지도만 보아서는 알 수가 없다.

대륙 동쪽의 소말리아는 ' 〉'처럼 생겼는데, 이는 에티오피아가 소말리아 중앙 지역을 사과 베어 먹듯 갉아먹은 모양새다. 실제로 1970년대 에티오피아와 소말리아 간의 영토 분쟁이 있었던 사실을 알고 나면 소말리아 지도가 더욱 애처로워 보일 것이다. 한편 레소토와 스와질란드는 인내심을 갖지 않으면 지도에서 찾기 힘든 나라들이다. 남아공에 둘러싸인 이 소규모 내륙 국가들은 우선 어떤 사연이 있기에 고집스럽게 조그마한 독립 국가로 남기를 원했는지 궁금하게 만든다.

아프리카 땅의 선 긋기와 관련된 대부분의 사연들은 과거 유럽의 아프리카 식민 지배와 관련이 있고, 실제로 아프리카인들 스스로가 그은 경계는 모든 국경의 10분의 1 정도에 지나지 않는다. 이러한 이유로 많은 아프리카 국가들은 유럽인들의 이해관계에 의해 자의적으로 '만들어진 국가artificial state'이며, 여느 국가들보다 정치적으로든 경제적으로든 불리한 여건을 가지고 태어났다는 주장도 제기된다.

이러한 주장이 꽤 그럴 듯한 이유는, 우선 아프리카에는 인구 1,000만 명도 못 되는 나라가 26개나 되기 때문이다. 감비아, 레소토, 스와질란드 등 15개 국가의 인구는 300만 명이 못 된다. 일반인들은 이집트, 남아공, 리비아처럼 꽤 알려진 나라 외의 아프리카 국가들의 위치를 알지 못하는데, 이는 어쩌면 당연하다. 아래 지도는 26개 아프리카 군소 국가들의 분포를 나타낸 것이다. 이들 국가들은 주로 아프리카 서부 해안을 따라 밀집해 있는데, 이 분포도는 유럽 열강들의 아프리카 서부 해안 쟁탈전이 얼마나 치열했는지를 말해준다.

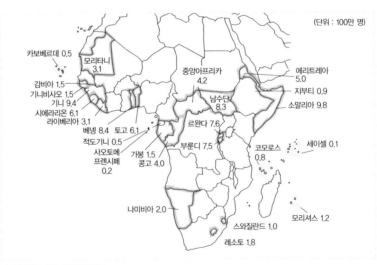

● 아프리카 군소 국가와 인구

이렇게 작은 단위로 분리된 국가들이 과연 정치, 경제적으로 자립할 수 있을까? 우선 인구가 작아 군사력도 약할 것이고, 그만큼 외부의 압력에 취약할 것이다. 하물며 경제적으로도 어려울 수밖에 없다. 영토가 협소하고 인구도 부족하니 중앙정부가 취할 수 있는 세수나 재원도 빈약하다. 산업과 내수시장을 일으키고 싶어도 가진 것이 없고 시장도 작아 규모의 경제를 실현하기 어렵다. 고집스럽게 독립을 주장하기보다 주변 지역과 함께 더 큰 나라를 형성하는 편이 나아보일 수밖에 없다.

그러나 현실은 그렇지 않다. 아프리카는 그 어떤 대륙보다 권력은 부강하고 국민들은 굶주린다. 가난한 국민들의 불만을 물리적으로 억제하기 위해서라도 잔인한 권력에 의존하기 때문이다. 실제로 아프리카의 소형국가들은 경제적으로 극빈국이며, 정치적으로도 무능한 독재자들의 철권 통치가 판치는 곳이다. 국가는 권력자를 위한 도구일 뿐, 국민에 대한 봉사 개념은 없다. 악명 높은 독재자가 탄생하고, 또 이를 무너뜨리기 위한 정변과 유혈 사태가 빈번한 것도 다 그런 이유다.


## 갈라놓기와 뒤섞기

그러나 아프리카 국경선에 관한 가장 심각한 우려는, 그것들이 아프리카인들의 국민적 소속감과 무관하게 그어졌다는 것이다. 가나의 은크루마 대통령은 '유럽인들은 아프리카와 아프리카인들을 제멋대로 갈라놓고는 엉뚱한 정체성을 심어놓았다. 아프리카의 단결이 이뤄지지 않는 이유는 바로 이상하게 그어진 국경선들 때문이다'라고 주장했다.

극작가 버나드 쇼[Bernard Shaw]는 '건강한 사람일수록 건강을 의식하지 않듯이, 건강한 국가일수록 국가적 정체성에 무관심하다'고 말했는데, 실제 독립 이후 아프리카에서 일어났던 대부분의 내홍들은 국민 개념이 완성되지 않은 상태에서 발생한 권력 쟁탈전이었다고 볼 수 있다.

아프리카 대륙의 국가들 중 정체성으로 혼돈을 겪고 있는 경우는 크게 다음 두 가지로 나눌 수 있다. 하나의 부족으로 살아왔던 집단을 어느 날 갑자기 옆 나라 국민으로 만들어버리거나, 아니면 남남처럼 지내오던 부족들을 하나의 국민으로 통합시켜 버린 경우다.

소말리아인들은 유럽인에 의해 이산가족처럼 되어버린 사례다. 이들은 식민지 이전에 중앙 정부만 없었을 뿐, 다수의 부족 집단이 비교적 끈끈한 공동체 의식을 갖고 있었다. 그러나 소말리아인들은 식민지시대에 영국, 프랑스, 이탈리아, 에티오피아 4개국에 의해 찢어져버렸고, 독립 이후에는 케냐, 에티오피아, 소말리랜드, 소말리아, 지부티 등 5개 지역으로 흩어져버렸다.

소말리아인들의 재통합 운동은 1950년부터 일어났는데, 독립 이후의 통합을 위한 몸부림은 급기야 인근 국가와의 전쟁으로까지 이어졌다. 소말리아 정부는 에티오피아와 지부티, 케냐 영토에 있는 소말리아 게릴라에게 자금과 무기를 지원하면서 내전을 부추겼다. 이로 인해 소말리아는 주변국들로부터 고립될 수밖에 없었고, 1977년에는 결국 에티오피아와의 전쟁에 휘말리게 되었다.

오늘날 소말리아는 무정부 상태에 가까울 정도로 혼란스럽기는 하지만, 소말리아 국기 중앙에 자리한, 5개의 뾰족한 끝을 가진 별은 통합에 대한 변치 않은 열망을 담고 있다. 소말리아인들이 거주했던 5개 지역의 통합을 의미하는 이 국기는 영국, 프랑스, 이탈리아에 대한 원망 또는 저주를 담고 있는지도 모른다.

소말리아와 유사한 경우로 카크와족Kakwa을 분리시켜 놓은 수단-우간다 국경을 들 수 있다. 영국은 단지 수면병sleeping sickness의 확산을 막기 위해 검역선을 그었을 뿐이었는데, 그것이 오늘날 남부 수단과 우간다의 국경선으로 고착되었다. 문제는 카크와족이 이 경계선과 무관하게 거주—실제로 많은 아프리카 유목민들이 국경선과 무관하게 경제 생활을 영위하고 있다—해왔다는 것이다. 오늘날까지도 남부 수단은 '신이 만들어준 카크와족 공동체'의 영토 반환을 요구하지만, 우간다는 이를 거부하고 있다. 남부 수단은 영국이 그은 국경보다는 전통적 경계선의 회복을 주장하는 반면, 우간다는 그러한 개념을 부정하면서 만약 '전통적 경계선'을 인정한다면 아프리카 국경 전체가 다시 그어져야 한다고 반박하고 있다.

나이지리아의 사정은 정반대다. 1억 5,000만 명의 인구에 250여 개 부족이 하나의 국가를 이루고 있다. 물론 언어와 종교도 지역별로 다양하다. 독립 초기 3개뿐이었던 지방 행정 구역은 오늘날 31개로 늘어났다. 인구수가 많은 3대 부족, 이보족Igbo, 요루바족Yoruba, 홀라니족Fulani 간의 문화적 수준과 종교적 차이도 국가 통합의 걸림돌이 되고 있다.

200만 명의 사망자가 발생했던 1967년 비아프라Biafra 내전은 쿠데타로 점철된 정치, 그리고 부족과 지역 갈등의 비극을 잘 말해주는 사례다. 1966년, 이보족 출신의 존슨 아그이 이론시 Johnson Aguiyi-Ironsi 는 집권한 지 6개월 만에 암살을 당하고 만다. 이 권력 공백기에 북부 출신의 야쿠부 고원 Yakubu Gowon 중령이 집권했다. 그가 이보족을 누르기 위해 행정 구역을 개편하려 하자, 이에 불만을 품은 이보족은 자신들을 비아프라공화국이라 명명하면서 분리 독립을 선포했다. 코트디부아르와 가봉 등 일부 국가들이 비아프라공화국을 승인하였지만, 영국과 이집트, 소련 등이 나이지리아 연방정부를 지원하면서 전세는 기울었고, 3년간의 전쟁도 끝이 났다. 승리한 고원 대통령은 이보족을 가혹하게 탄압했고, 비공식적이긴 하지만 '굶겨' 죽인 이보족은 50만 명에 이른다.

2011년 7월, 남부 수단이 분리 독립하는 과정에서 과거 식민 통치와 독립 과정에서의 영국의 외교 정책이 다시금 도마에 오르기도 했다. 과거 영국은 문화적, 인종적, 종교적 차이를 이유로 남북 수단을 분리시켜 사실상 두 개의 나라처럼 관리했다. 아랍계 무슬림들이 사는 북부 수단과 기독교 및 토착 신앙 중심의 남부 수단 사이에는 북위 8도에서 10도에 이르는 통행금지 구역이 설정되었으며, 이를 통과하려면 정부에서 발급한 여권이 필요했다.

그러나 낙후된 남부 수단이 독립 국가로서 자생할 능력이 없다고 판단한 영국 식민 당국은 1948년에야 뒤늦게 남북 수단의 분리 정책을 철회하고 두 민족의 융합을 도모했다. 그러나 그 결과는 우려했던 대로 다수를 점한 북부 아랍계의 남부 착취로 나타났다. 수단에서는 독립하기 1년 전인 1955년부터 남부 수단의 반란이 일어났고, 이후

아프리카에는 아프리카가 없다

두 차례의 내전과 다르푸르 인종청소 등으로 인해 300여 만 명이 사망하는 비극이 발생했다. 기나긴 유혈 충돌 끝에 남 수단은 2011년 7월에야 비로소 분리 독립하긴 했지만, 그렇다고 남부 수단을 북부 수단에 '양도'한 영국 외교의 오명이 씻어질 리는 없다.

## 판도라의 상자는
## 열릴 것인가

　　　　　그렇다면 아프리카의 국경선을 다시 그어야 하는 것인가? 남부 수단의 독립으로 아프리카 국경선의 정당성이 다시금 도마 위에 오르고 있는데, 결론부터 말하자면 국경선의 변경 가능성은 매우 낮다고 할 수 있다.

우선 아프리카 지도자들부터가 국경선 변경을 원하지 않고 있다. 정치 지도자들은 식민 종주국으로부터 물려받은 기득권과 시스템을 바꾸려 하지 않았다. 독립 직후부터 이러한 입장은 거의 일관되어왔는데, 이는 국내적으로 정치적 기반이 견고하지 못한 상황에서 인근 국가와의 영토 분쟁을 치르게 되었을 때 국내적 반발이 거세어지는 것을 걱정했기 때문이다.

독립의 시대였던 1960년대, 아프리카에는 무수히 많은 영토 분쟁의 소지가 있었음에도 불구하고 아프리카통일기구는 식민지시대의 국경선을 동결하는 원칙을 고수해왔다. 어느 지역의 국경선 변경을 승인하는 것은 마치 판도라의 상자를 여는 것과도 같아서, 이후 유사한 요구들이 솟구칠 것이 뻔했기 때문이다.

아프리카통일기구는 1967년 비아프라공화국과 1991년 소말리랜드의 분리 독립 요구를 무시했다. 단 예외적으로 1993년 에리트레아의 분리 독립만은 승인했는데, 여기에는 사연이 있다. 에리트레아는 이탈리아와 영국의 지배를 받았다가 1952년 독립 국가로서의 지위를 인정받지 못한 채 옆 나라 에티오피아의 열네 번째 주로 병합되고 말았다. 홍해에 인접한 지정학적 위치뿐만 아니라 광물 자원을 가진 에리트레아는 여러모로 내륙 국가인 에티오피아에게 매력적인 지역이었다. 에리트레아인들은 당연히 반발했고 독립 투쟁을 벌였다. 에티오피아는 이를 무마하기 위해 자치권을 부여했지만, 이 약속마저도 지켜지지 않았다. 이런 억울한 사정들을 고려하여 아프리카통일기구는 1993년 에리트레아의 독립을 승인했다. 그러면서도 이때 아프리카 지도자들은 에리트레아 독립이 아프리카 국경선 변경 불가 원칙에 그 어떤 효과를 미치지 않는다고 각주를 달았다.

이렇듯 에리트레아는 매우 예외적인 사례이며, 근본적으로 아프리카 지도자들은 국경선의 변경을 원하지 않았다. 수단 문제에 있어서도 아프리카통일기구나 이를 승계한 아프리카연합은 남부 수단인들의 분리 독립 요구를 묵살해왔다. 오늘날 아프리카의 국경선 90퍼센트가 식민지시대의 경계와 일치하는 것도 아프리카 지도자들의 의지 때문이다.

이제 아프리카의 국경선은 그럭저럭 꽤 견고해진 느낌이다. 실제로 1970년대 이후 아프리카 대륙 내에서의 분리주의 움직임이 다른 대륙에서의 그것들보다 빈도나 규모면에서 미약해졌다. 게릴라나 반군 세력들의 활동 범위도 기존의 영토에 국한되었으며, 그들의 활동 목적도 중앙 정부의 전복일 뿐, 영토의 확장이나 분리 독립과는 무관했다.

아프리카 국가들의 지역 통합 움직임 역시 기존 국경선을 기초로 이뤄지고 있다. 과거 극단적인 아프리카주의자들은 유럽인들이 그어놓은 국경선을 족쇄라고 표현하면서 이를 벗어 던지지 못하면 진정한 독립도 없다고 믿었다. 그들은 아프리카가 식민지 이전 시대의 언어권에 기반을 두어 국경선을 다시 긋고, 보다 큼지막한 단위의 광역 국가를 건설해야 한다고 주장했다.

현재 이러한 주장은 거의 설득력이 없다. 아프리카 국가들은 그보다는 기존의 국가 체제를 유지한 채 지역 경제 통합을 추구하고 있는 추세인 것이다. 남아프리카관세동맹<sup>SACU</sup>, 서아프리카경제통화연맹 <sup>WAEMU</sup> 등은 그 대표적인 사례다. 식민 종주국도 이를 환영하고 있다. 과거 프랑스령 서아프리카 국가들이 프랑세파<sup>CFA</sup>를 안정적인 단일 통화로 사용할 수 있는 것도 프랑스가 프랑세파를 프랑스 프랑(현재는 유로화)에 고정시켰기 때문이다.

9·11 테러 이후 아프리카 국경선의 실효적 지배를 강화해야 한다는 목소리가 높아졌다. 아프리카 국가 대부분의 국경 통제가 느슨하지만, 특히 말리나 케냐는 그간 그토록 넓은 영토 전체를 실효적으로 관리하지 못했다. 그 틈을 이용한 것이 바로 알카에다 테러 조직이나 마약, 무기 거래상들이었다. 이들은 허술한 국경선을 자유롭게 통과하는가 하면, 은신처를 마련하여 활동의 근거지로 삼았는데, 미국은 아프리카의 허술한 영토 관리가 국제 안보를 위협한다고 보고 이들 정부의 철저한 국경선 관리를 요구했다.

실제로 2011년 내전이 발생한 리비아에서는 알카에다 테러 조직이 정부군 무기고를 습격하고 중화기를 탈취한 다음 이를 말리 북부 지역으로 반입했다. 당초 소규모 테러 조직의 움직임이라고 여겼던 말리 정부는 이제 심각한 위협을 느꼈고, 국경 통제와 테러 조직 소탕을 위한 7만 명의 다국적군 구성을 제안했다. 니제르, 알제리, 모리타니가 이에 동의했고, 프랑스가 지원 의사를 밝혔다.

한편 가다피가 몰락하자 가다피군 용병으로 활동하던 투아레그족▪ 무장병사 수백 명이 2011년 말 고향인 말리 북부로 돌아왔다. 이들은 분리 독립을 요구해왔던 투아레그족 반군 단체인 MNLA에 합류했고, 말리 정부군을 상대로 게릴라전을 펴기 시작했다. 리비아 트리폴리에서 말리 북부까지는 무려 2,000킬로미터나 되는데, 무장한 병사 수백 명이 말리 북부까지 별 통제도 받지 않고 이동했다니, 아프리카 국가들의 영토 지배력은 얼마나 허술한가.

## 통합을 거스르는
## 정치인들

오늘날 '베를린의 저주'를 거론하면서 유럽의 책임을 묻기에는 안팎으로 여러 가지 모순들이 존재한다. 우선 독립 이후

▪ 투아레그족은 말리, 니제르, 알제리, 모리타니, 리비아에 걸쳐 유목 생활을 해왔으며, 현재 그 숫자는 150만에서 200만 명으로 추정된다. 이들은 아프리카 흑인과 아랍의 혼혈족인데, 식민지 독립 이후 자신들의 터전에 흑인 정부가 들어서자 분리 독립을 요구하며 무장 단체를 결성했다. 리비아의 가다피는 이들에게 우호적인 자세를 취했고, 투아레그족 병사를 리비아군 용병으로 활용했다.

꽤 많은 시간이 지난만큼 국경선은 움직일 수 없는 기정사실 그 자체가 되어버렸다. 더구나 자신들의 지배 영역을 신성시했던 아프리카 지도자들 스스로가 국경선 변경을 원하지 않았다. 그동안 주권을 포기하면서 인근 국가와 통합을 이룬 사례는 없었다. 반면 분리 독립 움직임이 있는 곳에는 늘 석유와 광물을 둘러싼 경제적 이해관계, 그리고 국민 통합을 무시하는 정치가들이 있었다.

다시 수단을 살펴보자. 역대 수단 지도자들은 언제나 인구의 75퍼센트를 차지하는 북부 아랍인들의 편이었다. 이슬람어를 공용어로 지정하고 이슬람 민법인 샤리아법을 채택하는가 하면, 흑인들의 경작지를 빼앗기 위해 행정 구역을 개편하는 등 소수 민족을 동등한 국민으로 대우하기를 거부했다. 급기야 알 바시르 대통령은 2003년 다르푸르 아랍 무장단체 잔자위드를 지원하면서 학살, 방화, 집단 강간과 같은 인종청소를 거들었다. 그는 30여만 명의 학살을 지원한 혐의로 현재 국제 형사 사법 재판소에 기소된 상태다.

과연 수단 내전과 다르푸르의 학살은 '베를린의 저주' 때문인가? 물론 남부 수단을 북부 수단과 병합시킨 영국의 책임도 있지만, 보다 근본적으로 인종청소를 마다하지 않는 다수 세력과 정치 지도자의 죄가 더 크지 않는가. 한편으로 수단의 비극을 '석유의 저주'라고 불러도 틀린 말은 아닐 것이다. 남부 수단에는 순도 높은 원유가 매장된 유전들이 밀집되어 있고, 북부 수단은 분리 독립이 결정된 이후에도 남부 유전 지대를 차지하기 위해 도발을 감행했다.

수단의 지도자들이 좀 더 세련되고 장기적인 안목과 정치적 능력을 가졌다면, 수백만 명의 사망자도 나오지 않았을 것이고, 남부 수

단의 유전도 잃어버리지 않았을 것이다. 언젠가 먼 훗날 남부 수단이
북부 수단보다 부유해지면 그때에도 '베를린의 저주'를 탓할지 두고
볼 일이다.

# | 05 |
# 소년병과 해적

## 버려진 국민들

　　어느 날 아침 출근 시간에 있었던 일이다. 샤워기를 틀었는데 물은 나오지 않고 '캑캑! 쎄~' 하는 소리만 쏟아지고 있었다. 물이 끊어진 것이다. 아깝지만 1.5리터 생수 몇 병으로 대충 씻은 후 아파트 현관에 내려가보니, 사람들이 문 앞에서 발만 동동거리고 있다. 방범 셔터가 작동하지 않아 밖으로 나가지 못하고 있는 것이다. 전기도 끊어진 모양이었다.

　정전이 되면 자동으로 아파트 발전기가 돌아가지만, 12시간 연속으로 정전이 된 탓에 발전기용 디젤 연료는 이미 새벽녘에 동이 났다. 관리인은 사람을 주유소에 보냈지만, 이미 주유소도 디젤이 동나 빈손으로 돌아왔다. 하는 수 없이 힘으로 방범 셔터 모터를 뜯어내고, 아파트를 빠져나갈 수 있었다.

　아프리카를 처음 접하는 외국인들은 물과 전기처럼 기본적인 것도

● 세네갈 시골 마을의 유일한 상수도와 전기 공급
장치. 태양광 패널이 설치된 집에는 마을 사람들
이 휴대폰 충전을 위해 몰려든다. ⓒ 허성용 '나의
국제자원활동 이야기' (Hubnbridge.tistory.com)

제대로 공급하지 못하는 정부를 성토하기 쉽다. 그러다가 한 몇 달
지내다 보면 '아프리카가 다 그렇지'라며 느긋해진다. 전기가 나가
면 보통 손전등, 촛불, 그리고 골동품 시장에서나 구할 수 있는 파라
핀 램프를 켠다.

　그런데 정작 아프리카인들의 절반 이상은 정전이나 단수를 모르고
산다. 도시 외곽을 벗어난 시골에서는 아예 전기와 물이 공급되지 않
기 때문이다. 가전제품이라고는 건전지용 라디오 몇 대가 고작이다.
자주 끊길지언정 전기와 물이 나오는 도시 생활은 어쩌면 커다란 축
복이다.

　물과 전기뿐만 아니라, 다른 공공 서비스도 부실하다. 식민지 정부
가 세웠던 지역 보건소에는 약품이나 의료 기구는커녕, 제대로 된 의

료 요원도 없다. 선거 공약에 따라 지어진 학교는 건물만 있을 뿐 교사와 교재가 턱없이 부족하다. 한 통계에 따르면 아프리카 학생 9명당 주어진 교과서는 고작 2권이라고 한다. 그런가 하면 월급을 받지 못한 교사들의 파업으로 학교가 휴교에 들어간다는 기사도 심심치 않게 접하게 된다.

한편 아프리카의 시골에서는 포장도로를 바랄 수 없다. 비포장이더라도 차가 다닐 수 있으면 좋으련만 길 곳곳이 침수되어 있거나 바위, 나무와 같은 장애물이 있어서 운전이 쉽지 않다. 아프리카의 농업 생산성이 낮은 이유 가운데 하나가 바로 열악한 도로 여건이다. 트럭이 다닐 수가 없어 농부들은 씨앗과 비료, 수확물, 농기구를 운반하기 위해 소와 말의 힘에 의지해야 한다. 재래식 농업 방식이 유지되는 이유가 여기에 있다.

아프리카의 국민들은 이렇게 '버려져' 있다. 기본적인 국가 기본서비스를 누리지 못할 뿐만 아니라 심한 경우 직접적인 탄압을 받기도 한다. 나미비아의 산족San은 다이아몬드 광산 채굴을 위해 정부가 강제로 이주시켰고, 수단 정부는 캐나다 석유 기업의 요청으로 송유관 매설 부지 인근 주민들에게 폭탄을 투하했다. 그런가 하면 감비아의 졸라족Jolla 출신 대통령은 자신에게 표를 던지지 않는 부족의 거주 지역에 대한 전기를 끊어버리기도 했다. 그저 버려지기만 하는 것은 그나마 다행인지도 모르겠다.

# 무능한 정부와
# 실패한 국가

정부의 공공 서비스 중에는 국제 사회의 원조가 대신할 수 없는 것이 있다. 바로 치안 보장이다. 이는 국가가 아닌 다른 누군가에 의해 제공될 수도 없고, 제공되어서도 안 된다. 폭력을 통제함으로써 국민들을 안전하게 보호하는 일은 국가의 가장 기본적인 의무이니, 이를 지키지 못하면 국가와 국민의 관계는 끊어질 수밖에 없다.

아프리카의 정치가 안정되지 못하고, 내전이나 유혈 사태가 잦은 것은 바로 정부가 힘이 없어서 국민들을 보호해주지 못하기 때문이다. 빈곤이 만연한 곳에는 범죄가 증가할 수밖에 없고, 마약이나 불법 무기 거래를 하는 조직도 늘어나지만, 정부는 이를 통제할 수가 없다. 대통령은 독단적이고 고집스런 정치를 하고, 이에 불만을 품은 반대 세력은 지방으로 내려가 무장 단체를 조직하고자 하는 유혹을 느낀다. 수도를 제외한 나머지 지역에는 대통령의 힘이 미치지 못하기 때문이다.

오늘날 유엔이 아프리카 7개 지역에서 평화 유지 활동을 하고 있는 것도 이들 정부가 스스로 치안을 유지할 능력이 없기 때문이다. 금세기 최악의 내전이 일어났던 DR콩고에는 현재 2만 명 정도의 유엔 평화유지군이 상주하고 있다. 카빌라 대통령은 선거를 앞두고 신식민주의를 청산한다며 유엔군의 철수를 요구하지만, 이는 자살 행위나 마찬가지다. 유엔의 중재로 내전은 끝났으나, 여전히 지방에는 반군들이 활동하고 있어서 만약 유엔군이 철수할 경우 어떤 상황이 닥칠지 예측하기 어렵다. 특히 후투족 반군인 FDLR은 다이아몬드 광산까지 점령하고 있는데, 이를 캐기 위해 숱한 주민들을 납치하고는 강제 노역을 시키고 있다.

이러한 상황은 라이베리아, 코트디부아르, 남수단, 다르푸르와 같이 유엔 평화 유지군이 활동 중인 지역뿐만 아니라, 소말리아, 부룬디, 중앙아프리카공화국, 르완다, 차드, 세네갈도 마찬가지다. 국토 전체를 통치하지 못하는 정부는 변방의 국민들이 반군에게 약탈당하거나 반군 세력으로 성장하는 것을 막을 방법이 없다.

국민들 역시 아쉬울 게 없다. 공공 서비스뿐만 아니라 치안도 제공해주지 못하는 중앙정부보다는 반군의 지배하에 들어가는 편이 나을 수도 있기 때문이다. 대개 반군 세력은 정부와 유사한 수준의 자치권을 누리면서 그 지역을 지배하고 있는데, 아프리카에는 그간 이러한 '국가 속의 국가'가 숱하게 나타났다가 사라져갔다.

이처럼 국가가 제 기능을 하지 못해 국제 사회의 도움 없이 자립할 수 없는 경우를 '실패한 국가'라고 한다. 최근에는 그 개념이 좀 더 확대되어 국제 사회 일원으로서의 자격을 유지할 능력이 없는 경우까지 포함되었다. 불법 무기와 마약을 수출함으로써 주변 국가에게 해를 가하는 것은 물론이고, 국민들을 난민으로 만들어버리거나, 혹은 그들이 해적질을 하도록 방치함으로써 주변 국가에게 위해를 가하는 것도 실패한 국가의 모습에 포함된다.

워싱턴에 소재한 평화재단Fund for Peace은 매년 실패한 국가들의 순위를 발표해오고 있는데, 2011년을 기준으로 가장 실패한 10개 국가에 아프리카 국가는 7개나 포함된다. 소말리아는 3년째 1위이며, 차

드, 수단, DR콩고, 짐바브웨, 중앙아프리카 공화국, 코트디부아르 등
이 그 뒤를 잇고 있다. 평화재단은 사하라 이남 아프리카 36개국에
대해 'Alert' 또는 'Warning' 등급을 매겼다. 언제든 국가 또는 정부
가 붕괴할 수 있고, 국민들의 기본적인 생존권마저 위협받을 수 있다
는 것이다(최근 아사자와 탈북자가 속출하고 있는 북한은 22번째 실패한 국가로, 에
티오피아, 우간다와 유사한 수준이다).

　　실패한 국가의 국민들이 누리는 삶이란 비참하기 그지없다. 질병
과 기근의 위협에 무방비로 노출되어 죽어가고, 폭력에 굴종하게 된
다. 기본적인 생존권이 보장되지 않는 상황 속에서 인간의 존엄은 찾
을 수 없다. 최근 주목받고 있는 아프리카의 소년병과 소말리아 해적
문제는 국가의 실패가 초래하는 대표적 징후라고 할 수 있다.


## 신도 울고 가는
## 아프리카의 아이들

　　　　　　　　2007년, 27살 청년 이스마엘 베아 Ishmael Beah의 《집
으로 가는 길 A Long Way Gone》이 발간되었을 때, 사람들은 열두 살 시에
라리온 어린아이가 겪어야 했던 믿기지 않는 삶에 놀랄 수밖에 없었
다. 전쟁통에 부모와 형제를 잃은 그는 영문도 모른 채 소년병이 되
어 피비린내 나는 내전의 소용돌이 한가운데로 내몰렸다. 지옥과 같
은 그곳에서 끔찍한 살육과 야만의 실상을 접하면서 어린아이의 순
수성과 인간에 대한 소중함 모두 잃은 그는 다행히 국제 사회의 도움
으로 빠져나올 수 있었지만, 그 정신적 외상은 쉽게 치유될 수 있는

것이 아니었다.

전쟁은 성인 병사를 필요로 하지만, 어떤 상황에서는 청소년들도 총을 잡는 경우가 있다. 우리나라도 한국전쟁 당시 낙동강 전선을 사수하기 위해 고등학생들이 학도병으로 입대했다. 미국은 남북 전쟁 당시 청소년들을 군악병으로 채용했고, 최근 영국은 17세 미성년을 이라크로 파병하기도 했다. 그러나 오늘날 아프리카의 소년병은 이들 사례와 비교의 대상이 되지 않는다. 징집 순간부터가 이미 너무나도 잔인하고 비인간적이기 때문이다.

먼저 내전이 있는 곳의 반군 단체들은 선량한 마을을 습격하여 식량을 탈취하고 사람들을 납치한다. 끌려간 어린아이들의 눈앞에 펼쳐지는 광경은 야만과 공포 그 자체다. 반군은 어린아이들에게 총을 주면서 허약해서 별 쓸모가 없는 사람들을 쏘라고 명령한다. 사격을 거부하는 어린아이 중 한 명은 그 자리에서 사살된다. 죽이지 않으면 죽어야 하는 현실을 보여준 것이다. 공포에 질린 어린아이들은 죽지 않기 위해 가족과 친구를 쏜다. 그리고는 마약이나 환각 성분의 음료를 마시게 하고는 토속 신앙을 연상시키는 의식을 치른다. 좀 전에 죽인 사람은 악한 정령이었다며 어린아이들을 세뇌시킨다.

소년 병사들은 보통 열세 살 정도이지만, 최악의 경우에는 일고여덟 살의 어린아이들 손에도 총이 쥐어진다. 도덕이나 양심과 같은 가치관이 여물지 못한 이들은 살인과 강간, 약탈과 같은 폭력을 당연한 것처럼 여기면서 성장한다. 그들 중 가장 용맹하여 많은 전과를 올린 이는 반군의 지도자로 성장하고, 그 역시 부족한 병사를 충원하기 위해 자신이 당했던 것처럼 마을을 습격하여 어린아이들을 납치한다.

악을 악으로 되갚는 것이다.

한편 내전은 소년뿐만 아니라 소녀들에게도 씻지 못할 상처를 남긴다. 납치된 소녀들은 반군 캠프의 요리, 빨래, 청소와 같은 가사를 맡을 뿐만 아니라 성적 노리개가 된다. 열두 살에 우간다 반군 단체인 LRA에 납치되어 성적 착취를 당했던 한 소녀는 일단 반군 캠프 우두머리에게 바쳐졌다. 그가 그녀의 '첫 남편'이었던 것이다. 6~7개월이 지나 싫증이 났는지, 소녀를 부하에게 '하사'했다. 그가 그녀의 '두 번째 남편'이 된 것이다. 이런 식으로 그녀는 몇 명의 남편이 있었는지 기억할 수가 없다고 증언했다. 그들은 예외 없이 그녀에게 말하는 것을 금지시켰고, 이를 어기면 가혹하게 때렸다.

소녀들은 소년들보다 훨씬 더 가련하다. 그들은 돌아갈 곳이 없다. 납치된 소녀들은 내전이 끝나거나, 운 좋게 도망쳐도 쉽게 고향 마을로 가지 못한다. 가족들이 거부하기 때문이다. 반군 캠프에서 돌아온 소녀들은 창녀 취급을 받기 일쑤며, 특히 임신으로 아이를 낳은 소녀들은 원수의 자식을 낳았다며 박해를 받는다.

오늘날 아프리카에는 약 20만 명의 소년과 소녀들이 이토록 기구한 운명을 짊어지고 살아가고 있다. 중앙아프리카공화국, DR콩고, 수단, 소말리아, 차드 등지에 있는 LRA, CPCJ, 잔자위드, APRD와 같은 반군 세력은 여전히 소년, 소녀를 납치해 병력을 충원하고 있다. 특히 LRA는 1980년대 조직된 이래 현재까지 3만 명 이상의 어린아이를 납치했다. 2008년 우간다군이 DR콩고 내의 LRA 반군 기지를 폭격했을 때, 수백 명의 소년, 소녀들이 탈출해서 남수단, 중앙아프리카공화국 등으로 도망쳤다. 그러나 타격을 입은 LRA는 몇 개 그룹으로 나눠 도피하면서 다시 마을과 학교를 습격하여 어린아이 납치를 자행했다. 잃어버린 만큼 다시 충원하겠다는 것이다.

반군만이 소년병을 징집하는 것이 아니다. 라이베리아의 테일러 대통령이 소년 병사단을 조직한 것은 20년 전의 일이지만, 차드 정부는 2007년 알음알음 부려왔던 소년 병사를 아예 정부군에 편입시키는가 하면, 2011년 초에는 열세 살의 어린아이를 병사로 징집한 정황이 언론에 의해 포착되었다.

반군도 정부군도 아닌 마을의 자체 민병대에서도 어린아이들은 총을 쥔다. LRA뿐만 아니라 각종 폭력 범죄 집단이 활보하는 중앙아프리카공화국에서는 마을 주민들이 아예 자체적으로 자율 수비대를 조직한다. 아무것도 해줄 게 없는 중앙정부로서는 무척 고마운 일이다. 그들 스스로가 마을을 지킬 뿐만 아니라, 수비 활동을 하면서 얻게 되는 반군들의 활동 정보를 중앙에 전달하기 때문이다. 마을 주민들은 얼기설기 사냥용 총을 스스로 만들어 무장을 갖추는데, 정부는 총알을 지급하고 또 민병대 지도자들에게 무슨 훈장인 듯 계급을 하사한다.

이 조직에 참가하는 부모들은 어린아이에게 총을 쥐어주면서 야간 경비를 함께 선다. 아이들은 민병대의 일원으로 자긍심을 느끼며 보통 학교에는 나가지 않는다. 야간 경비를 섰다는 이유도 있지만, 무엇보다도 학교 자체가 반군의 주요한 표적이기 때문이다. 정부는 아동들의 학교 결석 따위를 걱정하지 않는다. 다만 민병대가 어느 날 갑자기 정부를 등지고 반군 세력으로 돌아설 지도 몰라 노심초사할 뿐이다. 그도 그럴 것이 사냥용 총으로 무장한 민병대는 AK-47소총과 수류탄, 로켓포로 무장한 반군 세력의 상대가 될 수 없다.

소말리아 내 유일한 합법 정부인 과도연방정부TFG, Transitional Federal Government도 최근 소년병을 징집했다는 의혹을 사고 있다. 미국을 비롯한 서방 세계가 소말리아 TFG를 지지하고는 있지만, 사실 TFG는 수도 모가디슈 주변만을 지배하고 있으므로 병사를 충원하기가 쉽지 않다. 열에서 열일곱 살의 소년들을 징집하면서 병력을 증강시킨 이슬람 반군 알 샤바브에 비해 수적 열세에 처한 TFG는 그에 맞서는 방법으로 소년병을 모집한 것으로 보인다. 현재 소말리아에 유엔 평화유지군은 없고, 다만 아프리카연합소말리아감시단AMISOM이 상주하고 있다. AMISOM은 소말리아 교전 단체들의 전쟁 범죄를 감시하는 역할도 맡고 있는데, TFG의 소년병 모집에 대해서는 어떤 판단을 내리지 못하고 있다. TFG가 무너지면 그 어떤 비극이 벌어질지 모르기 때문이다.

전쟁터에 내몰린 아프리카 소년, 소녀들의 일화에서 새삼 추악한 인간 본성, 그 역겹고 징그러운 냄새가 느껴진다. 우선 소년병들은 성인 병사들보다 군량미를 덜 소비하기 때문에 '경제적'이라고 생각한다. 또한 전쟁터에서 유엔군들은 소년병에게 쉽사리 방아쇠를 당기지 못하므로 총알받이로 쓰기 적당하다. 부모와 가족을 잃은, 그래서 의지할 곳 하나 없는 어린아이들의 공허한 정신세계에 폭력의 쾌감, 환각과 성적 정복감은 쉽사리 주입되므로 다루기도 쉽다. 그리고 전쟁터에서 죽어도 아쉽지 않다. 다시 마을을 습격해 납치하면 그만이기 때문이다. 아프리카의 소년병은 인간으로서는 차마 할 수 없는 잔인무도한 아동 착취다.

오늘날 AK-47소총은 더욱 싸게, 또 가볍고 다루기 쉽게 만들어져 아프리카에 공급되고 있다. 그래서 소년, 소녀들도 단 한 시간이면 이 저주받은 소총을 자유롭게 다룬다. 아프리카에서 단돈 만 원이면 살 수 있다는 이 살상 무기의 길이는 약 90센티미터다. 이보다 고작 두 뼘 정도 큰 소년이 이를 힘겹게 끌고 가는 사진을 보면 '신도 울고 가는 곳, 아프리카'라는 말이 그래서 나온 것이 아닌가 하는 생각이 들 수밖에 없다.


## 소말리아의
## 일등 신랑감

2006년 동원호, 2007년 마부노호, 2010년 금미305호. 이렇게 거의 매년 한국의 원양 어선을 납치하여 몸값을 요구했던 소말리아 해적단의 일부가 2011년 1월 드디어 한국 해군에 생포되어 재판을 받았다. 1심 재판에서 검찰은 다섯 명 해적 전원에게 무기 징역을 구형했으나, 부산 지방법원은 13~15년을 선고했다.

다소 경직된 분위기였던 1심에서와는 달리, 항소심에서 해적들은 선처를 호소했는데, 그러면서 소말리아 해적들의 면모가 국내에 처음으로 알려졌다. 그중 스스로를 요리사라고 밝힌 한 명은 꽤 솔직한 어투로 고향 소말리아에 돌아가야 하는 이유를 설명했다. 네 명의 부인을 거느린 아버지와 스물두 명의 형제들, 반신 마비인 어머니를 부양해야 한다는 것이다. 말인즉슨 그는 소위 '생계형 해적'이니 무기 징역형만은 면하게 해달라는 것이었다.

그의 말이 진실인지 아닌지는 알 수 없으나, 적어도 소말리아 해적들이 처음부터 해적질을 한 것은 아니다. 그들 대부분은 생계의 위험 때문에 자구책을 써야 했던 가련한 어민들이었는데, 소말리아의 붕괴 과정 속에서 폭력 조직으로 변모하고 말았다.

1991년 독재자 바레 정권이 무너지자 소말리아는 지역 군벌들의 무력 투쟁이 격화되면서 국토 전역이 무정부 상태가 된다. 극도의 혼란 상태에서 소말리아 해군이 영해를 지켜줄 리 없었고, 이 틈을 타 외국계 원양 어선은 소말리아 영해에서 불법 조업을 하기 시작했다. 소말리아의 무정부 상태를 악용한 것이다.

원양 어선들은 소말리아 어민들이 쳐놓은 그물을 파괴했고, 심지어 악성 폐기물까지 쏟아부음으로써 어민들의 생계를 궁지로 몰아넣었지만, 영세하고 원시적인 소말리아 어민들은 이를 막을 방법이 없었다. 어민들은 씨족 단위의 자체 경비대를 조직하면서 불법 어업 어선들을 단속했는데, 외국 선박에 맞서기 위해 이들도 무기를 갖추기 시작했다. 내전이 일상화된 곳에서 간단한 자동식 소총을 구하기란 그리 어려운 일이 아니었다.

방어적이고 소극적이던 이들이 대규모 해적단을 결성한 것은 2004년 무렵이다. 당시 인도양에 몰아쳤던 쓰나미로 소말리아 연안 어업은 초토화되었고, 생계 기반을 잃어버린 어민들이 무더기로 해적에 가담했다. 국민소득이 연간 600달러도 안되고, 내전으로 인해 사회 전체의 경제 기반이 파괴되어 실업이 만성화되어 있던 소말리아에서 해적은 순식간에 촉망받는 직업이 되어버렸다.

우선 소말리아인들은 해적을 해적으로 보지 않았다. 외적을 잡아

응징하는 의로운 직업으로 인식한 것이다. 거기다 죄인을 응징하여 벌어들인 돈, 즉 몸값은 많게는 몇 년 치 소득보다 많았다. 선박의 납치 과정에서 종종 죽거나 다치는 이들이 있었지만, 그러한 위험을 무릅쓸 만큼 해적은 돈벌이가 되는 직업이었다.

이러한 사회 분위기에 편승하여 해적질의 빈도는 급증하고 그 활동 영역도 소말리아 영해 밖으로 확대된다. 2006년 50여 차례에 불과하던 해적 행위는 2010년 219건으로, 납치된 인질의 수도 188명에서 1,181명으로 증가했다. 해적들이 요구한 몸값에 대해서는 정확하게 말할 수 없다. 그러나 5년 전만 해도 인질 한 명당 수천 달러 정도이던 것이 최근에는 몇 백만 달러 수준까지 올라갔다. 전문가들은 현재 소말리아 해적이 벌어들이는 외화가 연간 2억 달러 정도이며, 이는 소말리아의 제2의 외화벌이 수단이라고 추정한다.

현재 소말리아에는 1,000명 이상의 해적들이 다섯 개의 전문적 조직 아래에서 약탈을 자행하고 있다. 소말리아 여성들은 이들과 결혼하기 위해 고향을 떠나 해적들의 근거지로 이주하여 남성들을 유혹한다. 일부다처제가 통용되는 소말리아 사회에서 해적들은 돈을 이용해 첩과 새 부인을 얻고, 가정을 부양한다. 한 건만 성공해도 1인당 만 달러의 수당이 떨어지니, 가난에 찌든 소말리아에서 부와 명예를 거머쥐는 셈이다.

이제 재력마저 갖춘 해적들은 수도 모가디슈의 무기상으로부터 쾌속정과 로켓포, GPS 장치를 갖추는가 하면, 납치한 대형 선박을 모선으로 활용하면서 아랍 해 전역으로 그 활동 범위를 넓히고 있다. 그들이 벌어들인 외화는 씨족 군벌에게 흘러들어가고, 군벌들은 그 돈으로 내전을 치른다. 국가가 무너져 해적이 생기고, 해적이 돈을 벌어 국가 재건을 방해하는 것이다.

해적의 피해를 입은 국가들은 자구책을 구할 수밖에 없다. 소말리아 정부가 자국의 영해에서 일어나는 불법 행위를 통제할 능력이 없기 때문이다. 그들이 할 수 있는 것이라고는 인질을 석방하라는 성명단 몇 줄을 발표하는 것뿐이다.

사정이 이렇다 보니 북대서양조약기구<sup>NATO</sup>와 유럽 국가들의 연합 해군뿐만 아니라 한국, 일본, 중국, 호주 등의 해군들이 아랍 해와 인도양에서 해적 퇴치 활동을 벌이고 있으며, 국제해사기구<sup>IMO</sup>와 유엔 역시 해적을 규제하기 위해 규범을 정비하고 있다. 2009년 4월 아덴 만에 파견된 한국의 청해 부대가 2년 후 에덴 만 여명 작전을 통해 삼호 주얼리호를 구출한 것도 이러한 맥락에서였다.

그러나 이러한 공동의 대응에도 불구하고, 소말리아 해적 행위는 줄지 않고 있다. 군함들의 개입으로 해적 행위의 성공률은 떨어졌지만, 해적 행위 시도 자체는 오히려 늘고 있다. 실패하는 횟수가 많을수록 더 악착같이 달려들어, 단 한 건이라도 성공하려고 애쓰고 있는 것이다.

몰락한 국가와 이를 악용하는 나쁜 이웃들, 그리고 절대 빈곤과 내전의 구렁텅이에서 신음하는 국민들은 선과 악에 대한 기준을 상실하고 결국 폭력에 의지하게 된다. 소말리아 해적이나 아프리카의 어린아이 병사 모두 그 배경은 크게 다르지 않다. 다만 한 가지 차이가 있다면, 소년병과 달리 소말리아 해적은 아프리카 바깥 이웃들에게 직접적인 위해를 가한다는 것이다. 그렇기에 각국은 군함을 파견하여 해적을 소탕하기도 하며, 일부 국가들은 유엔에 해적 전담 국제재판소 창설을 제안하기도 한다. 소말리아 정부의 사법 기능은 정지된 상태이고, 나포한 해적을 데리고 와 국내에서 재판하는 것도 쉽지 않기 때문이다(실제로 부산 지방법원도 소말리어 통역을 구하기 위해 애를 먹었다고 한다).

국가란 어쩌면 공기와도 같은 것이다. 너무나도 당연하고 평범한 것이기에 평소에는 그 존재를 인식하지 못한다. 그러나 국가가 무너져 제 구실을 못하는 아프리카에서 어린아이들은 총알받이와 성 노예가, 어민들은 목숨을 건 채 일확천금을 노리는 해적이 된다. 아프리카 정부들의 무능력은 곧 비극의 씨앗이다. 유능하고 힘 있는 정부, 적어도 국민들의 생명만큼은 지켜줄 수 있는 정부가 들어서지 않는 한, 아프리카 비극은 꼬리에 꼬리를 물 것이다.

**IV**

심성과 편견

# 예수와 마호메트는 승리했는가

## 종교적 열망의 대륙

아프리카인들의 신앙심은 참으로 놀랍다. 그들 99퍼센트 이상이 신의 존재를 믿는다. 세계적으로 무신론자들의 비율은 15퍼센트 정도이고, 종교를 가졌다고 하는 이들도 갈수록 세속화되어가고 있는 마당에, 아프리카인들의 종교적 열기는 사뭇 대단하다고 할 수밖에 없다.

그들의 생활 역시 종교와 밀착되어 있다. 세네갈 국민의 98퍼센트, 말리, 탄자니아, 우간다 등 아프리카 15개국 국민의 80퍼센트 이상은 '종교가 나의 생활에 매우 중요하다'고 얘기한다. 심지어 아프리카에서 가장 세속화된 보츠와나 국민들도 미국인보다 종교를 소중히 여긴다(미국은 선진국 중에서 종교를 가장 소중히 여기는 국가다).

아프리카의 종교 분포(2003)

| 종교 | 아프리카 신자수<br>(백만 명) | 비율<br>(퍼센트) | 세계 신자수<br>(백만 명) | 비율<br>(퍼센트) | 대 세계 비율<br>(퍼센트) |
|---|---|---|---|---|---|
| 기독교 | 394.6 | 46.3 | 2,069.8 | 32.9 | 19.1 |
| 이슬람교 | 344.9 | 40.5 | 1,254.2 | 19.9 | 27.5 |
| 토착 신앙 | 100.4 | 11.8 | 283.1 | 3.8 | 42.2 |
| 기타 | 5.1 | 0.6 | 2,030.7 | 32.3 | 0.3 |
| 무신론자 | 6.4 | 0.8 | 932.9 | 14.8 | 0.7 |
| 합계 | 851.6 | 100.0 | 6,287.7 | 100.0 | 13.5 |

■ 출처 : 'Religion and Conflict in Africa', Danish Institute for International Studies, 2006

　　이들은 어떤 종교를 믿는가. 2003년에 조사에 따르면 북아프리카를 포함한 아프리카 대륙에서 기독교와 이슬람교가 양대 종교의 위치에 있음을 알 수 있다. 현재 아프리카에는 세계 기독교인의 약 5분의 1, 무슬림의 약 4분의 1 이상이 사는 것으로 추정되는데, 인구 성장 추세를 감안한다면 이 비율은 더욱 상승할 것으로 보인다.

　　이 조사 결과가 맞다면 세계 기독교의 중심은 이제 더 이상 북반구가 아니라고 해야 한다. 아프리카와 중남미의 기독교 인구가 북반구 기독교 인구를 능가한 오늘날, 기독교를 백인과 부유한 민족들의 종교라고 보는 것은 맞지 않다. 지난 100년간 사하라 이남 아프리카에서 기독교는 눈부신 성장을 거듭했다. 100년 전만 해도 아프리카인들의 절대 다수를 차지하던 토착 신앙을 믿는 인구의 비중은 13퍼센트로 떨어지고, 그 자리에 기독교가 들어섰다. 단순히 머릿수만을 따졌을 때 기독교인은 약 70배나 증가했으니 유럽인들이 그토록 기대했던 아프리카의 문명화가 성과를 거둔 듯하다.

사하라 이남 아프리카의 기독교, 이슬람교 확장 추세

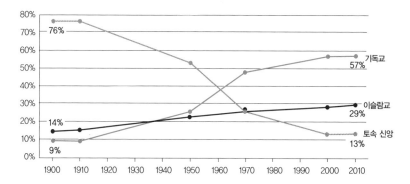

■ 출처 : World Religion Database. Historical data draw on government records, historical atlases and reports of religious organizations at the time. Later figures draw on U.N. population estimates, survey and censuses. Pew Forum on Religion & Public Life, April 2010

그러나 이는 성급한 결론이다. 이는 아프리카 토착 신앙을 제대로 이해하지 못한 서구 중심적 종교 연구에 기인한 것이기 때문이다. 통계적으로는 아프리카 토착 신앙을 기독교나 이슬람교와 같은 종교가 대체한 것처럼 보이지만, 반드시 그렇다고 단정 지을 수 없다.

아프리카인들이 스스로를 기독교인 또는 무슬림이라 밝히지만 토착 신앙은 쉽게 버릴 수 있는 것이 아니다. 아프리카에서 토착 신앙은 종교의 영역이라기보다는 공동체적 전통과 문화, 사고와 생활 습관에 가깝다. 이런 이유로 아프리카의 토착 신앙은 다른 종교들과 제로섬<sup>zero-sum</sup> 관계가 아니라 공생 관계에 있다고 보는 것이 맞다. 그것은 아프리카의 기독교인과 무슬림들의 심성 밑바닥에서 살아 숨 쉬고 있다. 아프리카인들이 기독교를 받아들였다고 해서 서구적 사고 방식을 갖게 되었다고 믿는 것은 순진한 판단일 수밖에 없다.

아프리카 토착 신앙은 과연 무엇일까? 그것은 지극히 현세적이면서 운명론적인 세계관이다. 이를테면, 현재 일어나는 모든 불행은 신 또는 죽은 자의 노여움, 그리고 사악한 정령 때문이라고 본다. 그러한 불행을 치유하기 위해서는 주술과 의식을 치러 이들의 노여움을 진정시켜야 한다. 즉, 모든 불행은 나의 잘못으로 생긴 것이 아니라, 인간 이외의 영역에서 누군가가 일으킨 것이다.

흔히 아프리카인들의 의식 속에는 두 가지 세상이 있다고 한다. 하나는 살아 있는 자들의 것이고, 다른 하나는 죽은 자들의 것이다. 후자는 공간만 달리할 뿐 살아 있는 자들의 영역에 영향을 미친다. 산자는 의식을 통해서 죽은 자의 정령과 닿을 수 있다. 그래서 죽은 조상을 위해 음식과 동물의 피를 땅에 뿌리고, 비를 주관하는 정령을 위해 의식을 치른다.

고층 건물이 즐비하고 제법 현대화된 아프리카의 몇몇 도시를 제외한 일상생활에서 토착 신앙은 꽤나 밀접하게 연결되어 있다. 특히 아프리카의 재래시장을 보는 것은 흥미로운데, 심심치 않게 원숭이 또는 염소의 해골과 소뿔, 맹수들의 가죽을 구경할 수 있기 때문이다. 이런 것들은 죄다 악한 기운을 내쫓는 영물들이거나, 혹은 병든 환자를 치료할 수 있다고 믿어지는 신비의 약재들이다. 당신이 만약 사진기를 들이댄다면 영물 장수는 버럭 화를 낼 것이다. 사진은 영물들의 신령한 기운을 뺏어간다고 믿기 때문이다. 한편 어부들은 출어出漁를 나서기 전에 자신 주위에 신성한 물을 흩뿌린다. 안전과 풍어를 기원하는 것이다. 아프리카 버스들의 외관은 온갖 조악하고 익살 맞은 그림으로 도배가 되어 있는데, 이 그림들은 장식용이라기보다는 안전을 지켜주는 부적과도 같다.

● 주술 가면과 의식 ⓒ 윤상욱

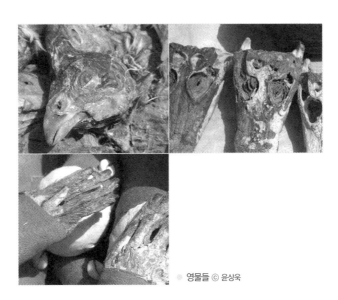

● 영물들 ⓒ 윤상욱

● 아프리카 버스들 ⓒ 윤상욱

　기독교인이나 무슬림이라고 별반 다르지는 않다. 한 연구 결과에
따르면 아프리카 기독교인의 25퍼센트, 무슬림의 30퍼센트가 조상
과 정령에 제물을 바침으로써 스스로를 해악으로부터 보호할 수 있
다고 믿는다. 탄자니아, 말리, 세네갈, 남아공의 경우 국민들의 절반
이상이 조상신의 존재와 영적인 능력을 신뢰한다. 기독교인, 무슬림
역시 조상의 정령을 달래기 위해 양을 제물로 바친다. 정부가 공식적
으로 지정한 공휴일, 성탄절이나 타바스키Tabaski 말고도 부족의 기념
일이 따로 있다. 12월 31일 송년 예배를 마치고 난 후에 가족들은 새
해의 운세를 알기 위해 점을 치는 의식을 행하기도 한다.
　미국이나 프랑스처럼 현대화된 곳에서 학위를 받고 온 엘리트들도 크게 다르지 않다. 그들에게 '당신은 왜 유일신 알라 외에도 다른 신을 믿는가?'라고 묻는다면, 이들은 거의 대부분 이렇게 대답한다. '알라는 유일신이다. 그러나 조상과 정령은 우리와 함께하는 공동체의 일부다.'

다시 아프리카인들의 종교적 열망에 대해 이야기해보자. 그들은 왜 그토록 종교에 열광하는가? 물론 근대화되지 못한 아프리카 사회와 과학적 사고가 결여된 아프리카인들의 의식 때문이라고도 볼 수 있겠지만, 아프리카에 사는 외국인들이 피부로 느껴지는 것은 좀 다르다. 역설적이게도 아프리카에는 종교의 자유가 없다. 그래서 더욱더 종교에 열광한다. 아프리카인들의 종교는 곧 그들이 소속된 공동체의 종교다. 개인이 공동체를 떠나 존재할 수 없는 아프리카에서 개종은 정말 어렵다. 종교적 열기가 높은 것은 종교적 행위가 개인 차원이 아니라 공동체 차원에서 이뤄지고, 또 그것이 대물림되기 때문이다.

예를 들어 어느 부족 사회가 이슬람교를 믿고 있다면 그 구성원과 후손들 역시 이슬람 교인이라고 보면 된다. 도시화로 인해 일부가 고향을 떠나기도 하지만, 그들 역시 공동체의 종교를 좀처럼 버리지 않는다. 이슬람교를 버리는 것은 고향과 가족, 조상을 버리는 것과 같다. 19세기 수단 인들이 노예 사냥을 일삼는 이슬람 아랍인들을 혐오하여 기독교로 개종했다든지, 선교사들이 제공하는 식량과 기술 교육 때문에 개종했던 케냐인들의 사례가 있긴 하지만 오늘날 그런 집단적 개종 가능성은 희박하다.

종교 전문가들은 오늘날 아프리카에서 기독교와 이슬람교의 팽창은 끝났다고 본다. 두 종교의 속성상 교차 개종–이를테면 기독교인이 이슬람교로 개종하거나, 혹은 그 반대의 경우–이 거의 없기 때문이다. 이제 두 종교를 믿는 신도들의 자연적 인구 증가 말고는 더 이상 팽창할 여지가 없는 것이다. 종교적 열망에 사로잡힌 대륙 아프리카에 많은 선교사들이 사명을 실천하러 오지만, 늘 어려움을 겪는 것도 이러한 이유 때문이다.


## 웃지 못할 일들

아프리카 토착 신앙은 여전히 영향력이 크고, 이로 인해 차마 웃을 수 없는 일들이 벌어진다. 예를 들어 마녀는 아직도 아프리카인들에게 공포와 혐오의 대상이다. 그 폐해가 어찌나 컸던지 2006년 짐바브웨 정부는 일반인들을 현혹시키는 사술과 주술 행위를 법으로 금지시켰다. 그러나 도대체 어디까지가 사악한 사술인지에 대한 기준이 마련되어 있지 않았기에 법원은 재판이 있을 때마다 전통적 치료사들을 불러 피고의 범죄 구성 여부에 대한 '전문적 의견'을 구했다. 그런데 그 전통적 치료사들도 법정에 선 마녀들과 큰 차이는 없었다. 정령의 신비로운 힘에 의존해 병을 치료하기는 마찬가지였던 것이다.

DR콩고 킨샤사에는 대략 2만 5,000~3만 명의 어린아이들이 마녀로 낙인찍혀 길거리를 방황하고 있다. 에이즈나 말라리아와 같은 질병으로 부모가 모두 사망하거나 알 수 없는 불행이 닥쳤을 때, 살아남은 가족들은 대개 무고한 아이들에게 누명을 씌운다. 이들은 어린

아이들이 마녀의 유혹에 취약하다고 생각하기 때문이다. 한번 마녀로 낙인이 찍힌 어린아이들은 구타를 당하고 음식을 얻을 수도 없다. 가족뿐만 아니라 마을 공동체에서도 폭력이 가해진다. 이런 어린아이들은 말 그대로 생존을 위해 길거리로 뛰쳐나온다. 구걸 또는 좀도둑질을 하기도 하고, 소녀들은 매춘의 길로 빠져든다.

나이지리아 교회에서는 아예 목사가 마녀 감별을 하면서 적지 않은 돈을 번다. 집안에 알 수 없는 불행이 닥쳤을 때 부모들은 어린아이들이 마녀에 홀렸다고 의심하면서 교회로 찾아가 목사에게 '감염' 여부를 묻는다. 목사는 아이 한 명당 5달러 정도를 받고 진단을 한다. 양성 판정ー마녀의 사악한 힘에 홀림ー이 나오면 목사는 퇴마 치료를 권한다. 퇴마 치료를 받는 동안 어린아이는 사나흘 정도를 굶은 채 채찍질을 당하는데, 이 과정 중에 사망하더라도 목사는 책임을 지지 않는다. 마녀가 아이를 죽였다고 하면 그만이고, 물론 목사는 선불로 챙긴 퇴마 치료비를 부모에게 돌려주지 않는다.

경찰도 가끔씩 요술에 홀린다. 2009년 1월 나이지리아 경찰은 차량 도난범으로 사람이 아닌 '염소'를 구속했다. 한 사설 야간 경비원이 차량 도난범의 뒤를 쫓아갔는데, 범인이 요술을 부려 염소로 둔갑했다며 그 염소를 경찰에 넘긴 것이다. 경찰은 이를 공식 부인했지만, 언론들은 교육 수준이 낮은 나이지리아 경찰들이 우스꽝스러운 짓을 했다고 조롱했다.

그런데 마냥 비웃을 일만은 아니다. 나이지리아든 다른 아프리카 지역이든 신문에는 종종 신비스런 힘을 가진 이들의 기사가 뜬다. 이러한 기사들은 일반인들에게 잘못된 환상을 심어줌으로써 사회적 문제를 야기하기도 하는데, 그중 가장 우울한 이야기는 에이즈에 관한 것이다. 남아공에서는 에이즈 환자가 어린 소녀들과 성관계를 가지면 나을 수 있다는 소문이 돌았고, 이로 인해 수많은 소녀들이 강간을 당하는 불상사가 일어났다. 탄자니아에서는 알비노의 신체 일부를 불에 태우면 행운이 온다는 미신이 퍼졌고, 이로 인해 2007년부터 2008년까지 25명의 알비노들이 납치되어 불에 태워지는 사건이 발생했다.

정치 지도자라고 해서 예외는 아니다. 20세기 가장 잔인한 독재자 중 한 명으로 불리는 라이베리아의 찰스 테일러 대통령이 한때 주술 의식을 행하며 인육 섭취를 했다는 주장이 제기되었다. 2008년 헤이그에서 열린 전범 재판에서 조셉 마자라Joseph D. Marzah 장군은 테일러가 서아프리카의 전통적 비밀 결사 단체인 포로결사poro society를 조직했으며, 조직원들에게 반군과 유엔군, 그리고 자신을 배신한 인물의 간과 심장을 나눠 먹도록 지시했다고 증언했다. 심지어 임신부를 생매장하기도 했는데, 이는 전쟁의 승리를 기원하기 위한 일종의 제물 의식이었음을 밝혔다.

포로결사는 시에라리온을 중심으로 한 서아프리카 지역 고유의 비밀 신앙 조직이다. 남성들로만 구성된 이 비밀스런 조직은 각종 의식을 통해 초자연적 능력을 가르치고 전수한다. 조직원들은 그 사회의 엘리트들로서 포로결사에서 보고 듣고 배운 것을 절대로 외부에 알려서는 안 된다. 테일러 대통령이 실제로 인육 섭취와 인신 공양을 지시했는지에 대해서는 마자라의 증언 외에 밝혀진 것이 없다. 그러나 당시 그가 측근들과 함께 포로결사를 조직했을 가능성은 매우 높

감비아 자메 대통령 ⓒ 윤상욱

다. 영적 경험과 비밀을 공유한 포로결사는 엘리트 집단의 배타적 조직이라고도 할 수 있는데, 오늘날까지도 시에라리온에 광범위하게 존재하기 때문이다.

18년째 집권 중인 감비아의 자메 대통령은 가장 미스터리한 아프리카 대통령으로 손꼽힌다. 그는 언제나 신비스러운 흰색 복장을 입고 주술사들이 들고 다닐 법한 지팡이를 들고 다닌다. 2007년에는 감비아의 전통적 약초를 이용해 에이즈 치료제를 개발했다고 발표하여 물의를 불러일으키기도 했다(이에 대해서 뒤에서 더 자세히 다루겠다). 2011년 대통령 선거에서 그는 아예 선거 운동조차 하지 않았는데, 그 이유가 흥미롭다. "신이 나에게 승리를 계시했다. 나를 정권에서 끌어내릴 수 있는 자는 오직 신뿐이다"라는 게 그의 설명이었다. 그는 선거에서 72퍼센트라는 압도적인 득표로 재당선되었는데, 언론과 인권 단체들은 자메 대통령의 우민화 정책, 정치적 탄압과 인권 유린, 부정선거를 그 이유로 들었다.

# 토착 신앙과
## 아프리카의 저발전 문제

　　　　　이와 같이 아프리카의 토착 신앙은 끈질긴 생명력으로 아프리카인들의 심성에 영향을 미치고 있다. 19세기 선교사들뿐만 아니라 오늘날 아프리카의 경제 개발과 근대화를 위해 도움의 손길을 내미는 이들이 솔직한 심정으로 하는 말들은 거의 비슷하다. 토착 신앙이야말로 아프리카 저발전의 원인이라는 것이다.

　실제로 토착 신앙은 근대적 사고를 저해한다. 정령의 간섭을 인정하는 운명론적 세계관에 젖어 있다 보니 스스로 역경을 개척하겠다는 의지가 약해진다. 가뭄이나 질병과 같은 자연 현상이 과학적 탐구의 대상이 될 가능성은 희박해지고, 이로 인한 불행의 책임도 내가 아닌 다른 누군가에게 있다고 보는 것이다.

　말라리아를 예로 들어보자. 말라리아 환자는 아마도 균을 보유한 암컷 모기에게 물린 적이 있을 것이고, 영양 섭취가 부족한 탓에 면역력이 떨어져 체내에서 말라리아 세포가 본격적으로 활동하는 것을 막지 못했을 것이다. 그러나 아프리카인들은 이런 메커니즘을 이해하지 못한다. 바이러스가 몸에 침투했다고 생각하기보다는 노한 조상신 또는 악한 정령들의 간섭으로 병이 생겼다고 생각한다.

　국제 원조 단체가 모기장을 기증하지만, 종종 그 모기장으로 이불이나 옷을 만든다. 이는 사실 열악한 아프리카의 의료 서비스 시설과도 관련이 있다. 일단 병원이나 약국이 턱없이 부족하고, 또 있다 하더라도 치료를 받거나 약을 살 돈이 없다. 이러한 상황에서 환자들이 의지할 수 있는 것은 주술적 방법밖에는 없다. 대개 마을 단위로 있는 주술 치료사들은 존경받는 연장자이기에 환자들은 그 권위와 관습을 거부하기 쉽지 않다.

성경의 기적적 치유와 현세적 축복을 강조하는 오순절교가 아프리카에서 1억 명 가까운 신도를 보유한 것도 그러한 맥락에서다. 기독교 근본주의자들은 오순절교 목사를 무당이나 샤먼과 다를 바 없다며 비난하지만, 이는 가난과 질병, 불평등으로부터 고통받는 아프리카와 제3세계의 현실을 간과한 태도다. 원인 모를 불행이 닥쳤을 때 주술과 의식에 의지했던 아프리카인들이 이제 오순절교 목사에게 의지하는 것을 어떻게 비난할 수 있을까. 너무나도 현세적인 아프리카인들에게 예수 천국, 불신 지옥을 설교하는 목사는 큰 도움이 되지 못한다.

한편 일부 지역의 농지와 산림, 하천의 개발이 이뤄지지 못하는 데에도 토착 신앙은 영향을 미친다. 그곳에 신성한 정령들이 산다고 믿는 아프리카인들이 개발을 반대하기 때문이다. 양수기와 펌프를 이용해 지하수를 끌어내는 것도 저항에 부딪힌다. 신성한 땅을 함부로 파서는 안 된다고 믿는 이들은 극심한 가뭄에도 기우제를 지내는 것으로 최선을 다했다고 생각한다.

여성과 유아들도 토착 신앙의 피해자다. NGO와 인권 단체의 노력에도 불구하고, 연간 300만 명 이상의 아프리카 소녀들이 생식기의 일부를 절단하거나 변형시키는 할례를 치르고 있다. 비위생적이고 비전문적인 시술로 인해 바이러스에 감염된 소녀들이 죽어간다(이에 대해서는 뒤에서 더 자세히 다루겠다). 정령과 관계된 각종 금기 사항은 산모와 유아들의 영양 섭취에도 영향을 미친다. 계란 또는 육류와 같이 특정 음식의 섭취를 금기시하는 관행은 종종 이들을 영양 불균형 상태로 내몬다.

토착 신앙은 아프리카인들의 시간관념마저 지배한다. 아프리카인들은 미래보다는 과거에 집착하는데, 이로 인해 실제 경험하고 일어난 것에 대해서만 시간으로서의 의미를 부여한다. 뒤집어 얘기하면, 아무것도 일어나지 않은 시간은 시간이 아닌 것이다. 예를 들어 당신이 어느 아프리카인과 오후 4시에 만나기로 했다고 하자. 그러면 십중팔구 그 아프리카인은 4시보다 한참 늦은 시각에 약속 장소에 나타나지만, 그다지 미안해하지 않는다. 왜? 상대방이 기다린 시간은 아프리카인의 입장에서 볼 때 '시간'이 아닌 것이다. 아무런 일도 일어나지 않았기 때문이다. 그에게 시간은 4시 반이건 5시건 상대방과의 만남이 이뤄진 그때부터 의미가 있다.

아프리카에서 모든 일들이 느리게 처리되거나 예상치 못한 우여곡절을 겪는 것도 다 아프리카인들의 시간관념과 관계가 있다. '시간이 곧 돈'이며 아껴 써야 할 것이라고 보지 않는다. 오히려 천지에 널린 것이 시간이니 마음만 먹으면 얼마든지 활용할 수 있다고 보는데, 좋게 말해 낙천적이지만 그들을 상대하는 외국인들은 답답하기가 이루 말할 데 없다.

이와 같이 질병과 위생에 대한 태도, 시간관념 등 토착 신앙에 기초한 사고방식들은 여러 면에서 근대화를 가로막는 걸림돌이 되고 있다. 최근에 와서야 아프리카 지식인들 스스로 그 문제점을 제기하고 있는데, 그중 흥미로운 것은 아프리카 전통과 토착 신앙을 악용하는 정치가들에 대한 비판이다.

예를 들어 앞에서 얘기한 찰스 테일러나 자메 대통령뿐만 아니라 우간다의 이디 아민, 중앙아프리카의 모부투 대통령 등 무수한 아프리카 지도자들은 현대판 정치적 지도자이기보다는 전통 부족 사회의 지도자이며 전지전능한 신의 대리인이라는 인상을 국민들에게 심어주었다. 교육 수준이 낮은 국민들은 집권자를 두려워하기 마련이다. 대화와 토론을 통한 의사 결정은 무시되며, 권력은 집권자에게 집중되는데, 여기에 아프리카의 토착 신앙이 최면제 역할을 한다. 국민들을 우민화함으로써 과학적 세계관의 배양을 막는 것이다. 이를 비판하는 아프리카 지식인들은 아프리카 토착 신앙과 같은 전통이 아프리카의 근대화에 방해가 되지 않도록 명확한 선을 그어야 하며, 합리적이고 과학적인 세계관이 배양될 수 있도록 지도자들이 보다 현명한 정책을 펴야 한다고 주장한다.

아프리카를 경험한 많은 외국인들도 아프리카를 경제적으로 돕기 전에 아프리카인들의 의식을 개혁할 필요가 있다고 지적한다. 행복한 미래를 스스로 설계하고 만들어가기보다는 외부로부터 주어진 것을 수동적으로 받아들이는 아프리카인들에게 근대화된 세계관만큼 절실한 것은 없다.

문제는 수천 년간 간직해온 토착 신앙적 세계관이 인위적인 의식 개혁으로 단기간 내에 사라지거나 개선될 수는 없다는 데 있다. 과거 선교사들이 그랬고, 오늘날 아프리카 현장에서 사업을 하는 국제기구나 NGO 단체들도 좀처럼 변하지 않는 아프리카인들의 의식 구조에 애를 먹는다.

어쩌면 아프리카는 서구의 선진국이나 아시아의 개발도상국들과는 너무나도 다른 길을 걸어왔기에 그들만의 독특한 삶의 방식을 아직도 소중히 간직하고 있는지도 모른다. 사하라 사막은 수천 년간 아프리카와 북반구와의 소통을 막았고, 아프리카인들은 가혹한 자연환경을 극복하기보다는 동화되거나 숭배하는 쪽을 택했다. 유럽인들은 그 자체를 경멸했고, 진지한 고민 없이 야만인들을 문명화시켜 보겠다는 우월적 사명감에 빠졌다. 식민지 정부의 교육은 무성의하기만 했고, 선교사들은 외래 종교인 기독교 교육을 통해 변화될 것이라고 보았다. 물론 그런 식의 문명화를 통해 아프리카인들 심성 밑바닥의 큰 뿌리를 뽑아내려 하는 것은 인종주의적인 발상일 뿐이다.

한편 오늘날 열악한 교육 환경과 수준 역시 아프리카인들의 근대적 세계관 함양에 장애가 된다. 이는 무엇보다도 고질적인 빈곤, 그리고 근대 교육을 불가능하게 하는 사회 분위기와 이를 개선할 능력과 의지가 없는 정부 때문이다. 유엔이 초등교육 보급과 문자 해독률 확대를 새천년개발목표MDGs, Millenium Development Goals의 하나로 선정했고, 숱한 공여국과 NGO들이 이를 위해 노력하는 것도 교육에 대한 아프리카 정부들의 무관심과 무능력 때문이다. 글자를 읽지 못하는 사회일수록 연장자들의 구전과 관습은 더욱 권위를 얻기 마련인데, 아프리카와 아프리카인들의 변혁은 그래서 더더욱 큰 인내심과 국제 사회의 관심을 필요로 한다.

아프리카에서 이슬람교는 토착 문화나 관습과 특별한 충돌을 일으키지 않고 자리 잡았다. 특히 12세기 이후 아프리카에서 이슬람교를 전파한 것은 아랍인이 아닌 아프리카인들 스스로였다. 아프리카에서 이슬람교는 외래 종교로 인식되지 않는 것도 기독교와는 큰 차이점이다.

이슬람교는 아프리카에서 놀라울 정도의 유연성을 발휘했다. 유일신 알라 이외의 다른 정령의 존재를 인정했으며, 마술, 주술과 같은 토착 신앙의 행위들도 비난하지 않았다. 11세기 말리에서 이슬람 지도자인 마라보marabout들은 왕국을 위해 기우제를 올리기도 했다. 우연의 일치인지 모르지만 실제로 비가 내렸고, 그 후 말리 왕국에서 이슬람 개종이 급속하게 증가했다. 엘리트들은 이슬람 신학자들을 환대했으며, 알라에게 전쟁 승리, 건강 기원과 부의 축적과 같은 소원을 빌기도 했다. 아프리카에서 아랍인들은 누구든 알라를 최고의 존재로 인정하기만 하면 관용을 베풀었다.

그러나 아프리카에서의 이슬람교가 앞으로도 과거에 그랬던 것처럼 종교적 관용성을 유지하리라는 보장은 없다. 이슬람교는 근본적으로 신도들에게 코란의 가르침을 실천하고 마호메트의 삶을 모방해야 한다는 의식을 주입하고 있는데, 이러한 경향은 이슬람 근본주의의 씨앗이기도 하다. 실제로 1980년대 수단과 1990년대 말 나이지리아에서 이슬람 다수파들은 이슬람식 샤리아법을 민법으로 채택하면서 소수파들의 반감을 샀고, 결국 끔찍한 종교 분쟁을 초래했다.

오늘날 아프리카에는 이슬람 근본주의자들의 움직임이 위협적으로 나타나고 있다. 오사마 빈라덴Osama bin Laden의 사망 이후 알카에다 마그렙 지부AQMI는 알제리, 모리타니, 니제르, 말리의 사막에서 테러 활동을 강화하고 있으며, 나이지리아 이슬람 테러 단체인 보코 하람Boko Haram과의 연결을 모색하고 있다. 한편 남쪽 소말리아에서는 알 샤바브가 소말리아의 유일한 합법 정부를 위협하고 있고, 이슬람 북수단과 기독교 남수단 간의 갈등도 불씨가 꺼지지 않았다. 과연 알라의 관용이 언제까지 지속될지는 두고 봐야 할 것 같다.

샤리아법과 미인 대회

미스 월드 대회는 가끔씩 이슬람 사회를 격앙시키기도 한다. 2002년 대회는 나이지리아 수도 아부자에서 개최될 예정이었지만, 종교적 폭동이 일어나 600여 명의 사상자가 생기자 런던으로 개최 장소를 바꿔야만 했다.

비극의 발단은 그해 3월 나이지리아 북부의 이슬람 법원에서 내린 한 판결이었다. 법원은 서른두 살 여성 아미나 라왈<sup>Amina Lawal</sup>이 낳은 아이가 혼외정사를 통해 생겼다고 결론짓고는 돌로 쳐 죽이라는 판결을 내린 것이다. 변호사 없이 진행된 재판에서 그녀는 강간을 당했다고 주장했으나, 샤리아법상 여성이 강간을 입증하기는 낙타가 바늘구멍에 들어가기보다 어려운 것이었다. 라왈은 이후 인권 운동가의 도움을 받아 즉각 항소를 신청했다. 특히 수형자의 몸뚱이를 땅에 묻은 채 두개골이 깨어질 때까지 돌로 내려치는 샤리아 형법의 잔혹성이 알려지자, 전 세계적 비난 여론이 들끓었다. 인권 단체들은 수만 통의 이메일을 보내 올루세군 오바산조 Olusegun Obasanjo 대통령에게 압력을 넣었다.

문제는 그해 나이지리아 수도 아부자에서 개최될 예정이었던 제52차 미스 월드 대회로 확산되었다. 아홉 명의 본선 참가자들이 라왈에 대한 사형 판결을 비난하면서 대회 참가 보이콧을 선언한 것이다. 한편 무슬림들은 미스 월드 대회의 퇴폐적 성격을 비난하는 가운데 나이지리아 사회의 긴장은 고조되고 있었다.

이 와중에 한 일간지의 여성 기자가 '만약 마호메트가 오늘날 살아 있다면 미스 월드 대회 참가자 중 한 명을 부인으로 선택했을 것'이라며 냉소적인 기사를 써 무슬림을 자극하기 이르렀다. 성난 무슬림들은 일간지 사무실을 불태우고 기독교인을 공격했다. 이로 인해 최소한 200명이 사망하고 수천 명이 대피했으며, 미스 월드 조직위는 개최 장소를 런던으로 변경해야만 했다. 이러한 사태가 전개되는 동안 샤리아법으로 처형을 받을 위기에 놓였던 라왈을 위한 국제 사회의 구명 노력은 계속되었고, 마침내 라왈은 2003년 항소심에서 무죄 판결을 받았다.

비록 라왈이 국제 사회의 도움으로 자유의 신분이 되긴 했지만 아프리카는 여전히 최악의 성차별 대륙이다. 이슬람교와 토속 신앙이 이를 해소하는데 걸림돌이 되고 있음은 분명한 사실이다.

## | 02 |

# 에이즈,
# 왜 하필 아프리카인가

### 성병의 책임자들

여느 환자와는 달리 성병 환자들은 대개 곱지 못한 시선을 받는다. 성병의 원인을 부도덕하고 방탕한 성행위와 결부시키는 사회적 분위기 때문인데, 이는 비단 오늘날만의 일이 아니다. 과거에는 성병이 대규모로 창궐하면 반드시 그 책임을 누군가에게 전가시키고는 했다. 과학적 지식이 충분하지 못해 성병의 원인과 감염 경로를 이해하지 못했던 사람들은 종종 가해자와 피해자를 혼동했고, 집단적인 속죄양을 만들어냈다.

유럽의 창녀들이 그 단적인 예다. 근대 초까지 유럽인들은 매독과 임질이 창궐할 때마다 창녀들을 집중적으로 처벌했다. 이는 사회적으로 소수이며 약자인 창녀를 처벌하는 것이 남성 노동자와 군인을 처벌하는 것보다 여러모로 수월할 뿐만 아니라, 사회 전체의 위기감을 누그러뜨리기에도 적합했기 때문이었다. 여성과 성을 죄악시하는 기독교적 전통은 창녀들을 질병의 근원인 동시에 음탕하고 사악한 존재로 취급하면서 도덕적 책임마저 떠넘겼다.

역사상 최악의 성병인 에이즈도 크게 다르지 않다. 1981년 미국 캘리포니아 동성애자 다섯 명이 이 병의 증상을 호소했을 때, 의학계는 이 희귀한 병을 '게이 관련 면역병GRID, Gay-related Immune Disease'이라고 이름 지었고, 이후 한 술 더 떠서 '4H병'이라는 별명까지 지어주었다. 4H란 아이티인Haitians, 동성애자homosexuals, 혈우병hemophiliacs, 마약복용자heroin users를 의미하는 것이었다. 이렇듯 에이즈가 세상에 알려졌을 당시 사람들은 이를 '문제아'들의 병으로 인식했다.

그 후 동성애자뿐만 아니라 이성애자들, 그리고 유럽인들도 이 병에 감염된 사실이 밝혀지자, 미국 의학계는 1년 만에 병명을 바꾸었다. 그 이름이 오늘날까지 우리가 알고 있는 에이즈, 즉 후천성면역결핍증후군Acquired Immune Deficiency Syndrome인데, 문제는 이제부터였다. 동성애자들이 '정상적인 이성애자'를 감염시켰다고 믿었기 때문이었다. 당시 수많은 동성애자들은 직장에서 쫓겨났고, 그들이 자주 찾는 술집은 문을 닫아야 했다. 동성애자라는 이유만으로 강제로 혈액검사를 받아야 했고, 심지어는 이들의 결혼을 금지하는 법안까지 만들어졌다. 당시 동성애자들은 19세기 박해받던 유럽의 창녀와 비슷한 취급을 받았다.

그런데 이러한 박해는 1980년대 중반부터 그 대상이 다른 누군가에게로 옮겨졌다. 바로 아프리카인이다. 과학자들은 그 어느 지역보다 아프리카에 에이즈가 만연해 있다는 사실을 주목했고, 급기야 에이즈 바이러스가 아프리카인들로부터 퍼졌다는 가설을 발표했기 때문이다. 중서부 아프리카의 침팬지와 고릴라들이 에이즈와 유사한 증상을 보이고 있음을 확인한 그들은 이러한 증상을 일으키는 원숭이면역결핍바이러스<sup>SIV, simian immunodeficiency virus</sup>를 발견했다. 그리고 이 바이러스가 아프리카인의 체내로 들어가 인간면역결핍바이러스<sup>HIV, human immunodeficiency virus</sup>로 변형되었다고 주장했다.

이러한 가설은 의심의 여지가 없어 보였다. 1991년도에는 아예 에이즈 전파 과정이 지도로 그려졌고, 아프리카인들에 대한 박해가 시작되었다. 아프리카인들에 대한 추방과 입국 거부 사례가 속출했고, 심지어 유럽에서는 유학 중인 아프리카인들에 대한 강제 혈액 검사가 실시되기도 했다. 죽을 것이 당연한 에이즈 보균자에게 학위를 줄 필요가 없다는 것이 그 논리였다.

1985년 미국의 팝스타 21명이 참여한 USA 4 AFRICA가 'We are the World'라는 노래를 발표함으로써 아프리카의 빈곤과 질병 문제에 대한 전 세계적인 동정심이 일어났지만, 이후 몇 년도 지나지 않아 아프리카는 '신이 내린 형벌' 에이즈의 주범으로 인식되고 말았다. 무지와 야만, 가난과 폭력의 대륙, 아프리카는 이제 몹쓸 병마저 만들어 전 세계인의 생명을 위협하는 말썽꾸러기가 되어버린 것이다.


## 성적 욕망을 주체 못하는 종족들

그런데 과연 사실일까? 에이즈가 신의 형벌이라면 왜 하필 아프리카에 내려졌던 것인가? 그러나 인간이 말하는 '신의 뜻'이라고 해봐야 기껏 눈앞에 나타난 현상을 자신만의 종교적 또는 윤리적 잣대로 판단하고 해석하는 것일 뿐이다. 아프리카에는 서구인들의 그러한 잣대에 맞지 않는 것들이 너무나도 많았고, 그들 모두 신이 벌을 내릴 만한 혐의처럼 여겨졌다.

우선 서구인들의 눈에 아프리카인들은 야만스럽고 불결했다. 원숭이를 잡아 그 고기bushmeat를 먹는다든지, 원숭이 통가죽을 뒤집어쓴 채 의식을 치르는 모습은 원숭이 바이러스가 인체로 전파될 수 있는 완벽한 증거일 수밖에 없었다. 사냥 과정에서 원숭이의 이빨과 손발톱에 의해 상처가 나기 마련인데다가, 이후 사로잡은 원숭이의 피를 마시거나, 인체 여기저기에 바르면서 바이러스가 자연스럽게 침투했을 것이다.

과학자들이 아프리카인들의 야만스러운 면모를 들춰내자 이제 관심은 아프리카인들의 '독특한 성적 취향'으로 옮겨졌다. 1985년 미국 애틀랜타에서 개최된 제1차 국제에이즈회의에서 원숭이 바이러스의 인체 감염 이론이 발표되었는데, 그러자 기자들은 아프리카 대표단에게 몰려들었다. 그들은 '아프리카인들이 원숭이와 섹스를 한다는 게 사실입니까?'라며 질문을 퍼부었는데, 한 침착한 아프리카 의사가 이렇게 대답했다. '미국 여성이 개와 섹스를 한다는 얘기는 들어봤지만, 아프리카인들이 원숭이와 섹스를 한다는 얘기는 들어본 적 없습니다'(실제로 서양의 어떤 포르노물은 발정난 개와 여자의 섹스 장면을 다룬다).

아프리카인들이 원숭이와 성교를 했다는 주장은 상상일 뿐이다. 그렇지만 그 상상의 이면에는 아프리카인들에 대한 성적 편견과 인종차별적 논리들이 깔려 있다. 유럽인들이 보기에 아프리카인들은 성적 욕망을 주체하지 못하는 종족들이었다. 그들은 일단 거대한 아프리카 남성들의 생식기와 크고 돌출된 여성들의 엉덩이를 성적 욕망의 상징으로 보았다. 그리고 나체를 부끄러워하지 않으며, 가족이나 남들이 지켜보건 말건 성행위를 하는 장면, 원숭이 피를 최음제 삼아 생식기에 바르는 장면들을 모아 아프리카인에 관한 성적 이미지를 만들어냈다.

한마디로 아프리카인들의 성생활이 몹시 문란하고 난잡하다는 것이다. 유럽인들은 아프리카인들이 다산多産을 성적 순결보다 우선시한다고 여겼고, 그래서 그 어떤 성행위도 관대하게 여길 것이라 생각했다. 조혼제도와 일부다처제와 같은 사회적 제도에 대한 해석이 그 대표적인 예다. 가급적 빨리 성에 눈을 뜨고, 평생 여러 명의 파트너와 많은 섹스를 함으로써 아이를 많이 낳는 것이 공동체의 미덕이기에 이들에게 정절과 공중도덕을 요구하는 것은 무리라고 보았던 것이다.

초창기 기독교, 가톨릭 선교사들도 이를 기록에 남겼다. 그들은 예배당에서 흑인 소년들이 바지 주머니에 손을 넣는 행위를 금지시켰는데, 아마도 예배를 보는 도중에 누군가가 몰래 자위행위를 하다 적발되었기 때문인 듯하다. 가톨릭 선교사들은 식민지 지배의 끝 무렵, 욕망을 억제하지 못하는 흑인들이 과연 사제나 신부와 같은 성직을 맡을 수 있을지 심각하게 고민했다.

한편 서구인들은 아프리카인들이 동성애에도 탐닉할 것이라고 생각했고, 그 증거를 찾기 위해 아프리카 대륙을 누볐다. 결국 동성애 집단을 찾지 못하였지만, 그들은 1995년에 일단 추측성 연구 결과를 발표했다. 아프리카에는 수많은 게이들이 존재하는데, 특이하게도 이들은 여성과의 섹스도 즐기는 양성애자도 결혼을 통해 게이라는 사실을 감추고 산다고 주장했다. 에이즈가 아프리카 남성과 여성 모두에게 만연한 것은 바로 아프리카 게이들의 이중성 때문이라는 것이다. 에이즈가 의학계에 공식적으로 알려진 지 15년이 지났지만, 이 연구는 인종적, 사회적, 성적 편견이 얼마나 오래 지속되는지를 보여주는 사례다.

이러한 이유로 20세기 말 에이즈가 창궐했을 때, 사람들은 신의 형벌이 아프리카인들에게 가해지는 것을 이상하게 생각하지 않았다. 야만적이고 문란한, 성에 굶주린 아프리카인들이 에이즈를 만들어냈고, 그로 인해 스스로 전멸의 위기에 처했다는 비평들이 끊이지 않았다. 마치 노아시대에 대홍수, 그리고 소돔과 고모라의 대화재를 떠올리게 하는 장면이다.


## 섹스 이용권

아프리카인들을 에이즈로부터 구하겠다는 국제 사회의 원조 역시 아프리카인들의 성적 특성에 대한 관찰에서 출발했다. 특히 1990년대 지구 곳곳에서 승리의 찬가를 부르던 신자유주의는 아프리카의 에이즈가 사회 전반적이고 구조적인 문제라고 보지 않았다. 에이즈는 단지 성병일 뿐이며, 그것이 아무리 큰 규모로 확산될지언정, 개개인의 성적 행동 중에서 잘못된 부분만을 고치면 해결될 수 있는 문제라고 보았다.

우선은 에이즈가 어떤 병인지, 어떻게 감염되는지에 대한 지식을 전파하는 게 급선무였지만, 그 근저에는 아프리카인들의 과도한 성욕을 억제시켜보겠다는 '문명화적 사명'이 깔려 있었다. 종교적 성향의 NGO들은 그 대표적 활동가들이었다. 금욕과 절제를 강조한 그들은 구체적으로 '어린 소녀를 탐하지 마라. 혼전·혼외정사를 해서는 안 된다. 한 명의 이성과만 섹스를 하라'고 가르쳤고, 그럼으로써 에이즈가 없어질 것이라고 보았다. 비유하자면, 결핵 환자로 하여금 타인 앞에서는 숨을 살살 쉬라고 가르치는 격이었다.

그 시대 서방 정부들의 시각 역시 마찬가지였다. 다만 이들은 NGO와는 달리 수십억 개의 콘돔을 아프리카인들에게 선사했다. 만약 아프리카인들의 강렬한 성욕을 완화시킬 수 없다면, 콘돔을 쓰도록 해서 감염률을 낮추고자 했던 것이다.

사실 미국은 그 이전부터 이미 콘돔을 아프리카에 지급해오고 있었다. 당시 미국은 아프리카 인구가 적정 수준을 넘어서고 있다고 보았고, 인구 폭발을 막지 않으면 재앙이 닥칠 것이라 생각했던 것이다. 미국은 아프리카 사업 예산 절반을 가족계획 교육과 콘돔 보급에 사용하면서 출산율을 떨어뜨리려 했었다. 그런데 이제 콘돔은 에이즈 확산 방지, 즉 아프리카 인구의 급격한 감소를 막기 위한 도구가 되었다. 용도가 180도로 변경된 것이다.

그러나 아프리카에서 그 효과는 기대 이하였다. '성행위 시에 착용하기만 한다면' 콘돔의 에이즈 예방 효과는 탁월하겠지만, 아프리카에서는 그 전제 조건 자체가 어려운 과제였다. 냉정하게 말해 보균자든 아니든, 남성이든 여성이든, 콘돔은 달가운 물건이 아니었다. 콘돔의 사용은 성적 쾌감을 떨어뜨린다고 여겨졌고, 스스로 에이즈 보균자라는 인상을 줄 수 있기 때문이다.

더구나 아프리카 남성들에게 콘돔이란 섹스 쿠폰과도 같은 것이어서, 이론대로라면 보유하고 있는 콘돔의 숫자만큼만 섹스를 즐길 수 있었다. 물론 그 이론을 지키는 성인 남성이 과연 얼마나 되는지는 알 수 없다.

여성들이 상대방에게 콘돔 착용을 요구하는 것은 무척 어려운 일일 수밖에 없다. 그것은 상대방 남성에 대한 의심 또는 모욕과도 같은 것이며, 남성의 지위가 절대적으로 우월한 아프리카 사회에서 그다지 받아들여질 수 있는 요구가 아니다. 현재까지도 남동부 아프리카 여성의 절반 정도는 남편 또는 애인의 섹스 요구에 반드시 응해야 한다고 생각한다. 콘돔이 없다고 이를 거부하는 여성들은 거의 없다. 배려심이 부족한 남성들은 여성 파트너가 채 준비도 되지 않은 상태에서 삽입을 하는데, 이런 과정에서 질 벽에 상처가 생기고 에이즈균이 여성의 체내로 흘러 들어간다. 아프리카에서 에이즈의 최대 희생양은 여성들이다.

한편 콘돔은 이미 감염된 보균자에게는 별 도움이 되지 않는다. 당시 에이즈 바이러스 활동을 다소 억제하는 백신이 개발되었지만, 이는 너무나도 비싸서 대량으로 아프리카에 지원할 수가 없었다. 또한 어차피 죽기 마련인 에이즈 보균자들에게 비싼 돈을 들여 치료할 필요성을 느끼는 이는 없었다.

극단적인 관점에서 보면, 1990년대 국제 사회는 사실상 아프리카의 에이즈 보균자들을 포기한 채, 다만 새로운 전염이 확산되는 것만을 막으려 했다. 그 대표적인 예가 국영 또는 다국적 기업이 운영하는 광산이었는데, 정부와 다국적 기업의 수뇌부는 에이즈의 예방을 위해 광부와 창녀들에게 콘돔을 지급하면서 성관계 시 착용할 것을 '의무화'했다. 에이즈의 확산은 생산 차질과 영업 수익의 감소를 초래하기 때문이었다.

## 영양학적
## 후천성면역결핍증후군

물론 콘돔을 지급하고, 아프리카인들의 성적 행태를 바꾸려고 한 노력들이 전혀 효과가 없었던 것은 아닐 것이다. 그러나 오늘날 그러한 접근은 인종주의적 편견에 사로잡힌 것일 뿐만 아니라, 에이즈의 확산을 막기 위한 근본적인 처방이 될 수 없다는 비판을 받고 있다.

우선 아프리카인들이 서양인들보다 얼마나 문란한 성생활을 하는지, 또 얼마나 성적 욕구가 강한지는 구체적으로 알 수 없다. 최근 한 통계에 따르면 오히려 유럽 여성의 첫 성경험이 아프리카 여성보다 빠르며, 성인 남성의 섹스 파트너 숫자도 유럽인들이 더 많다. '아프리카인들이 성적 욕망을 주체하지 못한다'는 주장은 인종주의적 편견이 낳은 과장일 가능성이 높다.

다만 분명한 것은 아프리카인들이 다른 어떤 사람들보다 '위험한 섹스'를 많이 하며, 에이즈에 감염될 가능성이 높은 환경에 처해 있다는 것이다. 다른 병과 마찬가지로 에이즈균이 인체에 침입하는 경우에도 곧장 활동을 개시하는 것은 아니다. 숙주가 되는 개개인의 건강과 면역력에 따라 그 활동의 정도가 다르다. 보통 건강한 사람은 에이즈 보균자가 되더라도 그 활동과 번식을 억제할 수 있으며, 이로 인해 이성과의 성행위로 상대방을 감염시킬 확률도 500분의 1에서 1,000분의 1에 지나지 않는다. 그러나 아프리카인들은 만성적으로 영양이 부족한데다가 기생충이 많아 기초 면역력이 떨어져 체내로 들어온 에이즈균에 취약할 수밖에 없다.

예를 들어 비타민, 철, 아연, 단백질이 부족하면 피부 면역력의 저하를 초래할 뿐만 아니라, 면역체인 B세포 및 T세포 형성 능력마저 떨어져 에이즈균의 침투를 막지도 못하고 죽이지도 못한다. 특히 비타민 A가 부족하면 산모에서 태아로 에이즈균이 전염되는 것을 막지 못한다. 말라리아 환자들은 생존하더라도 면역 체계에 손상을 입은 채 평생을 살아가게 되는데, 그래서 일단 에이즈에 감염되면 자신뿐만 아니라 상대방 섹스 파트너를 죽일 만큼의 강력한 에이즈 세포를 만들어낸다.

우물 또는 냇가에 서식하는 주혈흡충schistosome은 주로 물을 길거나 빨래하는 여성들의 상처를 통해 들어와 내장과 요도에 알을 낳고 기생한다. 이 무시무시한 기생충들은 영양분을 가로채 면역력을 떨어뜨릴 뿐만 아니라 생식기에 각종 질환을 일으킴으로써 성행위 시 에이즈균이 침투할 수 있도록 문을 열어 준다.

보건상의 이유 외에도 사회적, 경제적 상황은 아프리카 여성들을 '위험한 섹스'로 내몬다. 식량을 구할 길 없는 여성들은 거리에서 남성들을 유혹하는 것으로 생계를 이어가는데, 앞에서 언급했듯이 고객에게 콘돔을 착용하라고 요구할 수도 없을 뿐만 아니라, 직접 콘돔을 살 돈이 없다. 특히 기근이 일어나면 10대의 어린 소녀들마저 몸을 팔겠다고 거리로 나오는데, 이들은 섹스와 에이즈에 대한 지식이 없어 에이즈에 무방비로 노출된다. 그리고 내전 지역에서는 집단 강간, 윤간이 행해지곤 하는데, 이는 에이즈를 대규모로, 강제적으로 전염시키는 최악의 상황이다.

이 모든 것을 종합해보면, 아프리카의 에이즈 문제는 아프리카인들의 문란한 성관계가 초래한 위기라기보다는 빈곤이 빚어낸 비극임이 분명하다. 빈곤하지 않으면 영양 상태나 면역력도 부실하지 않았을 것이고, 에이즈균에 대해 그토록 무기력하지 않았을 텐데, 그래서 에이즈를 네이즈<sup>NAIDS</sup>, 즉 영양학적 후천성면역결핍증후군 Nutritionally Acquired Immuno-Deficiency Syndrome 으로 불러야 한다는 주장이 꽤 그럴듯하게 들린다.

따라서 아프리카의 빈곤 문제가 해결되지 않으면 에이즈 문제도 해결할 수 없다. 깨끗한 식수 공급과 식량 생산 증가, 의료 시설의 보급이 보다 시급한 것이지, 그저 콘돔을 나눠주고 깨끗한 성관계를 맺으라고 하는 것은 근본적인 해결책일 수 없는 것이다. 특히 국제 사회는 콘돔을 대량을 지원하는 대신 말라리아와 같은 다른 질병 구호 물품을 삭감했는데, 앞에서 살펴본 것과 같이 에이즈와 말라리아는 서로 공조 관계에 있기에 어느 한 쪽만을 제압하는 방법은 옳지 않다. 둘 모두 동시에 퇴치해야 하는 것이다.

최근 줄기세포를 이용하여 에이즈가 완치된 사례가 있었는가 하면, 아예 에이즈를 완치할 수 있는 신약의 개발도 멀지 않았다는 반가운 소식이 들린다. 그러나 신약이 개발된다한들 2,300만 아프리카 에이즈 감염자들이 혜택을 입을 수 있을지는 미지수다. 신약은 너무나도 비싸기 때문이다.

1990년대 후반 에이즈 세포를 억제하는 항레트로바이러스제antiretroviral drug가 개발되었으나 비싼 가격으로 인해 아프리카의 환자들은 혜택을 입지 못했다. 클린턴 정부의 노력으로 복제 약물의 생산이 허용되었지만, 기술력이 없는 아프리카 정부가 이를 생산할 리 없었고, 일부 제약회사들만이 큰 수익을 기대하지 않은 채 복제품을 한정적으로 생산, 공급했을 뿐이다. 말라리아와는 달리 에이즈는 북반구의 백인들도 감염시켰는데, 이들 '부유한 고객'의 수요를 무시할 수 없는 제약회사들은 항레트로바이러스제의 가격이 떨어지지 않도록 공급을 제한할 필요가 있었다. 머지않아 에이즈 완치약이 개발된다고 하나, 그렇다고 해서 가난한 남반구가 에이즈로부터 당장 해방될 것이라 믿는 것은 다소 순진한 기대일 수밖에 없다.

우려스러운 것은 아프리카 정치 지도자들의 현실 인식이다. 원조 중독에 빠진 지도자들이 공여국이 제공하는 신약을 만병통치약으로 생각하면서 에이즈를 과소평가할 수도 있다. 말했듯이 에이즈는 빈곤과 가난의 질병이다. 더구나 에이즈 세포는 그간 숱한 변종 세포를 생산하면서 현대 의학을 비웃었는데, 향후 또 어떤 돌연변이를 통해 살아남을지 모른다. 신약 개발은 반갑긴 하지만, 그것과는 상관없이 아프리카인들의 영양 상태와 보건 수준 향상만이 근본적인 처방일 수밖에 없다. 아프리카 정치 지도자들이 이를 망각해서는 안 된다.

  서구 의학이 에이즈 치료약을 개발하지 못하는 상황에서 아프리카 지도자들은 아프리카만의 방식으로 해결책을 찾으려 했다. 토착 신앙과 결부된 약초를 이용해 에이즈 특효약을 개발하려고 한 것이다. 아프리카 전통 약초 요법traditional herbal therapy은 경험적으로 알려진 약초의 효능뿐만 아니라 선한 정령의 힘이 환자의 병을 낫게 해준다는 민간 신앙의 한 영역이다.

  2007년 2월 잠비아 보건부 장관은 지난 6개월간 전통 약초를 이용하여 HIV 양성 환자를 치료했으나 효과가 없었음을 시인했다. 그러나 비슷한 시기에 자메 감비아 대통령은 약초를 이용해 자신이 직접 만든 연고로 에이즈 환자를 치료했다고 발표했다. 한 술 더 떠 만약 환자가 항레트로바이러스 약물 복용을 중단하고 담배와 섹스를 끊는다면 단 3일 만에 치유될 수도 있다고 했다. 이슬람 신자인 그는 코란을 한 손에 들고는 에이즈 환자에게 "알라의 이름으로 병에서 나을 지어다"라고 말했다.

  의구심을 품은 기사가 외신의 헤드라인을 장식했고, 치료의 구체적 증거를 요구했던 감비아 소재 유엔개발계획 사무소장은 추방되고 말았다. 세계보건기구WHO와 에이즈 퇴치를 위해 활동하는 NGO들은 검증되지 않은 에이즈 치료제 개발 소식을 일제히 비난했다. 그런 허위 정보로 인해 아프리카의 에이즈가 오히려 더 확산될 것이기 때문이었다.

# | 03 |
# 누구를 위한
# 할례인가?

## 끔찍한 수술

인간은 동물과 달리 자기 신체에 송곳이나 칼과 같은 흉기를 댄다. 귀걸이는 이미 청동기 시대 유물에서 발견되며, 창세기 아브라함의 시종이 금 코걸이를 주었다는 기록으로 보아 인간이 귀와 코를 뚫는 행위는 아주 오래되었음을 알 수 있다. 미용을 위한 생명에 지장을 주지 않는 정도의 신체 변형은 매우 보편적인 현상인데, 오늘날 여성들의 성형 수술도 그러한 맥락으로 보면 될 것 같다.

인간이 성기에 칼을 대는 행위는 어떻게 설명되어야 할까. 오늘날 북반구 남성 대부분이 행하는 포경 수술은 인류의 진화와 관련이 있다. 포경 수술 지지자들은 음경의 표피가 과거 인류가 나체로 살던 시절에 귀두를 보호하기 위한 덮개였으나, 이제는 그러한 기능이 필요가 없으며, 오히려 위생상 좋지 않다고 본다. 19세기 과학과 의료 기술의 발달로 인해 이러한 주장은 공감을 얻고 있다.

한편 남반구, 특히 아프리카와 서아시아의 여성들은 성기의 일부를 잘라내거나 변형하는 시술을 받고 있는데, 남성의 포경 수술과는 달리 유엔을 비롯한 국제 사회는 이를 뿌리 뽑아야 할 악습으로 보고 있다. 여성의 인권을 심각하게 침해하는 관습이기 때문이다.

흔히 '여성 할례FGM, Female Genital Mutilation'라고 불리는 이 관행은 전통, 그리고 관습의 영역에 속해 있으며, 거의 대부분 비전문적 시술자에 의해 이뤄진다. 아프리카에서는 연간 300만 명 정도의 여성들이 할례를 받는데, 시술 과정이 너무나도 고통스럽고 끔찍하기 이를 데 없다. 할례를 받는 대상은 출생 직후의 영아에서 성인식을 치르는 10대, 그리고 놀랍게도 임신 중인 여성에 이르기까지 광범위하다.

시술의 유형도 다양해서 음핵과 음순을 잘라내거나 아예 대음순을 꿰매 질 입구를 봉합하기도 한다. 소위 봉합형 할례 이후에는 약 6주 정도 두 허벅지를 꽁꽁 묶어두는데, 이는 두 다리를 움직이지 못하게 함으로써 꿰매진 대음순이 빨리 접합되도록 할 뿐만 아니라, '환자'가 스스로 실을 뽑거나 치료하는 행위를 막기 위함이다. 다만 소변과 생리혈이 빠져나올 수 있는 최소한의 공간을 만들기 위해 봉합된 대음순 사이로 작은 나무 막대기 따위를 꽂아둔다.

시술은 대부분 부족 공동체에서 이를 전담하는 여인이 행하지만, 아주 드물게 어린 소녀들이 '후배' 소녀들을 상대로 행하기도 한다. 시술 도구로는 녹슨 칼, 면도날, 심지어 깨진 유리병 조각이 활용된다. 열악한 위생 환경에서 소독도 되지 않은 칼이 반복적으로 쓰이다 보니 각종 병균이 옮겨지는 일도 다반사로 일어난다.

면역력이 약한 아프리카의 여성들은 시술 이후 상처를 통해 각종 바이러스가 침투되어 질병을 앓다 죽기도 한다. 시술 부위가 곪아 터져 피부가 약해지고, 이로 인해 성행위와 출산 시 엄청난 고통이 유발된다. 또 상처는 종종 에이즈균이 침투하는 입구가 된다. 과격한 성기의 변형으로 성기능에 장애가 오고 성행위 시에도 쾌감보다는 고통이 수반되며, 이로 인해 우울증에 빠지거나, 요로 계통 질병에 걸리기도 한다.

아프리카의 페미니스트들은 할례를 결혼, 노동과 함께 아프리카 여성들이 일생 동안 겪어야 할 3대 고통 중 하나로 간주하고 있다. 과학 기술의 혜택을 누리며, 여성과 아동의 인권을 소중히 하는 북반구 사람들은 이 잔인한 관습이 왜 아직 남반구에서 광범위하게 행해지고 있는지 쉽게 이해하지 못한다.


## 음핵에 대한 혐오

여성의 성기를 절단하고 변형시키는 관습은 기원전 5세기 이집트 시대로 거슬러 올라간다. 그리스 역사가 헤로도토스 Herodotos는 이 관습에 대해 기록하면서도 어떠한 이유로 그런 시술을 했는지 이유는 밝히고 있지 않다.

그러나 역사가와 인류학자들은 이러한 관행이 순결에 대한 강박관념에서 비롯되었다고 본다. 인류 역사상 여성의 혼전 순결은 일부 지역에서 중시되었는데, 극단적인 곳에서는 아예 소녀의 음부를 봉합해버리거나 성적 쾌감을 자극하는 음핵을 제거하는 것이 확실한 방법이라 여긴 것이다.

할례에 관한 또 다른 설명은 성적 정체성에 관한 이집트인들의 믿음을 들 수 있다. 이집트 신화에 따르면 인간은 남성이든 여성이든 상대방 성의 정령을 몸에 지니고 있었다. 여성의 음핵은 남성의 정령이 서린 곳이고, 반면 남성의 표피에는 여성의 정령이 있기에, 이들을 절제함으로써 비로소 온전한 여성과 남성이 된다는 것이다. 그러한 의미에서 할례는 성인식과 같은 통과 의례에 해당한다.

여성의 음핵은 정말 미스터리한 기관으로 인식되어왔다. 자연과학, 특히 해부학이 발달했던 18세기에도 음핵의 존재 이유는 베일에 가려져 있었다. 다만 고중세 이래 음핵은 욕정과 정신병의 근원으로 이해되었고, 이는 현대에 와서도 마찬가지였다. 19세기 영국, 그리고 20세기 초 미국 외과 의사들도 우울증에 걸린 여성이나 레즈비언을 치료하기 위해 음핵을 잘라냈다.

아프리카인들의 생각도 이와 크게 다르지 않다. 그래서인지 음핵에 대한 혐오는 인류, 특히 남성들의 공통된 강박 관념인지도 모른다. 아프리카인들도 여성들이 음핵의 자극을 통해 성적 쾌감을 느끼고 성에 눈을 뜨며, 이로 인해 혼전 순결을 잃을 수 있다고 믿고 있다.

동부 아프리카에서 할례를 하지 않은 여성은 아예 결혼 상대가 될 수 없는데, 이는 남성들이 그런 여성을 순결하지 못하다고 간주하기 때문이다. 봉합된 성기는 순결의 징표이며, 혼인 직전에 가족 구성원들이 이를 확인한 후 이를 다시 절개하여 연다. 물론 이는 첫날 밤 남편을 맞이하기 위한 것인데, 그 고통은 말로 표현할 수가 없을 것이다.

일부 지역에서는 남성들의 암묵적인 요구로 인해 할례가 이뤄진다. 수단 일부 지역의 여성들은 질 입구를 좁혀야 하는데, 이는 명백히 남편의 성적 쾌감을 위한 것이다. 그런데 보다 잔인한 것은 출산 후 넓혀진 질구를 다시 꿰맨다는 것이다. 역시 남편에게 쾌감을 주기 위해서인데, 할례의 끔찍한 고통은 출산 시마다 평생 수차례나 반복된다.

이 외에도 음핵이 성행위 시 남성을 공격하고, 아기의 생명을 위협한다는 비상식적인 편견들이 있다. 음핵이 남성의 성기에 닿거나, 출산 시 아기의 머리에 닿을 경우 성기능 장애와 뇌수종을 초래한다는 것이다.

할례는 미관상, 그리고 위생상의 이유로 옹호되기도 한다. 음핵과 대음순이 보기 흉할 뿐만 아니라 소변, 질 분비물을 머금어 불결하다는 것이다. 아름답고 깨끗해지기 위해 그것들을 잘라내거나 봉합해 버리는 편이 낫다고 하는데, 이 역시 타당하지 않다. 할례를 했을 때 '보기 좋아'진다는 것은 둘째 치고, 질 입구에는 오히려 빠져나가지 못한 소변과 생리혈, 질 분비물이 고여 각종 세균의 번식을 도울 뿐이다.


## 할례의 끈질긴 생명력

이토록 끔찍하고 잔인한 관행을 없애기 위한 노력은 사실 식민지시대부터 있었다. 유럽 식민지 정부는 야만적 풍습을 법으로 금했지만, 실제 그것들을 뿌리 뽑겠다는 의지는 없었다.

유엔은 1980년대에 와서야 여성 할례를 주목했고, 1990년대부터 구체적인 근절 노력에 나섰다. 세계보건기구, 유엔아동기금<sup>Unicef</sup>이 중심이 되었고 NGO들도 동참했다. 유엔과 국제 사회는 아프리카와 아시아 정부로 하여금 할례를 금지하는 법안을 제정토록 권고했고, 공무원과 부족 공동체에 대한 교육을 실시했다. 그 결과 사하라 이남 아프리카 16개국에서 명시적으로 여성 할례를 금지하는 법이 제정되었으며, 소수 국가에서는 미약하나마 10년 만에 할례를 받는 여성들의 숫자가 줄어들었다.

그러나 국제 사회의 노력에도 불구하고, 대다수의 국가에서 이 잔인한 관행이 고스란히 유지되고 있다. 그간 대략 1억 명 정도의 아프리카 여성이 할례를 받았으며, 하루에만 해도 평균 8,000명이 넘는 여성들이 이 고통을 당하고 있다. 특히 소말리아, 기니, 시에라리온, 수단에서 할례를 시행한 경우는 90퍼센트 이상이고, 부르키나파소, 차드, 에티오피아, 감비아, 기니비사우, 말리, 모리타니 등에서도 40~70퍼센트 가까이 된다. 물론 은밀하고 비공식적으로 이뤄지는 할례를 다 포착할 수는 없고, 아예 데이터를 구하지 못한 아프리카 국가도 20개나 되므로 실제 할례로 고통받는 숫자는 더욱 클 것이다.

유엔과 NGO들을 좌절시키는 사실은 아프리카에서의 할례가 부모의 교육 수준과 무관하게 이뤄지고 있다는 것이다. 예를 들어 수단에서의 할례 근절 운동이 70년 전부터 시작되었음에도 할례율은 90퍼센트나 되며, 교육을 받은 부모가 그렇지 못한 부모보다, 그리고 부유한 부모가 빈곤한 부모보다 할례를 더 강요하는 것으로 나타났다. 이러한 통계는 교육과 계몽을 통해 할례를 없애겠다는 국제 사회를 무기력하게 만들었다.

부모들 대부분은 할례가 고통스럽고 위험하다는 것을 알고 있으면서도 어쩔 수 없는 관행이라고 생각한다. 그나마 일부 부유한 부모들은 딸의 '고통을 덜어주기 위해' 마취를 병행하는 외과병원을 찾는데, 그래서 최근 동아프리카와 서아시아의 도시에는 할례를 전문으로 하는 현대식 병원이 늘고 있다. 아프리카의 상류층, 그리고 유럽으로 이주한 아프리카인들이 딸의 방학을 이용해 그곳을 찾기 때문이다.

영국과 독일을 비롯한 유럽 국가들은 자국민 또는 영주권자가 가족에게 할례를 시키거나, 또는 외국에서 할례를 시키는 행위를 불법화하고 있지만, 사실상 이를 확인하고 처벌하기는 매우 어렵다. 교육 수준과 관계없이 흑인 소녀들도 할례를 당연한 것으로 받아들이고 있는데다가, '할례 해외여행'을 다녀왔다며 이를 당국에 고발할 가능성은 거의 없기 때문이다. 이러한 사정은 할례를 법으로 금지한 아프리카 국가에서도 마찬가지다. 딸이 부모를 고발하는 것은 너무나 어려운 일이다.


## 전족과 여성 할례

국제 사회의 노력을 비웃기라도 하듯 할례가 아프리카에서 유지되는 이유는 무엇일까. 당초 국제 사회는 여성과 아동 인권 향상 캠페인, 교육과 계몽, 도시화의 진전으로 할례가 소멸될 것이라고 보았지만, 이러한 예측이 빗나갔음을 자각하면서, 최근 새로운 접근을 모색하고 있다.

일부 NGO들은 아프리카 정부를 비난한다. 할례를 범죄로 규정한 법만 제정했을 뿐, 사실상 할례 시술자와 부모를 처벌할 의지도, 능력도 없다는 것이다. 보다 급진적 성향의 NGO들은 시술자와 부모들에 대한 적대감마저 표출했다. 그간 이들을 '무지하기 때문에 무죄'로 생각해왔지만, 그런 관대한 시선이야말로 할례 근절에 아무 도움이 되지 못한다고 본 것이다. 무지하든 아니든 할례를 시킨 부모와 시술자에게 죄의식을 느끼도록 해야 하며, 정부는 이들을 구속, 처벌하는 모습, 즉 일벌백계의 사례를 국민들에게 보여줄 것을 주장한다.

그러나 이러한 접근은 자칫 인종주의적 시각에 치우쳐 전통을 무엇보다도 소중히 여기는 아프리카인들의 집단적 반발을 초래할 수도 있다. 실제로 아프리카 페미니스트들 중 일부는 할례의 고통과 위험성은 인정하지만, 할례 자체를 완전 폐지하라고 주장하지는 않는다. 아무리 잔인할지언정 아프리카의 여성들은 수천 년간 할례라는 관습을 통해 공동체가 요구하는 여성성과 가치를 익혀왔는데, 어느 날 이를 갑작스럽게 범죄시하는 것은 그들의 조상과 부모를 죄인 취급하는 것이며, 공동체의 가치도 무너뜨리는 것이라고 본 것이다.

비유하자면 아프리카의 할례는 해류를 따라 표류하는 빙산과도 같다. 음핵을 자르거나 봉합하는 관행은 물 위로 드러난 자그마한 봉우리일 뿐, 그 밑에는 할례 관행을 떠받치는 거대한 얼음, 즉 사회적 합의가 있는데, 그것은 바로 남성 우월주다. 여성을 억압하고 성적 자유를 박탈하기 위해 고통스러운 족쇄를 채워야 한다는 집단적이고 무의식적인 합의인 것이다. 누가 뭐라 해도, 아프리카 할례 관습의 수혜자는 아프리카 남성들이다. 어머니와 딸들은 수천 년간 남성의 지배 구조가 낳은 잔인한 악습을 전통과 미덕으로 생각해오고 있는 것이다.

그러한 면에서 할례는 중국의 전족 관습을 많이 닮았다. 어린 여자아이의 발을 꽁꽁 묶어 성장을 억제하는 이 기이한 관습 역시 여성을 억압하고 성적으로 착취하고자 했던 중국 남성들의 잔인한 폭력이었다. 그들은 10센티미터가 될까 말까 한 성인 여성의 발을 선호했으며, 결혼 상대를 구함에 있어서 발의 크기를 꼼꼼히 따졌다. 발이 작다는 것은 그만큼 부모가 철저하게 딸의 발을 동여맸다는 뜻이고, 또 그런 부모 슬하에서 자란 규수일수록 남편에게 순응한다고 믿었기 때문이다.

전족을 한 여성은 특수하게 제작된 신발을 신지 않으면 제대로 걸을 수가 없다. 실내에서 여성들은 조심스럽게 뒤뚱거리거나 무릎을 바닥에 대고 기어야 했는데, 그 모습은 남편에게 복종하는 상징처럼 여겨졌다. 걸음걸이가 부자연스러운 여성들은 당연히 사회적 활동도 제약될 수밖에 없었는데, 이 또한 가부장적이고 남성 우월주의적인 사회가 바라는 결과였다.

전족 관습은 남성들의 성적 취향과도 관계가 있다. 이 관습은 그 기원부터가 여성의 작은 발을 선호하는 지배 계층의 성적 선호에 있었으며, 이들은 뒤뚱거리며 걸을 때마다 여성 성기 주변의 근육이 발달하여 성교 시 남성의 쾌감을 높여준다고 믿었다. 실제로 청나라 시대에는 전족 여성과의 성관계를 즐길 수 있는 매뉴얼이 책으로 발간되기도 했다.

중국 남성들의 이기적인 취향으로 인해 1,000년 동안 10억 명 이상의 중국 여성들은 어릴 때부터 발이 곱고, 뼈가 휘는 이루 말할 수 없는 고통을 당해야 했다. 한족의 문화에 대해 열등감을 느낀 만주족 청나라 정부는 17세기에 전족 관행을 법으로 금지했지만 뿌리 깊은 지배의식을 가진 중국 남성들의 의식 구조를 쉽게 바꿀 수 없었다.

전족 관습의 소멸은 19세기 후반에 확산된 사회 진화론과 20세기 여성계의 반발, 그리고 이를 법으로 금지한 중국 공산당 정부의 강력한 단속 때문에 가능했다. 특히 사회 진화론자들은 중국 여성의 전족 관습이 지속될 경우 중국인들이 대대손손 허약한 다리를 가지고 태어날 것이라 믿었다. 사회 개혁을 추구했던 공산당 정부는 전족을 없어져야 할 구시대의 악습으로 규정했고, 전족 여성용 신발 공장을 폐쇄하는가 하면, 지방 정부로 하여금 전족을 행하는 부모에게 벌금을 물리도록 했다. 오늘날 중앙정부의 힘이 미치지 못하는 지방에 여전히 전족 관습이 남아 있긴 하지만, 1,000년이나 지속되었던 전족 관습은 매우 성공적으로 그리고 빠른 시간 내에 폐지되었다.

## 나는 할례받지 않은 여성과 결혼하고 싶다

전족의 소멸은 많은 것을 시사한다. 무엇보다도 중국에서는 외부의 압력이 아닌 내부의 자각을 통해 스스로 악습을 폐지했다. 물론 인간의 평등을 지향하며, 노동력을 중시하는 공산당 정부의 강력한 의지가 있었고, 중국인 다수가 억압적인 구체제의 악습에 대해 반감을 가지고 있었기에 가능한 것이었다.

과연 아프리카에서도 이것이 가능할까. 애석하게도 아프리카의 사정은 100년 전 중국과는 너무나도 다르다. 우선 할례에 대한 일반인들의 반감이 너무나도 미약하다. 아프리카의 어린아이들이 할례를 하지 않은 여자아이를 조롱하는 동요를 부르는데, 이는 한국 사회에서 포경 수술을 하지 않은 성인 남성을 조롱하는 것과 대동소이하다.

할례를 받기 전 소녀들은 할례의 고통을 다른 누군가에게 절대로 말하지 않겠다는 서약을 한다. 어머니들은 할례의 고통이 심하겠지만, 시집을 못 가는 것보다는 낫다고 딸에게 말한다. 어떤 부모들은 음핵을 제거하지 않으면 돌아가신 여성 조상으로부터 외면을 받게 되며, 부족 전체에 불행이 닥친다고 믿는다. 사회적 편견과 조롱, 그릇된 오해와 정령 신앙, 이 모든 것들이 아프리카인들의 심성 속에 굳게 자리 잡고 있다.

한편 아프리카의 지도자들은 최근 들어 할례를 근절하겠다는 선언을 하고는 있으나 과연 얼마나 강력한 의지를 가지고 있는지는 미지수다. 그러한 선언들은 대부분 서방 국가들의 원조를 더 얻어내기 위한 립서비스인 경우가 대부분이기 때문이다.

다만 라이베리아의 엘렌 존슨 설리프 대통령의 최근 할례 근절 선언은 주목을 끈다. 여성 대통령으로서 그 누구보다도 아프리카 여성들의 고통을 이해할 수 있으리라 보이기 때문이다. 그러나 라이베리아 사회는 여전히 남성의 가부장적 권위를 중시하는 부족장과 종교 지도자들이 지배하고 있어 대통령의 의지가 어느 정도 관철될지는 불투명하다. 실제로 대통령의 선언 직후 마을 부족장들이 정부의 할례 근절 정책에 대해 불만을 토로했다. 여성 대통령이 할례 폐지를 운운하는 것 자체가 못마땅했던 것이다.

여러모로 아프리카에서 할례는 쉽게 없어지지 않을 것 같다. 그러나 분명한 것은 있다. 할례 관습의 수혜자이며 사회의 지배자인 남성이 변해야 한다는 것이다. 할례에 대한 남성의 입장이 변하지 않는다면 어머니와 딸들의 목소리가 제대로 받아들여지지 못할 것이다.

이를 인식한 일부 인권 단체들은 '나는 할례받지 않은 여성과 결혼하겠다'는 캠페인을 펼쳐야 한다고 주장하는데, 전혀 불가능한 얘기만은 아니다. 실제로 수단 북부 마을의 기혼 남성 대부분은 부인과의 성교가 고통스럽다고 토로한다. 봉합형 할례를 한 성기에 음경을 삽입하는 행위는 무척 부자연스러울 수밖에 없고, 간혹 양쪽 모두 출혈을 겪기 때문이다. 남성들 대부분은 출혈과 감염에 대한 걱정과 불만을 토로했으며, 아예 젊은 남성들은 다음 부인으로 할례를 하지 않은 여성과 결혼하고 싶다는 견해를 내비쳤다(수단은 일부다처제 국가이다).

그러나 물론 이는 지극히 개인적이고 은밀한 의사 표현일 뿐이다. 할례율이 90퍼센트에 가까운 수단에서 할례는 마치 자동차의 우측통행과 같은 사회적 합의인데, 이를 거부하는 것은 혼자 좌측으로 차를 모는 것과 같다.

이러한 이유로 아프리카의 할례를 근절하기 위해서는 지도자들이 솔선수범하는, 즉 위로부터의 노력이 필요하다. 대통령이 스스로 며느리만큼은 할례받지 않은 여성으로 삼겠다 선언을 하고 이를 실천에 옮기면 어떨까. 또 대통령이 기독교와 이슬람 종교 지도자들을 만나 교리에 충실할 것을 당부하면 어떨까. 신체를 훼손하는 할례는 신의 형상을 부정하는 행위일 수밖에 없는데, 기독교와 이슬람교 모두 인간의 육신이 신의 성스러운 형상을 본떠 창조되었다고 믿고 있기 때문이다.

결국 아프리카에서 할례를 없애기 위해서는 지도자의 의지가 무엇보다도 중요하다. 유엔과 국제 사회는 진정한 의지와 열의를 가진 지도자들이 좌절하지 않도록 돕는 한편, 말로만 할례 근절을 외치는 지도자들과는 보다 대담하고 솔직한 대화를 시도해야 한다. 아프리카에서 할례는 말 그대로 눈에 보이지 않는, 조용하고 은밀한 집단 폭력이어서 지도자들은 그 심각성을 깨닫지 못한 채, 그저 국제 사회의 목소리에 수동적으로 찬성하고는 한다. 지도자들의 이러한 태도가 변하지 않는다면 아프리카의 할례도 끝내 사라지지 않을 것이다.

# 아프리카의 봄

# 아프리카 낙관론과
# 격세지감

## 지난 50년의
## 아프리카 비관론

불과 몇 년 전까지만 해도 아프리카 경제는 세상 사람들의 관심을 받지 못했다. 세계 경제가 어디로 가는지, 누가 성장을 견인할 것인지, 투자는 어디에 하는 것이 좋은지와 같은 분석에서 아프리카는 늘 논외의 대상이었다. 세계 경제에서 차지하는 비중이 워낙 적은데다가 정치 불안에 몸살을 앓았던 아프리카는 세계 경제를 함께하는 일원이라기보다는 이끌고 도와줘야 할 열등생처럼 취급되어왔다. 2008년 G8 정상들이 아프리카에 대한 원조 확대를 선언했을 때, 〈이코노미스트〉지는 이를 못마땅해 하면서 아프리카를 '지구의 흉터'라고 혹평했다.

최근 이러한 시각에 변화가 일고 있다. 지난 10년간 긍정적 변화들을 근거로 아프리카의 미래를 밝게 보는 연구들이 쏟아져 나오고 있는 것이다. 소위 아프리카 낙관론Afro-optimism이라 불리는 이러한 시각은 보통 정치 발전과 경제 성장, 새천년개발목표의 성과 등을 소개한 다음, 아프리카의 미래 시장 가치를 홍보하는 것으로 결론을 내린다. 도도한 〈이코노미스트〉지마저도 2011년 12월 판에서는 '아프리카 떠오르다Africa rising'를 표지 기사로 소개하면서 10년 전에 아프리카를 '절망의 대륙hopeless continent'이라고 묘사한 것을 후회했다.

사실 지난 50년간 아프리카에 대한 낙관적 시각이 없었던 것은 아니다. '개발의 10년'이라 불린 1960년대에 이미 아프리카 신생 독립 국들은 미래에 대한 희망에 부풀었던 적이 있었으나, 엘리트들의 신식민주의적 착취와 비효율적인 사회주의 경제정책으로 이내 좌절을 맛보았다.

또 한 번의 낙관론은 1990년대 중반 아프리카에 민주주의가 도입되고 남아공의 흑백 인종차별이 철폐된 즈음에 절정에 달했다. 아프리카인들을 옭아매었던 독재와 착취의 사슬이 끊어진 만큼, 아프리카의 부흥, 즉 아프리카 르네상스African Renaissance가 멀지 않았다고 믿었던 것이다.

그러나 이러한 기대 역시 처참하게 무너지고 말았다. 1990년대 들불처럼 퍼졌던 내전으로 인해 경제는 곤두박질쳤고, 에이즈와 빈곤은 아프리카인의 생명을 위협했다. 다시 출발한 민주주의도 온갖 불법과 부정, 폭력으로 얼룩졌고, 독재자들은 대부분 생명을 연장했다. 아쉽게도 아프리카 르네상스로 출발한 1990년대는 오늘날 '잃어버린 10년'으로 기억된다.

이와 같이 그간 아프리카 낙관론은 독립이나 민주화, 인종차별 폐

아프리카 르네상스 기념상. 세네갈 다카르 해안가 언덕에 있는 이 거대한 기념상은 자유의 여신상보다 높다. 2010년 와드 대통령은 아프리카인들의 자긍심을 고취하기 위해 3,000만 달러를 들여 건립했지만, 서방 언론들은 빈곤이나 교육 문제처럼 당면한 현안에 투입되어야 할 예산이 지도자의 과대망상으로 인해 낭비되었다고 비난한다. ⓒ 윤상욱

지와 같은 정치적 전환점을 근거로 등장한 것이었지만, 역시 정치적인 이유로 실현되지 못하였다.

이에 비해 최근 일고 있는 아프리카 낙관론은 그 근거가 보다 구체적이면서도 아프리카인이 아닌 서구인에 의해 제시되고 있다는 점에서 큰 차이가 있다. 이제 아프리카 낙관론은 너무나도 순식간에 지난 50년간 지속된 비관론을 대체하고 있으니, 도대체 아프리카에서 무슨 일이 일어난 것인지 의아해할 수밖에 없다.

## 사자가 움직이기 시작했다?

아프리카 낙관론에 불을 지핀 것은 2010년 5월 컨설팅 회사인 맥킨지Mckinsey의 보고서 〈사자들이 움직이기 시작했다Lions on the Move〉로, 같은 취지의 보고서들이 2011년 세계은행과 아프리카

개발은행<sup>AFDB</sup>에 의해서도 발간되었다. 언론은 연일 보고서 내용과 아프리카에서 성공한 기업들의 스토리를 소개했고, 비즈니스 업계는 말썽꾸러기 아프리카를 이제 새로운 기회의 대륙으로 다시 보게 되었다.

사실 이런 보고서들의 내용은 대동소이하다. 2000년대 이후 아프리카 경제가 다른 그 어떤 대륙보다 빨리 성장하고 있으며, 특히 빈곤과 가난의 대륙으로만 그려졌던 아프리카 대륙에 그동안 중산층이 광범위하게 늘어나 연간 소비 지출 규모도 이미 인도와 러시아의 그것을 능가했다는 것이다. 그리고 인구의 증가와 도시화의 진전으로 아프리카는 이제 10~20년 후면 세계 최대 숫자의 노동자를 갖춘 매력적인 시장이 될 것이니, 지금이 투자의 적기라는 게 그 결론이다. 지금의 아프리카는 30년 전의 중국, 그리고 20년 전의 인도와 유사한 수준이며, 이들 국가가 그랬던 것처럼 조만간 아프리카도 폭발적 성장의 탄력을 받을 것이라 예측한다.

물론 이러한 분석과 예측이 전부 옳다고는 할 수는 없다. 왜냐하면 이들은 가급적 아프리카의 미래를 긍정적으로 묘사하여 투자 심리를 자극하는 데 목적이 있기 때문이다. 예를 들어 맥킨지 보고서는 2003년 이후 아프리카의 내전과 전쟁이 잦아들었으며, 앞으로 평화가 정착될 것이라 예상했다. 그런데 당장 2010년 말부터 번진 북아프리카 재스민혁명이 사하라 이남 아프리카로까지 전파 조짐을 보이면서 아프리카 투자 심리는 생각만큼 확대되지 못했다. 맥킨지 측도 이를 인정해야만 했다.

아프리카의 경제 성장에 대해서도 마찬가지다. 일단 2000년대 이후 아프리카 경제가 연평균 5퍼센트대의 성장을 한 것은 매우 고무적이다. 아프리카 경제는 1960년대에 5퍼센트 성장을 한 이후로 30년 동안 2~3퍼센트 성장에 머물렀는데 이는 인구 성장률에 비하면 턱없이 부족한 수준이다. 그런 아프리카가 저성장의 함정을 벗어나 5퍼센트 성장세를 10년 가까이나 유지하고 있다는 것은 고무적인 현상이다.

그러나 최근의 경제 성장이 자생적이거나 내생적이라기보다는 국제 유가와 광물, 목재 가격 급등에 힘입은 것이라는 반론도 만만치 않다. 실제로 지난 10년간 아프리카의 경제 성장을 견인한 국가들은 앙골라, 차드, 가나, 적도기니, 모잠비크, 나이지리아처럼 석유를 비롯한 자원 보유국들이며, 실제 외국인 투자도 이들에게 집중되고 있다. 오히려 자원을 보유하지 못한 국가들은 높은 국제 유가와 곡물 가격으로 인해 심각한 도전에 직면해 있는 실정이다.

2008년 국제 금융 위기와 아프리카 경제의 관계 역시 보다 객관적인 평가가 필요한 부분이다. 낙관론자들은 아프리카 경제가 금융위기로 인해 2009년 2.9퍼센트 성장에 머물렀으나 2010년 다시 5퍼센트 대 성장을 회복한 것을 두고 그만큼 경제가 튼튼해져 이제 외부로부터의 충격에 면역력이 생겼다고 보는데, 이 역시 지나친 일반론이다. 사하라 이남 아프리카에서 제대로 된 금융 시장은 남아공과 나이지리아 정도이며, 나머지 대부분의 국가들은 미국과 유럽의 신용 경색 현상에 직접적 타격을 입지 않았다. 아프리카에 대한 투자는 금융이 아닌 실물 부분에 이뤄졌기 때문에 세계 경기가 급속히 위축된다고 해도 이를 회수하기가 어렵다. 예를 들어 나이지리아 유전에 투자

V. 아프리카의 꿈

한 메이저 석유 회사가 단기에 이를 매각 처분하거나 생산을 중단하는 것은 너무나도 비현실적이다. 아직 세계 금융 시장과의 통합 수준이 낮은 아프리카에서는 국제 금융 위기가 일어났을 때 대규모 투자 자금 이탈과 같은 재앙이 일어나지 않았다.

다만 아프리카는 세계 경제의 침체에 따른 간접적 피해를 보았을 뿐이다. 국제 유가의 하락과 신규 투자의 감소라든지, 미국과 유럽에서 일하는 아프리카 노동자들이 고국으로 보내는 외환 송금액의 감소, 그리고 관광객 유입 감소와 같은 악재들이 2009년 아프리카 경제를 힘들게 했다. 다행히 이러한 현상은 오래가지 않았다. 중국, 인도, 브라질 등 신흥 국가들이 견인한 세계 경제는 2010년 회복세 조짐을 보였고, 이에 따라 국제 유가도 다시 급등했다. 아프리카 경제가 다시 5퍼센트 성장세를 회복하는 것도 크게 놀랄 만한 일이라 할 수 없다. 경제 성장과 침체, 그리고 회복 과정 모두가 외부적 요인에 의한 것일 뿐, 아직 아프리카 경제가 자생력을 갖췄다고 판단하기는 이르다.


## 하위 중산층의 형성

그렇지만 아프리카의 중산층에 대한 분석은 주목할 필요가 있다. 우리가 아는 일반적 의미의 중산층과는 달리 세계은행은 하루 2~20달러 이상의 소득을 가진 이들을 아프리카의 중산층으로 정의한다. 아프리카에서 이들의 숫자는 약 3억 명이며 그중 중 3분의 2는 하루 2~4달러를 버는 사람들이다.

얼핏 보면 형편없는 소득 계층이지만 아프리카에서는 매우 의미 있는 그룹이라고 할 수 있다. 생활수준이 전반적으로 낮은 아프리카에서 이들은 말 그대로 '먹고살 만한' 사람들이기 때문이다. 흔히 하루 1.25달러 미만을 버는 계층을 극빈층으로 정의하는데, 그 두 배 이상을 버는 사람들은 쉽게 말해 매일매일 배고픔과 영양 부족을 걱정해야 하는 상황, 즉 절대 빈곤에서 벗어났다고 할 수 있다. 살기 위해 먹어야 하는 단계를 지난 이들은 식료품 이외에 다른 무언가를 소비할 능력을 갖게 되는데, 바로 이 능력들이 빈곤의 늪에 허우적대는 아프리카 경제를 위한 동아줄이 된다. 식료품 지출 이외의 소비, 즉 잉여 소비가 가능한 사람들이 많아지면 경제는 자연스럽게 이러한 수요를 충족시키기 위해 움직일 것이다. 잉여 소비를 흡수하기 위해 직접 생산을 하거나 아니면 외국으로부터 수입하게 되는데, 그 어떤 경우에도 고용이 창출되고 부가 가치가 늘게 된다.

이러한 하위 중산층들은 확실히 늘어났다. 1980년대 아프리카 인구의 약 10퍼센트에 불과했으나 지금은 20퍼센트까지 상승했는데, 요즘의 추세대로라면 불과 15년 이내에 40퍼센트까지 상승할 것으로 기대된다. 실제 아프리카에서 사업을 하는 한국인들도 아프리카가 과거와 다르다고 말한다. 가발과 문구류, 사진관은 대표적인 발전 업종이다. 20년 전만 해도 이런 가게를 찾는 소비자는 매우 제한적이었지만, 최근 그 수가 늘고 소비자층도 두터워졌다고 말한다. 옛날과는 달리 아프리카 도시 여성들은 주기적으로 가발을 구입해 헤어스타일을 바꾸고 그 모습을 기록으로 남기기 위해 사진을 찍는다. 한편 교육 보급률과 교육열이 증가해 학용품 소비도 나날이 늘고 있다.

하위 중산층의 형성이 사회적으로 가지는 의미 역시 무시할 수 없

● 아프리카 초등학교 담벼락(위)
세네갈 중산층 초등학생. "학교에
갈래요", "저도 학교에 가야 해요"
라고 말하고 있다(아래) ⓒ 윤상욱

다. 이들은 자연스럽게 먹고사는 문제 이외의 것들을 생각하게 된다. 사람들은 왜 가난한지, 정부는 왜 존재하며 공무원들은 왜 부유한지, 빈민들을 위해 노력하는 정치인들은 어떤 정당 소속인지와 같은 생각을 하게 되는 것이다.

　특히 도시 인구가 나날이 늘고 있는 환경에서 이들은 정부의 잘잘 못을 서로 따질 수 있는 기회를 자주 접하게 되는데, 이는 아프리카 의 미래에 있어 더없이 소중한 부분이다. 아프리카의 상류층들이 대 부분 정권의 혜택을 받는 기득권층인 것에 반해, 하위 중산층들은 현 상 유지보다는 변화를 원하고, 자신들의 이해를 반영해 주는 정부를 선택하려는 의식을 키워나가기 때문이다.

　과거 아프리카 중산층들이 대부분 공공 분야에서 일하던 것과는 대조적으로 최근의 중산층들은 주로 민간 분야에서 형성되고 있다는 점도 무척 고무적인 현상이다. 이들은 정부의 무능과 비효율, 부정부패를 매일 느끼고 산다. 한편 중산층들은 정부가 제공하는 공교육에 크게 실망하면서 정부를 비판한다. 세금을 내는 국민으로서 형편없는 공교육 수준에 분개한다. 그러면서도 2세들의 성공을 위해 사립학교를 보내려 하는데, 이러한 교육열은 아프리카 전반에 걸쳐 고조되고 있다.

최근 북아프리카와 서아시아에서의 시민혁명은 고집스럽게 권력을 고집하는 독재자들을 중산층들이 어떻게 쫓아낼 수 있는지, 그리고 왜 사하라 이남 아프리카에서는 그러한 시민혁명이 일어나지 못하는지를 말해 주는 좋은 사례가 된다. 사하라 이남에서는 아직도 집단적으로 정치적 의사를 표현할 만큼 중산층이 여물지 못했지만, 그 규모가 커져 갈수록 정부를 향한 이들의 목소리는 커져갈 것이고, 지도자들도 이를 결코 외면하지 못할 것이다.


## 아프리카식 모바일 혁명

사하라 이남 아프리카의 휴대 전화 보유 인구는 이미 미국 인구를 넘어 선 것으로 추정된다. 어린아이와 청소년을 제외한 성인 인구의 절대 다수가 휴대전화를 가지고 있는 셈이다. 실제로 아프리카의 웬만한 도시 도로변에는 통화 시간이 정해져 있는 선불형 휴대전화 카드 행상들이 줄지어 서 있다. 카드 한 장을 팔아봐야 우리 돈 100원 정도를 벌지만 직장이 없는 청년들이 그리로 몰리는 것도 그만큼 휴대전화 카드가 잘 팔리기 때문이다.

그렇다면 아프리카인들은 왜 이렇게 휴대전화에 열광하는가. 여기에 대해서는 몇 가지 해석이 있다. 우선 아프리카인들의 뿌리 깊은 공동체 의식, 즉 우분투가 휴대전화 구매욕을 자극한다. 앞서 아프리카인들은 타인, 더 구체적으로는 자기가 소속되어 있는 공동체와의 관계를 통해 자신의 정체성을 확인하려고 한다 했다. 부모와 형제는 물론이고, 삼촌과 이모, 작은할아버지와 할머니와 같은 확대 가족 공동체, 그리고 학교 동문과 직장 동료의 관계는 자신의 존재를 인식하기 위해 더없이 소중한 사람들이다. 휴대전화는 이처럼 소중한 사람들과의 관계를 끊어지지 않게 만드는 중요한 매체로 인식된다. 비록 돈이 없어서 먼저 전화를 걸지는 못하지만, 개인용 전화기를 가지고 있다는 것만으로도 그들과 연결되어 있다고 안도한다.■

이와 함께 사회적으로 솔직하고 실용적인 신세대, 즉 치타 세대cheetah generation의 성장도 모바일 붐을 주도하고 있다. 이들은 과거 식민지시대의 구속과 억압을 겪지 못한 대신 서구 문명에 익숙해 있으며, 더구나 IT와 모바일 기기를 능숙하게 다룰 줄 알기에 정보를 상대적으로 빨리 흡수하고 비판 의식도 갖췄다. 수동적이고 게으른, 변화를 거부하는 과거의 하마 세대hippo generation와는 달리 세상을 보는 시각이 넓을 수밖에 없는데, 이러한 그들에게 휴대전화는 없어서는 안 될 필수 기기에 해당된다.

한편 아프리카의 일부 지역에서는 보다 현실적인 이유로 인해 휴

---

■ 통화 시간이 정해진 선불형 휴대전화 가입자들에게 수신 통화는 무료다.

대전화 사용 붐이 일고 있다. 케냐와 우간다에서는 모바일 송금을 이용하지 않고서는 사업을 할 수 없을 정도로 휴대전화 의존도가 높다. 케냐에서 M-Pesa▪라 불리는 이 송금 방식은 이 지역의 경제 패러다임을 바꿔놓을 만큼 획기적인 것이며, 소비와 판매를 더욱 쉽게 만들어 경제를 더욱 활기차게 하는 메커니즘으로 각광받고 있다.

M-Pesa는 문자를 모르는 아프리카인들도 쉽게 이용할 수 있을 만큼 간단하고, 교통수단이 열악하여 은행을 찾을 수 없는 아프리카 지역에서 더욱 효과적인 결제 수단인데, 그 사용 방법은 이렇다. 휴대전화 사업자인 사파리콤 Safaricom 은 가입자에게 은행 계좌와 유사한 계정을 부여하고, 가입자는 여기에 원하는 만큼의 현금을 입금시켜둘 수가 있다. 이후 가입자가 시장에서 1만 원어치의 물건을 사고 싶은데 가진 현금이 없다면 그는 M-Pesa를 이용해서 지불할 수 있다. 물건을 파는 이의 휴대전화 번호와 송금하고 싶은 금액, 그리고 비밀번호만 입력하면 그 내용이 사파리콤에게 전달되고, 사파리콤은 물건을 구입한 사람의 계좌에서 1만 원을 빼내어 상인의 계좌로 입금해 준다. 너무나도 간단하고 혁신적인 결제 방식인 것이다.

이제 케냐인들은 굳이 불편한 현금을 지니거나 집구석 한편에 보관해둘 필요가 없어졌다. 직장에서는 월급을 아예 직원들의 M-Pesa 계좌로 직접 송금하는데, 이렇게 적지 않은 돈이 계좌에 쌓이게 되면서 저축도 가능해졌다. M-Pesa의 효용은 여기에 그치지 않는다. 우선 시골 농부들도 휴대전화를 사용하게 된 것이다. 그들은 도시로 간 자

▪ M은 Mobile을, Pesa는 현지어로 돈을 의미한다. 즉 M-Pesa는 Mobile Money를 뜻한다.

녀들이 보내주는 돈을 받기 위해, 그리고 자신이 수확한 농산물 판매 대금을 받기 위해 휴대전화를 사용하기 시작했다. 돈이 도시뿐만 아니라 농촌에도 돌기 시작하면서 케냐의 경제는 활기를 띠게 되었다.

오늘날 케냐에서는 하루 1만 명 이상이 M-Pesa 계좌를 신규로 개설하고 있으며, 1일 모바일 송금액은 우리 돈으로 약 100억 원 이상이라고 한다. M-Pesa에 가입한 사용자 수는 약 1,300만 명에 달하는데, 이쯤 되면 휴대전화 없이는 경제생활을 영위할 수 없는 수준이라고 할 수 있다. 어느 연구에 따르면 인구 100명당 휴대전화가 10대 늘수록 경제 성장률은 0.5퍼센트 상승한다고 하는데, 케냐의 모바일 결재 시스템은 휴대전화로 인해 경제가 활성화되는 대표적 케이스라고 할 수 있겠다.

한편 농촌 지역에서 휴대전화 가입자 증가는 소위 디지털 격차digital divide 해소와 식량 위기 대응에도 도움이 된다. 빈곤 퇴치에 나선 NGO들은 농사에 결정적 영향을 미치는 날씨와 파종, 수확 시기, 해당 농산물의 시장 가격 등 농업 정보를 메시지로 전달함으로써 농업 생산성을 향상시킬 수 있다고 믿고 있다.

그라민Grameen재단은 이에 착안하여 우간다에서 꽤 성공적인 실험을 했다. 그라민재단은 우선 복수의 농촌 마을들을 실험 대상으로 지정한 다음, 각 마을의 주민 한 명씩을 그 지역의 통신원으로 임명하여 농사 관련 정보를 주고받았다. 문자와 휴대전화 사용에 능한 그들은 재단이 보내주는 메시지를 마을 사람들에게 전송하는 한편, 자기마을의 수확 시기와 수확량을 다시 재단에 전송하는데, 이로써 재단은 그해 실험 대상 지역의 농업 작황을 예상하고, 부족한 부분에 대한 대책을 마련할 수 있었다.

NGO들은 정부가 그라민재단의 역할을 맡아 지역 농부와 소통함으로써 그 해 국가 전체의 곡물 수확량을 예측해야 한다고 주장한다. 이처럼 휴대전화를 이용한 이러한 농업 생산성 향상 전략은 민·관 파트너십PPP, Public-Private Partnership의 모델로 유엔과 국제 사회의 주목을 받고 있으며, 식량 안보와 빈곤 퇴치에 기여할 것으로 기대가 된다.


## 아프리카의
## 미래지향적 지도자상

사실 아프리카 경제가 매년 5퍼센트 성장했다는 것은 기대에 미치지 못하는 수준이라고 할 수 있다. 그토록 풍부한 자원과 노동력, 막대한 개발 원조를 제대로 활용했다고 가정할 때 아프리카의 경제는 이미 아시아의 그것을 추월했어야 했다. 최근 10년간 아프리카의 경제 성장이 지속되고 있는 것도 어떻게 보면 내전과 정치적 불안, 그리고 경제 성장을 방해하는 비효율적 정책과 같은 비경제적 요인들이 과거에 비해 감소하면서 나타난 효과라고 볼 수도 있다. 아프리카 대륙은 점점 더 '경제화'의 길을 익히고 있는 것이다.

그러한 '경제화' 현상들은 아프리카 지도자들에게서도 나타난다. 오늘날 북수단과 짐바브웨를 제외한 대부분 아프리카 지도자들은 노골적으로 반서방 정책을 표방하지도 않고 국제적 고립에 빠지는 것을 원하지도 않으며, 외국인 투자가들에 대해 우호적인 반응을 보인다. 외국인들이 국민들을 착취하고 국부를 유출해 나간다며 이들을 추방했던 우간다의 독재자 이디 아민의 모습을 오늘날에는 쉽게 발견할 수 없다. 외국 기업의 투자로 고용을 창출하고 국민소득을 높일 수 있다는 점을 착안하기 시작한 것이다.

미국과 영국의 정치인들이 시에라리온 어니스트 바이 코로마[Ernest Bai Koroma] 대통령을 일컬어 아프리카의 미래지향적 지도자로 추켜세우는 것도 그가 여느 아프리카 집권자들보다 개혁적이고 개방적이기 때문이다. 전직 보험설계사로서 스스로를 '비즈니스형 지도자'라 부르는 코로마 대통령은 다이아몬드나 목재처럼 1차 산품에 의존했던 국가 경제를 민간 주도의 경제로 탈바꿈시키겠다는 뚜렷한 목표 의식을 갖고 산업 다변화를 위해 매진해왔다.

비즈니스맨다운 코로마 대통령의 면모는 무능한 정부의 개혁 작업에 여실히 드러난다. 그가 도입한 각료 성과계약제는 민간 기업의 인사관리 원칙과 유사한데, 이는 일 못하는 장관들을 언제라도 퇴출시키겠다는 의지의 표현이었다. 실제로 2012년 1월 코로마 대통령은 시에라리온 전력 공급 목표를 달성하지 못한 에너지부 장관을 성과계약 위반으로 해임했다. 물론 열 달 후 재선을 노리는 대통령이 국민들의 불만을 무마하기 위해 에너지부 장관을 희생양으로 삼았다는 비판도 있다. 그러나 각료들이 성과계약서상의 목표를 달성하지 못하면 가차없이 해임될 수 있다는 선례로서 그 의미가 크다. 일을 잘하건 못하건, 비리를 저지르건 말건 집권자와의 커넥션만으로도 장관직을 오래오래 유지하는 여느 아프리카 현실과는 사뭇 다른 모습이다.

한편 최근 재스민혁명의 여파로 아프리카 집권자들도 청년 실업의 심각성을 이해하기 시작했다. 제조업은 광업과는 달리 도시로 몰려든 청년 실업자를 구제할 수 있고, 고용 창출 효과도 커서 정치·사회뿐만 아니라 경제적으로도 필요한 분야다. 이를 이해한 아프리카 정부들은 석유나 다이아몬드, 금을 캐려는 회사보다는 공장을 짓고 현지인들을 고용하겠다는 회사들을 더욱 반긴다.

한 예로 에티오피아 정부는 중국 정부에게 광물 채굴권을 부여하는 대신 제조업 투자를 조건으로 제시했다. 세네갈처럼 사회주의 전통이 짙은 곳에서도 비효율적으로 운영되다 파산한 국영 공장을 어떻게든 외국에 팔기 위해 외국 투자자들을 물색한다. 스스로 산업 생산 능력을 갖추기보다는 일단 외국계 기업의 공장형 투자green field investment를 유치하고, 이를 통해 제조업 기술을 습득하는 편이 훨씬 수월하다고 생각하는 것이다. 물론 이를 국부 매각이라고 비난하는 이도 있겠지만, 몇 년째 문을 닫은 국영 공장을 회생시키는 방법은 딱히 없다.

독립 초기 케냐나 탄자니아처럼 사회주의 성향의 아프리카 집권자들이 유럽에 대한 의존을 탈피하기 위해 수입 대체 산업화 전략을 택했던 것을 생각해보면, 이는 새삼스럽기까지 하다. 이들은 유럽에 대한 반감으로 국민들의 생필품 수입을 막는 반면, 그것들을 자체적으로 생산하기 위해 국영 공장을 지었건만, 남은 것은 채 완성되지도 못한 공장 건물뿐이었다. 국가 재정은 궁핍해졌으며 국민들의 삶도 피폐해졌는데, 오늘날 아프리카 지도자들은 적어도 그 정도로 무모하지는 않은 것 같다.

그러나 사실 아프리카에서 공장을 짓거나 경영하는 것 역시 녹록하지 않다. 아프리카 낙관론은 급증하는 도시 인구와 청년 노동자 수에 주목하면서, 아프리카가 2040년 즈음이면 세계 최대 숫자의 노동자를 보유한 대륙이 될 것이라 선전한다. 그러나 이 역시 과장된 숫자 놀음에 불과하다. 이미 아프리카에는 실업 상태의 청년 노동자가 넘쳐난다. 문제는 그들의 교육 수준과 기술 숙련도, 생산성이 낮을 뿐만 아니라 신원을 확신할 수 없어 함부로 고용하기 쉽지 않다는 데 있다. 예를 들어 기니나 감비아처럼 낙후된 곳에서 사업을 하는 한국인들은 전자계산기 사용법은 둘째 치고, 곱셈, 나눗셈의 원리라도 이해하고 믿을 수 있는 현지인을 찾기가 여간 쉽지 않다고 불평한다.

이러한 현실을 아는지 맥킨지 보고서는 '정부가 앞으로 교육에 지속적으로 투자한다면'이라는 단서를 달고 있다. 그러나 아쉽게도 교육은 할 일이 너무도 많은 아프리카 지도자들와 정부의 최우선 과제에서 밀려나 있고, 국제 사회와 NGO가 이를 돕고 있는 실정이다. 과연 맥킨지가 이런 아프리카의 현실을 이해하는지 의문이다.


## 같은 뿌리 다른 시각

이 외에도 아프리카 낙관론을 뒷받침할 만한 사례들은 많다. 2003년 DR콩고 내전 이후로 아프리카의 정세가 비교적 안정되어가고 있는데, 그 과정에는 유엔과 아프리카연합 차원의 노력이 있었다. 아울러 매년 선거를 통해 민주주의를 배우는 아프리카 국민들과 지도자들의 학습 효과도 무시 못할 요인이다. 또 돈과 무기로 아프리카 집권자들을 사로잡았던 가다피도 몰락했다.

반면 도전도 만만치 않다. 기후 변화는 아프리카의 경작지를 감소시켜 식량 위기를 야기할 가능성이 크다. 더구나 아프리카의 인구는 2050년이면 지금의 두 배로 늘어날 것이고, 그중 절반 이상이 도시인이 될 것이다. 농촌 인구 비율의 감소 역시 식량 부족 사태를 초래할 것이다. 아프리카에서 녹색혁명green revolution ■이 일어나지 않는다면 이런 우울한 예측을 막을 길이 없다.

아프리카 낙관론자들이 긍정적 징후로 간주하는 도시화와 청년 노동 인구의 증가 또한 정부에겐 골칫거리다. 수도와 전기, 교육 혜택을 누리지 못하는 도시 빈민들, 그리고 일자리를 구하지 못하는 실업 청년들은 도심 한가운데에서 부유층을 접하면서 박탈감을 느끼고 반정부 세력으로 성장할 것이기 때문이다. 세네갈의 야당 대변인은 원래 튀니지 청년들이 양처럼 유순했지만, 오랜 시간 동안 실업 상태에 있다 보니 정부에 대한 분노가 걷잡을 수 없이 폭발했고, 결국 벤 알리를 쫓아냈다고 말한다.

사실 아프리카 낙관론과 비관론은 그 뿌리가 같다. 낙관론자들은 소비 시장이나 경제의 성장 측면을 부각시키지만, 비관론자들은 최근의 변화를 더 큰 혼란과 비극의 씨앗으로 보려는 경향이 있는데, 이런 시각차는 근본적으로 정부가 그러한 변화를 감당할 만큼 유능한지 아닌지에 대한 평가가 다른 데서 기인한다. 예를 들어 오늘날 에티오피아, 우간다, 르완다, 앙골라의 장기 집권자들은 해가 갈수록 국민들의 신뢰를 잃어가고 있지만, 경제 성장을 통해 통치의 정당성을 만회하려고 한다. 그러나 실제로 경제 성장의 혜택을 국민들에게

---

■아시아에서는 관개 시설 개선과 종자개량을 통해 만성적 식량부족 문제를 해결했는데, 이를 녹색혁명이라고 한다.

균등하게 분배하거나, 지속 가능한 성장 기반을 조성하고 있느냐에 대해서는 C 학점 이상의 점수를 줄 수 없다.

그래도 분명 환영할 만한 것이 있다. 바로 아프리카 낙관론, 그것도 아프리카인이 지어낸 것이 아닌, 서구인들이 얘기하는 아프리카 낙관론 그 자체다. 한 경제심리학자가 지적하듯, 그간 아프리카는 온갖 부정적인 이미지로 인해 필요 이상의 손해를 보아야 했다. 아프리카 비관론이 만연한 과거에는 정상적으로 이뤄졌어야 할 투자가 취소되는 사례는 수없이 많았다. 그만큼 리스크가 과장되었기 때문이다. 그러나 이제 낙관론이 확산되자 아프리카는 새롭게 주목받고 있고, 어떤 곳에서는 프리미엄을 누리기도 한다. 리스크는 여전히 무시할 수 없지만 그만큼 미래 투자 수익률이 높다고 판단되었기 때문이다.

실로 투자는 기대 심리에 크게 영향을 받는다. 2010년 아프리카 낙관론이 언론에 보도된 이후로 이곳 세네갈과 서아프리카의 시장 가치를 묻는 민원들이 폭주했다. 민간 기업이 과도한 장밋빛 전망을 갖지 않도록 최대한 중립적으로 답변하려 애쓰지만, 솔직히 기분은 좋다. 그만큼 아프리카에 대한 관심이 높다는 의미일 테고 그럴수록 아프리카를 이해하는 사람들의 수가 늘 것이기 때문이다.

이러한 관심들이 아프리카 지도자와 엘리트들에게도 영향을 미쳐 민주주의와 시장 경제, 인권에 관한 보편적인 가치가 아프리카에 확산되기를 기대한다. 아프리카 낙관론의 일부는 아프리카 지도자들이 점점 개방성을 띠는 한편, 국민들의 의사를 소중히 여길 것이라 전망하고 있는데, 실제로 그들이 이를 피할 수 없는 대세라 여기기를 바란다. 그런 면에서 아프리카 낙관론의 확산은 반갑다.

# | 02 |
# 재스민혁명의
# 여파

## 다음 차례는 아프리카?

　　　　　　오늘날 북아프리카와 서아시아는 말 그대로 민주화
의 진통을 겪고 있다. 2011년 1월 높은 물가와 만성적 실업에 고통받
던 튀니지 시민들이 23년간의 벤 알리의 통치를 무너뜨릴 때만 해도
그 파급 효과를 심각하게 생각한 사람은 많지 않았다. 그러나 튀니지
에서의 혁명 성공 소식을 들은 이웃 국가의 시민들은 이집트의 무바
라크를 쫓아내고 뒤이어 영원히 권좌에 있을 것만 같았던 리비아 지
도자 가다피마저 쫓아냈다. 뿐만이 아니다. 소위 재스민혁명이라 불
리는 아랍권의 민주화 물결은 알제리, 사우디, 예멘, 바레인, 시리아
로 이어졌다.

　언론은 이러한 도미노 효과가 북아프리카와 서아시아를 넘어 다른
대륙으로 확산될 가능성에 관심을 기울였다. 인터넷과 모바일 기술
의 발달로 민주화를 갈망하는 세계 시민들은 옆 나라뿐만 아니라 심

지어 지구 반대편에서 일어나고 있는 시민혁명을 응원했고, 또 스스로 자극을 받기도 했다. 때마침 북아프리카 혁명에 고무된 중국 청년들이 2011년 2월 북경과 상하이에서 민주화를 요구하며 기습 시위를 벌였는데, 중국 당국은 집회를 진압하고 주동자를 체포했다. 놀란 중국 정부는 심지어 재스민혁명을 독려하는 내용의 이메일과 구글 검색을 제한했다는 의혹을 샀다.

사하라 이남 아프리카도 예외는 아니었다. 튀니지와 이집트의 시민혁명 이후 가봉, 스와질란드, 카메룬, 에티오피아, 세네갈, 지부티, 짐바브웨, 수단, 부르키나파소, 말라위, 우간다, 모리타니, 르완다, 적도기니 등 사하라 이남 아프리카 10여 개국에서 크고 작은 반정부 시위가 분출했다. 언론은 '흑아프리카에 부는 민주화 바람'이라든지, '재스민혁명에 떨고 있는 아프리카 독재자'처럼 금방이라도 무언가 일어날 듯한 긴박감을 느끼게 하는 기사를 썼고, 일부는 사하라 이남에서 20년 이상 집권하고 있는 지도자들을 거명하며 마치 '다음 차례는 당신'이라는 듯 경고를 주기도 했다.

그도 그럴 것이, 사실 아프리카만큼 반정부 시위와 혁명의 가능성이 높아 보이는 곳도 없다. 앞서 살펴본 것처럼 사하라 이남에서 15년 이상 장기 집권을 하고 있는 지도자만 14명이며, 이외에도 2명은 아버지 대통령의 자리를 물려받아 40년 가까이 나라를 통치하고 있다. 부패와 부정은 두말할 필요도 없고, 이를 척결하려는 쿠데타 위험은 늘 도사리고 있다. 국민들은 가난과 질병에 신음하며, 국제 곡물 가격의 변동과 기후 변화는 언제라도 이들을 영양실조로 내몰 수 있다.

더구나 아프리카의 높은 청년 실업률은 잠재적 사회 불안 요인이 되기 마련이다. 돈벌이 수단이 없는 이들은 범죄의 유혹에 쉽게 빠지는 한편, 불공평한 사회에 대한 적대적인 감정에 쉽게 경도된다. 할 일도, 갈 곳도, 잃어버릴 것도 없기 때문이다. 유엔의 통계는 아프리카 청년 실업률을 21퍼센트 정도로 보고 있지만, 현실은 더 심각하다. 일자리가 있는 청년들도 안정된 직장에서 일한다기보다는 그저 길거리의 잡상인이나 일용직 노동자로 하루살이를 하고 있는데, 일부 전문가들은 그 수치가 60퍼센트에 달할 것이라고 본다. 짐바브웨나 라이베리아, 시에라리온, 우간다에서는 80퍼센트를 넘는데, 이는 고등교육은커녕 일자리 기회마저 제공하지 못하는 정부의 무능한 정책 때문에 빚어진 현상이다. 2011년 초 남아공과 나미비아 정부는 대규모 일자리를 만들겠다며 야심찬 계획을 발표했는데, 이런 움직임도 북아프리카의 재스민혁명과 무관치 않을 것이다.

## 빈약한 중산층과
## 시민의식

언론의 기대에 부응이라도 하듯, 실제로 2011년부터 사하라 이남 아프리카에는 크고 작은 반정부 시위가 일어났다. 세네갈, 가봉, 우간다, 카메룬, 모리타니, 르완다, 적도기니, 수단, 에티오피아에서의 시위들이 마치 재스민혁명의 에너지를 이어가려는 듯 보였다.

그러나 재스민혁명 발발 후 1년이 지나도록 아프리카 집권자들은 그 수명을 온전히 누리고 있다. 그 많은 반정부 시위 가운데, 집권자의 양보를 얻어낸 경우는 2011년 6월 23일 세네갈에서 일어난 시위 하나뿐이다.■ 그 나머지 아프리카에서의 민주화 운동은 그다지 폭발적이지 못했고, 대개 소규모 단발성 시위로 그치고 말았다. 장기 집권과 부정부패, 생활고와 청년 실업, 극심한 소득 불평등……. 재스민혁명의 거의 모든 조건들을 다 갖추고 있는 아프리카에서 반정부 시위는 왜 실패로 끝나는가.

그 해답을 알기 위해서는 누가 봉기를 시작하고, 누가 이를 지지했는지 이해하는 것이 필요하다. 튀니지와 이집트에서 반정부 시위를 주동한 것은 청년들이지만, 중산층이 이에 가담하지 않았더라면 그저 몇 차례 시위로 끝났을 것이다. 전체 인구의 70퍼센트를 넘는 이들 튀니지 중산층 소득은 연 1만 달러 정도이며, 교육 수준도 높아 인터넷과 위성TV를 통해 집권 정부를 객관적으로 평가할 수 있었다.

보통 중산층들은 과격한 사회 변화를 거부하는 경향이 있기 마련인데, 튀니지의 중산층이 청년들의 시위를 지지하고 가담했다는 것은 그만큼 정부에 대한 인내가 바닥났음을 뜻한다. 정치적 변혁기에 중산층은 현상 유지와 변화 사이에서 방향을 결정하는 풍향계와도

■ 12년째 집권 중이던 85세 고령 세네갈 와드 대통령은 2011년 6월 23일, 대통령 선거제도를 뜯어 고치려 했다. 그는 결선투표를 없애는 대신, 부통령제를 신설하려 했는데, 야당과 시민들의 격렬한 저항에 부딪혔다. 지지도가 하락세에 있는 와드 대통령이 자신에게 불리한 결선 투표제를 없애는 것도 모자라, 그의 아들 카림 와드Karim Wade를 부통령으로 지명함으로써 권력 세습을 노린다는 비판이 빗발쳤다. 시위대들은 국회의사당 앞을 점거했고, 일부는 정부 인사들의 자택을 습격했다. 와드 대통령은 오후 1시경 결선투표제는 유지하겠다고 한 발 물러섰으나 시위는 잦아들지 않았고, 결국 종교 지도자들의 설득으로 해질 무렵 개헌 발의안을 철회했다. 야당과 시민들은 승리감을 맛보았고, 이를 기념해서 M23Movement 23 단체를 결성했다. 23일의 그 단합된 의지를 잊지 말자는 것이다.

같은 존재다. 그런 측면에서 북아프리카와 서아시아의 지도자들은 두 가지를 소홀히 했다. 하나는 청년 실업자와의 소통을 거부해왔다는 것이고, 다른 하나는 정치적 집단으로서의 중산층을 전혀 인식하지 못했다는 것이다. 하지만 사하라 이남 아프리카의 중산층들은 30퍼센트 정도로 규모가 너무나 미약한데다가 정치적으로도 아직 각성하지 못한 상태다. 이들의 소득도 하루 2~4달러 정도로 못 먹어 굶주리지는 않지만, 여전히 가난한 사람들이다. 사회적 불평등에 눈을 뜨고 정부에 대한 비판의식을 갖기 시작하지만 그 영향력은 크지 않다. 그 수가 너무나 적기도 하거니와 부족과 종교, 그리고 가부장적 인맥 사슬로 인해 선뜻 반정부 시위에 나서지 못한다.

다양한 부족의 존재는 중산층들의 연대를 방해한다. 현 정부를 비판하는 아프리카인에게 그럼 대안은 무엇인지를 묻는다면, 대부분은 같은 부족 출신 지도자 내지는 자기 부족에게 우호적인 지도자가 집권해야 한다고 대답할 것이다. 독립 이후 케냐, 나이지리아, 짐바브웨, 콩고, 르완다, 우간다, 차드 등등 거의 대부분 아프리카 국가에서 소수 민족들은 집권 부족 집단에 대해 박탈감을 느끼고 살아야 했다. 아랍인이라는 비교적 단일한 인종 집단으로 구성된 북아프리카와는 달리, 사하라 이남 지역은 그 다양한 종족 구성 때문에 반정부 연대가 그다지 견고하지 못하다.

민주주의에 대한 시민의식 역시 아직 여물지 못한 단계다. 튀니지에서 한 청년의 분신자살은 혁명의 도화선이 되었지만 세네갈에서는 그렇지 못했다. 2011년 봄, 대통령궁 앞에서 세 명이 분신자살을 시도했지만, 정작 세네갈인들의 반응은 뜨겁지 않았다. 더구나 5월에는 지방 도시에서 반정부 시위를 하던 남성이 헌병대가 쏜 총에 맞아 즉사했는데, 만약 한국에서 벌어졌다면 국민 전체가 분노할 만한 상황이었겠으나, 역시 세네갈 사람들은 크게 개의치 않았다. 분신자살이란 개인의 불만을 표현한 과격한 행동일 뿐이고, 헌병의 총기 사망 사고도 그 지역 사정 때문에 생긴 불행일 뿐, 아무런 인연이나 연고도 없는 내가 그들을 위해 분노하거나 정부에 항의해야 할 필요까지는 없는 것이다.

전태일의 분신이나 박종철의 고문치사 사건처럼 현대 한국 민주주의에 거름이 되었던 죽음의 의미들을 오늘날 아프리카 현실에 그대로 투영한다는 것은 무리로 보인다. 분명 중산층은 성장하고 있다. 그러나 아직 그들에게 동료로서의 시민의식을 기대하기에는 이르다. 1990년대 이후 20년 가까이 민주주의를 경험해오고 있다고는 하나, 지켜져야 마땅할 공동체적 가치가 유린되는 상황에서 이를 수호하겠다며 행동하는 '시민'들 역시 많지 않아 보인다.


## 허약한 국가, 막강한 지도자

한편 무자비한 철권통치와 내전이 장기간 지속되었던 곳의 국민들일수록 청년들의 반정부 시위에 참여하기 어렵다. 그들은 겁에 질려 있고 오랫동안의 폭력상에 지쳐 있기 때문이다. 사실 북아프리카에서 재스민혁명이 일어났을 때 주목받았던 나라는 수단이었다. 수단은 1964년과 1985년에 이미 두 차례나 국민들이 봉기하여 지도자를 쫓아낸 적이 있는데, 이는 아프리카에서, 그리고 아랍 국가로서는 최초의 사건이었다. 혁명의 기억을 두 번이나 간직하는 수단 국민들이 북아프리카 혁명에 자극을 받게 된다면 알 바시르의 22년 장기 집권도 위태로워 질 것이라 예상했다. 현실과 전혀 동떨어진 추측은 아니었다.

그러나 2011년 1월과 3월, 청년들과 사회주의자들이 주동했던 시위는 일반인들의 지지를 얻지 못한 채 당국의 탄압으로 좌절되고 말았다. 정부가 그간 종족과 종교, 문화적으로 국민들을 갈라놓았기에 국민들 사이에서 정권에 항거하는 연대의식은 쉽게 조성될 수 없었다. 청년들의 시위는 그저 남의 일일 뿐이며, 굳이 그 곳에 나가 경찰이 쏘는 총을 맞아 죽을 이유가 없는 것이다. 이후에도 청년들이 산발적인 시위를 이어갔지만, 수단 사회를 변혁시키기에는 너무나도 미약했다. 야당은 9월 초 국민들을 전쟁으로 내모는 정부를 성토하기 위해 집회를 개최하려 했지만, 이 역시 공안 당국의 조치로 원천 봉쇄되고 말았다.

한편 알 바시르는 2015년이 오면 정계에서 은퇴하겠다고 선언했다. 이 선언이 국민들에게 어떤 의미로 다가섰는지는 알 수 없으나, 내전과 폭압적 통치에 떨어왔던 수단인 대부분은 군중 시위가 자칫 대규모 유혈 사태와 또 다른 내전으로 치달을 것을 두려워하고 있다.

앙골라도 사정은 유사하다. 앙골라 청년들은 2011년 3월 7일을 범국민 궐기의 날로 정하고 32년간 집권해오고 있는 산토스 대통령을 몰아내자고 했다. 그러나 이 역시 용두사미가 되고 말았다. 1975년 독립 직후 시작된 30년간의 내전에 지칠 대로 지친 앙골라 국민들은 어렵게 얻은 평화를 잃고 싶지 않았다.

흔히 아프리카 국가와 국민의 관계를 '허약한 국가, 막강한 지도자weak state, strong leader'라는 말로 표현한다. 대부분 아프리카 정부가 무능해서 국민들의 기본적 복지를 충족시켜주지 못하는 반면, 지도자만큼은 막강한 권력을 휘두르면서 국민 위에 군림하고 있다. 특히 공안 조직인 경찰과 군대는 권력 유지에 필수적인 조직인데, 대개 그 지휘와 운영은 친인척이나 대통령의 측근이 맡는다. 거의 모든 아프리카에서 군과 경찰은 현 집권자의 편이기에, 대규모 시민 봉기와 같은 일촉즉발의 상황에서 이들에게 정치적 중립을 기대하기란 어렵다. 오히려 지도자들의 명을 받아 시민들을 무자비하게 학살할 가능성이 훨씬 크다. 튀니지와 이집트의 시민혁명이 성공할 수 있었던 것도 군이 무고한 시민에게 총부리를 겨누지 않고 중립을 지켰기 때문인데, 사하라 이남의 현실은 이와는 무척 대조적이다.

에티오피아에서 재스민혁명을 기대할 수 없는 것도 에티오피아가 가장 혹독한 경찰국가 중 하나이기 때문이다. 군부와 경찰은 16년째 집권 중인 멜레스 총리의 부족 출신으로 채워져 있고, 방송과 언론마저 제 기능을 못한다. 일반인들이 튀니지 혁명과 같은 소식을 접할 길은 위성TV 외에는 없는데 방송과 언론은 물론이고 혁명 소식을 전하는 인터넷 사이트마저 막혀버렸기 때문이다. 모든 집회와 시위는 불법화되었고, 야당 인사에 대한 체포와 구속은 소리 소문 없이 늘고 있다. 야당은 유명무실할 뿐이며, 정부가 두려워하는 세력이라고 해봐야 에리트레아로 피신한 오로모해방전선OLF, Oromo Liberation Front이나, 국외 망명 정치가 연합인 진보트 세븐Ginbot 7 정도이다. 이들 역시 인터넷을 통해 반정부 활동을 하고는 있으나, 인터넷 보급률이 1퍼센트밖에 되지 않는 에티오피아의 현실을 감안하면 마치 계란으로 바위를 치는 격이라고 하겠다.

에티오피아와 마찬가지로 짐바브웨 역시 재스민혁명 조짐을 사전에 뿌리 뽑고자 공안 통치를 강화하고 있다. 유럽과 서방에 대해 극단적 콤플렉스를 가진 무가베에게 재스민혁명이란 미국과 유럽의 사주를 받은 국가 전복일 뿐이었다. 그는 리비아에서 가다피를 축출하는데 결정적 역할을 했던 NATO군을 아예 테러 집단으로 규정하면서도, 행여 발생할지 모르는 비상사태에 촉각을 세웠다.

재스민혁명 뉴스를 위성TV로 시청했다는 이유만으로 2011년 2월 한 달 동안 46명을 반역죄 혐의로 체포하는 등 지나칠 정도로 과민하게 반응하고 있는데, 이는 뒤집어 말해 그 스스로도 불안해하고 있음을 의미한다.

사실 2012년 대통령 선거를 앞둔 시점에서 모든 상황들이 무가베에게 불리하게 돌아가는 듯하다. 우선 그가 암으로 투병하고 있다는 내용의 외교 전문이 위키리크스에 의해 공개되었을 뿐만 아니라, 그의 든든한 후원자 가다피도 세상을 떠났다. 2008년 대통령 선거에서 사실상 승리했던 창기라이 총리와의 재대결에서 승리하기 위해서는 2012년 선거에서 또 한 번의 대담한 불법을 저질러야 할지도 모른다(무가베는 벌써부터 영국과 유럽연합이 자국에 선거감시단을 파견하는 것을 허용할 수 없다고 선언했다). 그는 급기야 둘도 없던 우방국 사절인 리비아 대사마저 쫓아냈는데, 이유는 대사가 리비아 시민혁명을 주도한 과도국가위원회NTC, National Transition Committee를 합법 정부로 인정하면서 NTC 깃발을 대사관에 게양했기 때문이다. 자신이 통치하는 나라의 심장부에서 재스민혁명의 깃발이 펄럭이는 것을 본 무가베의 심정은 어떠했을까.


## 재스민혁명의
## 열매들

　　　　　2011년 5월, 세네갈에서 열린 TICAD■ 후속 회의에서 카메룬 대표단은 재스민혁명과 사하라 이남 아프리카의 관계에 대해 언급했는데, 그 연설 중 일부는 꽤 홍미로웠다.

　　유엔 인간개발지수, 실패한 국가 지수, 거버넌스 지수<sup>Mo Ibrahim</sup> Governance Index ■■는 모두 엉터리다. 이들이 작성한 국가 서열에서 사하라 이남 국가들은 늘 최악의 국가로 분류되는데, 그렇다면 왜 우리들보다 양호한 국가들의 지도자들만이 쫓겨나는가?

　　카메룬 대표단의 발언 배경은 이렇다. 미국과 유럽인들은 항상 사하라 이남 아프리카 정부를 비민주적이고 무능하며, 인권을 탄압하

---

■아프리카 개발을 위한 도쿄 국제회의Tokyo International Conference on African Development, 일본은 1990년대 냉전 종식 이후 유엔과 같은 국제무대에서 친일 국가를 확대하기 위해 자체적으로 아프리카 경제 개발 포럼, 즉 TICAD를 개최해오고 있다. 그러나 TICAD를 통해 엿보이는 일본의 의도는 너무나 노골적이어서 유엔 안전 보장 이사회 상임 이사국 진출을 갈망하는 일본이 돈으로 아프리카 국가들의 표심을 사려 한다는 비판이 아프리카 국가들 사이에서도 언급되고 있을 정도다.
■■런던에 소재한 모 이브라힘 재단은 매년 아프리카 53개국의 거버넌스 순위를 발표한다. 거버넌스를 측정하는 기준에는 민주주의, 인권, 정부의 효율성, 언론의 자유, 양성평등, 교육 수준 등이 있다.

는 집단으로 묘사하지만, 실제로 사하라 이남 아프리카의 지도자들은 쫓겨나지 않고 정치도 안정적으로 잘하고 있다는 것이다. 국민들이 봉기하지 않는 것도 그만큼 거버넌스가 우수하다는 것이다.

그러나 카메룬 대표단의 발언은 지나친 아전인수 격이다. 재스민혁명은 지도자 개인의 권력 추구, 그리고 친인척과 측근의 부귀영화에 소외감과 박탈감을 느낀 시민들의 혁명인데, 그런 시민 계층이 형성되지 못한 현실을 곡해한 셈이다. 카메룬에서 민주주의가 꽃을 피우고 시민들의 정치의식이 향상되었다면, 세계 최악의 독재자 20인중 한 명으로 선정된 비야 대통령이 29년이나 집권할 리가 없다. 시민혁명은 일정 수준 이상의 사회 경제적 근대화가 이뤄져야 가능한 것인데 아프리카는 아쉽게도 아직 그러한 단계에 이르지 못했다.

그러나 북아프리카와 서아시아의 재스민혁명이 사하라 이남에 미친 영향은 무시할 수 없다. 우선 지도자들은 무바라크 대통령이 국제사회로부터 버림받는 모습, 그리고 유엔 결의가 실제로 NATO군의 리비아 공습으로 이어지는 과정을 심각한 심정으로 지켜보았을 것이다.

특히 리비아에서의 군사 작전은 2005년 유엔 정상회의에서 처음 태동한 국민보호의무R2P, responsibility to protect 원칙이 성공적으로 적용된 사례로 평가된다. 집단 살해, 전쟁 범죄, 인종청소와 반인도적 범죄로 고통받는 국민들의 보호를 위해 국제 사회가 개입할 수 있다는 이 원칙은 그동안 주권 침해를 우려하는 중국, 러시아의 반대로 구체화되지 못했다.

그러나 2009년 반기문 유엔 사무총장은 R2P 원칙의 명분이 주권 문제에 '간섭할 권리'가 아니라 국민을 '보호할 국제 사회의 의무'에 있음을 부각시키면서 R2P 원칙에 대한지지 기반을 넓혔다. 지구 상의 어느 정부가 국민을 학살하고 인종청소를 하고 있는데, 유엔과 국제 사회가 영토 주권의 장막 밖에서 학살을 수수방관하고 있을 수만은 없다. 국제법상 주권은 불가침의 영역에 있지만, 그것은 국민들을 위해 존재하는 것이지 국민을 학살해도 된다는 명분이어서는 안 된다. R2P 원칙은 고전 국제법의 주권 불가침 원칙이 남용되는 것을 막기 위한 국제 사회 공동의 노력이라고 하겠다.

반정부 시위를 하는 리비아 국민들에게 사격 명령을 내릴 때만 해도 가다피는 R2P 원칙이 실제 적용되리라 예측하지 못했을 것이다. 그러나 반정부 세력에 대한 정부군의 탄압이 무자비한 군사 행동으로 이어져 대대적인 학살이 자행되었고, 심지어 비아그라를 지급받은 병사들은 반군 지역의 부녀자들을 집단 폭행했다. 결국 NATO의 주축인 프랑스가 서아시아 국가들을 포함한 국제 사회를 설득했고, NATO 공군은 가다피군의 주요 시설을 타격했다.

R2P 원칙이 정부가 개입한 모든 유혈 사태에 예외 없이 적용되지는 않겠지만, 적어도 리비아의 사례는 국민들을 무자비하게 학살하는 권력자들에게 국제 사회가 어떤 조치를 내릴 수 있는지를 보여주는 선례가 되었다. 아직도 재스민혁명의 의의를 애써 부인하는 아프리카 일부 지도자들도 머릿속에서 R2P 원칙의 그림자를 지울 수 없을 것 같다.

이와 함께 재스민혁명을 계기로 아프리카의 민주주의에 대한 세계인들의 관심이 새로워지고 있는 것도 환영할 만한 현상이다. 사실 민주주의에 관한 한 아프리카 국민들은 수동적인 존재로만 인식되어 왔다. 보통 민주주의는 아래로부터의 열망, 즉 국민들의 민주화 요구가 강력해지면서 성장하기 마련인데, 아프리카를 보는 시각은 그 반대였다. 민주주의에 대한 국민들의 이해도가 워낙 낮고, 설령 그것을 이해하고 갈망하는 집단이 있다 해도 무자비한 집권자들의 탄압을 이겨내지 못할 정도로 미미하다. 그래서 아프리카의 민주주의 성장을 위해서는 공급 측면이 강조되었는데, 즉 서방 국가들이 지도자들에게 압력을 행사하거나 설득함으로써 보다 나은 민주주의 서비스를 제공토록 하는 것이 민주화의 지름길이라는 게 그 요지다.

전혀 틀린 말은 아닐 테지만, 이러한 시각은 아프리카에서 움트는 민주주의의 새싹을 보호하고 지켜주는 것과는 직접 상관이 없다. 아프리카의 반독재 운동가들은 서방 언론들이 재스민혁명을 지켜본 후에야 비로소 사하라 이남 국민들의 민주화 역량에 관심을 기울였다며 만시지탄의 아쉬움을 표했다. 재스민혁명 이전에 이미 독재 정권에 저항하였으나 그 누구의 관심과 지원도 받지 못한 채 새벽이슬처럼 사라졌다는 것이다.

이러한 무관심에 대해 식민 종주국의 책임론이 빠질 리가 없다. 최근 프랑스 정치계가 몸살을 앓고 있는 이유도 자크 시라크 Jacques Chirac 전 대통령을 포함한 고위 정치인들이 구 식민지 권력자들로부터 정치 자금을 받아왔다는 의혹이 제기되었기 때문이다. 이 의혹이 만약 사실이라면, 모부투, 콩파오레, 은게소 등 아프리카의 민주주의 시계를 정지시키거나 후퇴시켰던 이들의 돈을 받은 전직 프랑스 대통령이 과연 무엇을 답례로 지급했는지 의심하지 않을 수 없다.

'오바마는 무바라크를 버렸지만, 프랑스는 재스민혁명이 일어나
도 아프리카의 독재자를 버리지 못할 것이다.' 냉소 가득한 이 비판
은 프랑스와 식민지 국가 간의 어두운 유착 관계, 그리고 석유업계를
비롯한 프랑스 기업들의 이해관계에 발목 잡힌 프랑스 외교에 일침
을 가하는 것이다. 자유, 평등, 박애와 시민혁명의 고향 프랑스의 지
도자가 아프리카 독재자들의 비민주적 체제를 옹호하는 동안 이들
국가의 반정부 인사들은 소리도 없이 사라졌을지도 모른다.
　프랑스 정치가의 뒷돈 거래 의혹과 재스민혁명은 분명 아프리카
권력자들에게 대형 악재일 수밖에 없다. 나쁜 지도자들과의 유착 관
계 청산, 그리고 민주주의와 인권에 기반을 둔 보편적 외교 관계 정
립을 요구하는 프랑스 신세대들의 주장에 힘이 실릴 것이고, 나쁜 지
도자로 지목된 아프리카 대통령들의 일거수일투족이 감시의 대상이
될 것이기 때문이다.
　이와 같이 2011년 북아프리카와 서아시아가 재스민혁명의 홍역을
앓고 있을 때, 사하라 이남 아프리카는 직접적 영향권 밖에 있었으
나, 자의든 타의든 혁명의 전염 가능성에 신경을 곤두세워야 했다.
물론 그 가능성은 낮아 보이지만, 예전보다 한층 높아진 세계의 관심
은 권력자들을 꽤나 성가시게 할 전망이다.
　이런 맥락에서 2012년 치러질 세네갈과 짐바브웨의 대통령 선거는
재스민혁명의 간접적 효과가 어느 정도인지 가늠할 수 있는 시금석
이 될 전망이다. 세네갈은 평화적 정권 이양의 전통을 다시 한 번 재
현할 수 있을 것인지, 그리고 이미 2008년 폭력과 협박으로 선거를
얼룩지게 했던 무가베가 이번에는 어떻게 선거를 치를 것이며 그 결

과를 어떻게 받아들일 것인지에 관심이 갈 수밖에 없다. 다만 국제
사회가 예전과는 달리 보다 날카로운 눈으로 보고 있으며, 선거 부정
을 자행하거나 투표 결과에 불복하면서 유혈 사태를 일으키는 자에
게 더 이상의 자비는 없을 것이라는 점을 기억해야 할 것이다.

| 03 |

# 중국에는 있지만
# 아프리카에는 없는 것

## 신新아프리카 쟁탈전

저개발과 빈곤의 대륙이며 약소국들이 밀집한 아프리카에는 항상 영향력을 행사하는 외부 세력이 있었다. 북아프리카를 속주로 지배했던 로마, 이슬람교 탄생 이후 강성해진 아랍인, 대항해시대 이후의 유럽, 동서 냉전시대 미국과 소련이 바로 그런 세력들이다.

반면 최근 상황은 다소 유동적이다. 10년 전 G8 정상회의에서 아프리카 4개국 대통령들은 선진국 정상들에게 '아프리카개발을위한 새로운파트너십NEPAD, New Partnership for Africa's Development'의 후원자가 되어줄 것을 호소했는데, 이때만 해도 서구의 주도권은 확고해 보였다. 왜냐하면 21세기 아프리카연합의 대외정책인 NEPAD라는 것도 사실 초강대국 미국 주도의 국제 정치 질서에서 생존하기 위한 전략이었기 때문이다. 사회주의 붕괴 이후 의지할 곳은 이제 서구밖에 없었고, 아프리카는 원조를 얻기 위해 서구가 요구하는 정치·경제 개혁, 즉 거버넌스의 향상에 노력하겠다 선언하고 이를 NEPAD라 명명했다. G8 정상들은 이에 화답하며 원조를 약속했는데, 이로서 아프리카와 서구의 밀월 관계가 시작된 듯 했다.

그러나 10년이 지난 현재 아프리카에서의 역학 구도는 많이 달라졌다. 압도적이던 미국과 유럽의 지위를 중국, 인도, 러시아, 브라질 같은 신흥 경제국들이 잠식하고 있다. 그들은 석유와 가스, 그리고 광물 자원의 보고이자, 미래 소비 시장인 아프리카를 선점하기 위한 경쟁에 뛰어들었다. 유전과 광산을 소유한 아프리카 지도자들은 이제 '갑'의 지위에서 자신의 구미에 맞는 거래처를 선택하게 되었으며, 전통적 후견 국가였던 서구는 점점 그 우월했던 지위를 잃어가고 있다.

소위 신 아프리카 쟁탈전 New Scramble for Africa 이라 불리는 최근의 이 현상은 자원 선점을 위한 경쟁이라는 점에서 19세기 말 아프리카 쟁탈전과 유사하다. 그러나 오늘날의 각축전은 그 스케일과 양태가 다르며, 국제 정치적 파급 효과도 훨씬 크고 복잡하다. 무엇보다도 아프리카는 서구의 뒷마당이라 여겨졌으나 이제 아시아 대륙의 두 거인을 비롯한 비서구 국가들이 약진했다는 점에서 동서 대결의 면모를 띠게 되었다. 좀 더 파격적인 시각은 아프리카를 놓고 결국 중국과 인도가 대결할 것이라 전망하면서 인도의 승리를 기원한다. 중국에 비해 훨씬 민주적이고 친서구적이기 때문이다.

그러나 당장의 근심은 중국에 집중되어 있다. 그만큼 지난 10년간 아프리카에서 중국의 확장 속도는 놀랍고 또 위협적이었다. 중국은

● 기니의 차이나타운과 중국이 건설한 세네갈 국립극장 ⓒ 윤상욱

아프리카에서 유전과 광물 개발 계약을 잇달아 따냈고, 고속도로, 철도, 항만, 발전소, 병원과 스타디움을 짓고 있다. 아프리카와의 교역은 지난해 1,270억 달러에 달했는데, 이는 10년 전 그것보다 열 배 이상 증가한 액수다. OECD 국가가 아닌 중국의 투자와 원조는 늘 베일에 가려져 있으나, 중국은 최근 세계은행보다 많은 돈을 아프리카에 제공한 것으로 보이며 언론에서는 중국의 아프리카 대형 건설 프로젝트가 톱기사로 심심치 않게 보도된다.

중국 민간 기업의 진출도 눈부시다. 현재 아프리카 대륙에는 100만명 이상의 중국인과 1,500개 이상의 기업이 경제 활동을 하고 있다. 석유와 광물 채굴, 그리고 인프라 건설과 같은 공공사업에서만 활동한다고 생각하면 오산이다. 공공사업 완료 후에도 중국 노동자들은 돌아가지 않고 새로운 비즈니스를 개척한다. 일례로 말리에는 중국제 양고기를 뜻하는 'mouton chinoise'라는 조크가 있는데 지금 먹고 있는 양고기마저도 중국산인지 의심해야 할 정도로 중국인이 거의 모든 상권을 장악한 현실을 묘사한 것이다. 그만큼 중국인의 기세는 무서운데, 그 추세는 앞으로도 지속될 전망이다. 최근 중국 상무부 설문 조사에 따르면, 1,600개 이상의 기업들이 아프리카에 진출할 의사를 밝혔다고 한다.

중국인들의 경제 활동이 늘다 보니, 위안화 수요도 급증하고 있다. 앙골라, 남아공, 나이지리아에서는 아예 위안화 계좌를 별도로 개설한 다음, 현지화나 미 달러화를 거치지 않고 직접 거래하는 경우가 늘고 있다. 이러한 통화 수요를 반영하듯 나이지리아 중앙은행은 최근 외환 보유고의 5~10퍼센트를 위안화로 구성하겠다고 발표했다. 세계 기축 통화인 달러화의 지위가 아프리카에서 위협받을 정도다.


## 21세기형 중상주의

이처럼 중국이 아프리카에서 승승장구하는 비결은 무엇일까. 오늘날 비유와 풍자에 능한 언론들이 만든 '아프리카의 중국화Africa's Chinization', 또는 '차이나프리카Chinafrica'라는 신조어 속에는 중국과 아프리카 관계가 급속히 가까워지는 것을 비난하거나 조롱하는 뉘앙스가 담겨 있다. 중국의 성공 원인에 대해 결코 긍정적으로 보지 않기 때문이다. 국제 사회의 선진 관행과 규범을 외면하는 중국이 아프리카를 사로잡고 있다는 식인데, 말하자면 악화가 양화를 구축한다는 것이다.

그 대표적인 예로 중국의 국가 주도형 중상주의는 오늘날 서구 국가들이 도저히 모방할 수 없는 것이다. 아프리카의 자원 개발에서 중국이 승승장구하는 이유도 국영 기업들이 리스크를 걱정하지 않고 장기 계약을 추진하는 것과 관련이 깊다. 일반 민간 기업은 유전이나 광산의 경제성과 수익성, 그리고 전력, 도로, 항만과 같은 인프라 비용을 면밀히 검토할 것이고, 정치적·사회적 불안 요인도 함께 감안하여 투자 여부를 결정할 것이다. 그러나 중국 국영 기업은 이들 심각하게 고민하지 않아도 된다. 2조 달러 상당의 국부 펀드▪로 무장한 정부가 단기 손실을 커버해줄 뿐만 아니라, 자원 개발에 필요한 인프라 건설을 함께 묶어 패키지 계약을 제시하기 때문이다. 막대한 건설 비용은 대개 20~30년 장기간 저리의 융자로 지원되며, 이자는 현금이 아닌 광물이나 석유와 같은 현물로 받기도 한다.

정부의 든든한 보증은 오히려 리스크가 높은 국가로의 진출을 가능하게 하는데, 2004년 가봉과의 원유 수입 계약은 이런 면모를 잘 보여준다. 가봉은 사향 길에 접어든 산유국이었다. 오랫동안 새로운 유전이 발견되지 않아 원유 생산도 매년 감소하고 있었지만, 후진타오 중국 국가주석은 가봉을 직접 방문하여 연 100만 톤의 원유 수입과 함께 신규 유전 탐사 계약까지 체결했다.

수단처럼 내전이 지속되는 곳에서도 이 방식은 통한다. 중국과 긴

▪ 국부 펀드란 정부가 해외 자산 매입과 같은 투자 행위에 사용하기 위해 별도로 지정, 관리하는 외환 보유 자금이다. 보통 국부 펀드는 국내 기업의 무역 흑자 또는 석유 수출로부터 발생하는데, 중국과 서아시아 국가의 국부 펀드는 국제 금융, 현물 시장을 교란할 정도로 규모가 크고, 자국 기업의 자금 원으로 활용되므로 세계 경제 경쟁 구도를 왜곡한다는 우려를 사고 있다.

밀한 군사적 관계에 있는 알 바시르 정부는 중국 기업에게 특별 혜택을 제공했는데, 중국산 폭격기와 전차를 이용해 나일 강 상류 유전 탐사 활동을 경호한 것이다. 2006년 국제사면위원회^AI, Amnesty International와 인권 단체들은 중국제 무기로 무장한 수단군이 기독교계 남부 수단인을 무력으로 쫓아낸 다음 그곳에서 유전 개발을 시도했음을 고발했다. 1990년대 서구 석유 회사들이 유전 개발에 따르는 원주민 보호 문제와 내전으로 수단을 떠났지만, 중국 기업은 이를 비웃기라도 하듯 원유를 뽑아내고 있다. 중국이 아니면 그 누구도 할 수 없는 것이다.

# 워싱턴 컨센서스 vs.
# 베이징 컨센서스

이처럼 중국의 국가 주도형 중상주의는 본질적으로 윤리적 평가를 거부한다. 민주주의와 인권, 거버넌스를 중시하는 서구인은 중국의 몰가치적 행위가 아프리카의 독재자들을 살찌우고 민주주의와 평화를 위협하는 악행이라며 비난하지만, 중국의 입장은 다르다.

우선 중국은 민주주의와 인권과 같은 서구식 가치가 지금의 아프리카에 도움이 되지 않는다고 본다. 극빈국 국민들에게 최우선적으로 보장되어야 할 것은 '먹고살 수 있는 권리rights to subsistence'이지, 서구인들이 주장하는 거창한 인권은 아니다. 중국은 아프리카인들이 먹고살 수 있도록 사업을 하는데, 윤리적, 정치적 고려가 무슨 소용이냐고 반문한다. 아울러 이 지구 상 어떤 정부도 다른 정부의 국내 문제를 간섭할 자격은 없는데, 그럼에도 불구하고 국내 문제와 개발 원조를 연계시키는 것이야말로 제국주의적 태도라고 비난한다. 미국과 유럽이 서아시아의 독재자들과 버젓이 석유 거래를 하면서 아프리카 국가들에 대해서만 민주주의와 인권 문제를 운운하는 것도 중국으로서는 불쾌할 수밖에 없다.

빈곤 퇴치와 경제 발전에 있어서 이념과 윤리를 고려하지 않는 중국의 사고방식은 흡사 1970년대 말 덩샤오핑의 흑묘백묘론黑猫白猫論을 연상시킨다. 검은 고양이든 흰 고양이든 쥐만 잘 잡으면 된다는 실용주의 노선은 현재 아프리카를 대하는 중국의 기본 자세라고 할 수 있다. 이러한 불간섭 원칙과 경제 개발 우선주의는 오늘날 일부 아프리카 지도자들 사이에서 마치 복음과 진리처럼 받아들여지고 있는데 다가, 과거 노예무역과 식민 통치, 그리고 독립 이후 신제국주의를 비판하는 아프리카주의자들의 호응마저 얻고 있다. 그들은 지난 50 년간 서구 국가들이 겉으로는 민주주의와 인권, 개발 원조를 내세우면서도 실제로는 자원 획득에만 열을 올렸음을 비난하는 반면, 중국을 참다운 경제 개발의 파트너로 삼기를 주저하지 않고 있다. 우선 중국은 고압적인 서구 국가나 세계은행, IMF처럼 자금과 재원의 투명한 관리, 노동이나 환경 기준의 준수 등을 요구하지도 않을 뿐더러, 부정 선거, 인권 탄압처럼 불편한 국내 문제를 꺼내지 않는다.

이에 더해 중국과의 계약 협상 과정은 신속하고 명쾌하다. 중국은 이러쿵저러쿵 조건을 제시하면서 상대방의 애간장을 태우지 않는다. 중국 정부가 '가서 사오라'고 방침을 내린 이상, 국영 기업은 큰 고민을 하지 않는다. 물론 표면상 알려진 계약 이면의 은밀한 거래는 최고위급 정치가들의 몫이다. 중국 국영 석유 기업들이 유전 개발 입찰에서 인도 기업을 따돌릴 수 있었던 것은 그만큼 의사 결정 과정이 빠른데다가 최고위급 정치인들 간에 연대감이 형성되어 있었던 데기인한다.

중국의 아픈 근현대사 역시 아프리카 엘리트들에게 호응을 얻는다. 영국과 독일, 일본에게 영토의 일부를 빼앗겼던 중국의 과거사는 유럽의 식민지로서 수탈당했던 아프리카의 그것과 유사하다. 이렇듯 반서구 정서에 기반을 둔 역사 공동체 의식은 실제 앙골라, 수단, 적도기니, 짐바브웨와 같은 곳에서 효과를 보았다.

오늘날 중국과 아프리카의 밀월 관계는 어떤 면에서 1989년 중국

천안문 사태에 그 뿌리를 두고 있다. 당시 시위대를 무력으로 진압한 중국 정부가 서방 여론으로부터 뭇매를 맞고 있을 때, 아프리카 일부 국가들은 중국 정부를 옹호했다. 이들 국가들 역시 당시 서방의 강압적인 신자유주의 외교에 저항하고 있었고, 동쪽으로 눈을 돌려 중국을 성원한 것이다. 이를 계기로 중국은 아프리카를 재발견했다. 냉전 이후 사회주의가 붕괴되면서 국제 정치적 위기에 봉착했던 중국은 대만 문제를 포함하여 미국 주도의 새로운 국제 질서에 공동으로 맞설 수 있는 동지로서 아프리카 국가들을 주목했다. 이후 중국은 아프리카에 무기를 수출하고 군사 훈련을 제공함으로써 아프리카의 친중국화에 나서기 시작했다.

중국식 개발 모델도 아프리카 지도자들의 관심을 끌기 마련인데, 이 역시 반서구적 정서와 궤를 같이 한다. 중국은 자신의 경제 성장 경험을 아프리카 지도자들에게 홍보하면서, 정부 주도형 발전 전략, 대규모 공공 건설 사업의 중요성, 시장 가격과 환율의 통제와 같은 정책의 자율성을 강조한다. 빈곤과 저개발의 늪에서 국민 경제를 끄집어내기 위해서는 강력한 중앙 정부가 시장 경제 원리에 반하는 정책도 추진해야 한다는 논리는 아프리카 엘리트들을 감동시킬 수밖에 없다. 지난 20년간 신자유주의적 압력에 따른 자유화 조치에 반감을 느끼거나, 정부의 권한과 규제를 늘려 막강해진 정치·경제적 권력을 누리고픈 이들이 듣고 싶어 했던 얘기이기 때문이다.

오늘날 아프리카에는 1990년대 미국식 신자유주의 체제를 대변하던 워싱턴 컨센서스Washington Consensus의 시대가 저물고 베이징 컨센서스Beijing Consensus의 시대가 왔다고 보는 시각이 우세하다. 특히 최근 중국, 브라질, 인도와 같은 신흥 경제국들은 2008년 미국발 국제 금융 위기를 신속하고 효율적으로 극복했는데, 이를 기화로 정부 주도형 경제 성장 모델이 조명을 받았다. 유엔무역개발위원회<sup>UNCTAD</sup> 조차도 아프리카의 경제 도약을 위해 이들 국가들의 성장 경로를 교본으로 제시한다. 중-아프리카협력포럼<sup>FOCAC, Forum on China-Africa Cooperation</sup>은 사실상 중국 정부로부터의 원조와 투자 또는 아프리카 정부의 특혜를 얻기 위해 몰려든 아프리카 장관들과 중국 기업인들의 거대한 로비 포럼이긴 하지만, 중국식 개발 경험과 모델이 가장 효과적으로 홍보되는 교육의 장이기도 하다.


## 대화를 원하는 서구

분명한 것은 중국이 아프리카에서 서구인들과 다르게 행동하며, 이런 차이점과 반서구적인 이미지가 효과를 보고 있다는 것이다. 최근 여론 조사에서 나이지리아와 케냐인들의 70퍼센트 이상이 중국의 아프리카 진출을 긍정적으로 여기고 있는데, 이는 아프리카의 엘리트뿐만 아니라 일반 국민들도 친중국화되어가고 있음을 의미하는 것이다. 이러한 현상이 미국과 유럽에게 결코 반가운 일일 수 없다. 그간 중국에 대해 말을 아껴왔던 미국도 이제 그 경계심을 공공연히 표출하고 있다. 2011년 6월 잠비아를 방문한 힐러리 클린턴 미 국무장관은 자원 획득에만 관심을 가진 신제국주의적 투자자와 정부를 비난했다. 비록 '그들'이 누구라고 밝히지는 않았으나, 중국 정부와 국영 기업을 일컫는 것임에는 의심의 여지가 없다.

그러나 중국의 확장세에 대한 도덕적 비난에도 불구하고 현실적으로 이를 막을 방법은 딱히 없다. 아프리카와 중국 사이에서 일어나는 그 어떤 거래 행위가 유엔 헌장 또는 안전보장이사회 결의와 같은 국제 규범에 명시적으로 저촉되거나, 법적으로 보장된 제3자의 권리를 침해하지 않는 한, 이를 저지하거나 규제할 수단은 없다. 클린턴 국무 장관의 연설도 사실상 중국보다는 아프리카인들에게 중국에 경각심을 일깨우고자 한 것으로 보여지는데, 중국을 비난한다고 해서 중국 정부와 기업의 행태가 당장 달라지지 않을 것이기 때문이다.

그러나 서구는 일단 중국과의 대화를 시도하고 있다. OECD는 최근 부상하고 있는 신흥 공여국의 중요성을 인식하였으며, 기존 공여국들이 구축한 다자간 원조 논의에 참여할 것을 권한다. 유럽연합 국가들은 개발 원조에 관한 3자 간 협력trilateral cooperation on aid을 제안하는데, 이를 통해 전통적 공여국과 신흥 공여국, 그리고 원조 수혜국 당사자가 함께 머리를 맞대고 개발 원조의 효율성 증진을 위해 협의하자는 것이다.

물론 이런 제안이 받아들여질 리가 없다. 3자 간 협력이 중국의 원조 정책과 관행에 대한 간섭과 성토의 장이 되리라고 보기 때문이다. 중국은 미국과 아프리카 문제에 관한 정책 대화를 하고 있는데 이는 보건이나 식량 안보처럼 비교적 덜 민감한 분야에서의 원조 활동을 위주로 정보를 교환하는 수준에 그치고 있다.

그런데 아프리카 지도자들은 이 정도 수준의 대화도 거부한다. 위키리크스에 의해 밝혀진 비밀 외교 전문에 따르면 아프리카 엘리트들은 중국이 아프리카 문제를 두고 서구 국가와 협력하는 것을 반대하는 것으로 드러났다. 주중국 케냐 대사는 그러한 대화가 아프리카에는 아무런 도움이 되지 않는다며 아프리카를 두고 중국과 미국이 대화하는 것 자체에 혐오감을 드러냈다. 서구 국가들의 간섭을 받을수록 중국의 아프리카 개발 원조는 줄어들거나 그 속도가 더뎌지고, 심지어 이런저런 조건들이 붙을 수 있다는 것이다.

케냐 대사는 '서구 공여국들은 아프리카를 돕겠다지만, 그간 실망만을 안겨줬다. 그들은 국제회의와 세미나를 개최하는 것 말고 한 것이 없다. 반면 중국은 자원 개발과 인프라 건설처럼 늘 손에 잡히는 무언가를 들고 온다'고 말했다. 아프리카 엘리트들의 관점에서 보면, 중국은 '양화'이고 서구는 '악화'인 셈인데, 유럽연합이 제안한 3자간 협의도 사실상 신흥 공여국의 '선행'을 감시하고 간섭하겠다는 불순한 의도인 것이다. 서구의 고민이 깊어질 수밖에 없다.


## 텃밭 지키기

2006년 부시 정부는 아프리카사령부^Africom 설치를 발표했다. 표면적 명분은 미국 원유 수송선 보호와 테러 및 해적에 대한 대응이었지만, 또 한 가지 숨겨진 목적은 중국의 군사적 확장에 대한 견제였다. 그전에 이미 의회를 중심으로 중국의 부도덕한 면모를 비판하는 경고주의자^Alarmist들의 움직임이 있었으나, 정부는 이를 심각하게 여기지 않았다. 즉 아프리카에서 중국이 미국의 이익에 위협을 가하지 않는다는 것이다. 그러나 중국이 아프리카와 정상 외교를 빈번하게 하는데다가, 2005년 나이지리아 오바산조 대통령이 중국제 전투기 구매를 발표하는가 하면 후진타오 국가주석과 공동으로 유엔 안전보장이사회의 개혁을 촉구하는 등, 경제뿐만 아니라 정치, 군사 동맹 형성의 조짐을 보이자 이는 미국에게 바람직한 현상이 아니라고 판단하게 된 것이다.

부시 정부는 일단 독일 슈투트가르트에 아프리카 사령부를 설립한 다음 이를 북아프리카로 이전하려 했으나 이를 수용하는 국가는 없었고, 오히려 아프리카연합의 집단적 반대에 직면했다. 미군이 주둔할 경우 이슬람 테러리스트들의 집중 표적이 될 수 있는 데다가 미국의 내정 간섭을 받을지도 모른다는 우려 때문이었다.

이후 오바마 대통령이 당선되었을 때 여론은 민주당 정부가 부시 정부의 군사적 확장 정책을 폐기하고 민주주의와 인권을 앞세우는 대화형 외교에 치중할 것이라고 예측했다. 하지만 결과는 그 반대였다. 오바마 역시 나날이 증가하는 미국의 아프리카 석유 수요와 라이벌 국가들의 군사적 확장, 그리고 테러의 위협을 심각하게 받아들였던 것이다. 오바마는 아프리카 사령부 이전을 협의하기 위해 2009년 몸소 가나를 방문하였지만 뚜렷한 소득은 없었다. 다른 서아프리카 후보국들도 마찬가지였다. 미국은 기지 주둔의 대가로 각종 군사 협력과 지원을 제안했을 것으로 추측되지만, 이를 명시적으로 환대한 국가는 없다. 대부분의 아프리카 지도자들은 워싱턴과의 은밀하고 조용한 협력은 선호하나, 군사 기지 제공처럼 상징적인 행위는 꺼려한다.

그러나 조만간 아프리카 사령부의 위치가 정해질 것이라는 관측이 우세하다. 이미 아프리카의 정치인들은 라이베리아와 보츠와나를 그 유력한 후보지로 지목하면서 그들을 미국의 꼭두각시라고 비난했다. 물론 이들은 공식적으로는 미국과의 합의를 부인하고 있다. 여러 가지 무성한 소문이 과연 사실인지 의문스럽지만, 미국이 아프리카에서 보다 깊숙이 개입하겠다는 의지만큼은 분명하다.

한편 프랑스는 우여곡절 끝에 아프리카에 대한 군사적 개입의 명분을 챙겼다. 2011년 초 튀니지에서의 반정부 시위가 격해지자 프랑스 외무장관 알리오-마리<sup>Michèle Alliot-Marie</sup>는 프랑스 경찰과 최루탄을 튀니지로 보내 시위대를 진압하자고 건의했다. 이후 그녀가 벤 알리 일가의 전용 비행기를 이용하는 등 정기적으로 향응을 제공받았다는 사실이 알려졌고 프랑스는 곤경에 빠졌다. 프랑스 고위층들이 구식민지 독재자들을 음으로 양으로 돕는다는 소문이 사실로 확인된 것이다. 뿐만이 아니다. 니콜라 사르코지 대통령 역시 최근까지 가다피와 친분 관계를 유지해오고 있었고, 항공기와 무기를 리비아에 팔았다. 2007년 그는 '아랍권에서는 가다피를 독재자로 보지 않는다'며 그를 옹호할 정도였다. 리비아에서 시민들의 시위가 가다피 정부의 무차별 학살로 발전함에도 프랑스 정부는 가다피에 대한 제재를 주저했었다.

국내외 여론은 급격하게 악화되었고 사르코지 정부는 변화를 선택할 수밖에 없었다. 그는 고민 끝에 외무 장관을 교체했고, 재스민혁명에 발 빠르게 개입했다. 2008년 그는 '프랑스가 언제나 아프리카의 경찰 역할을 맡을 필요는 없다'거나, '프랑스는 아프리카의 국내 문제에 끼어들어서는 안 된다'고 했던 스스로의 약속을 깨고 아프리카 대륙의 경찰 역할을 떠안았다. 프랑스는 유엔과 유럽연합을 움직여 가다피의 목을 죄었고, 급기야 영국의 도움을 얻어 리비아를 폭격했다. 믿는 도끼에 발등을 찍힌 가다피는 사르코지에 대해 이루 말할 수 없는 배신감을 느꼈을 것이다.

코트디부아르에서도 마찬가지였다. 프랑스군은 2011년 3월까지 바그보와 와타라 지지자 간 내전에 대해 중립을 지켰으나, 4월 초 내전으로부터 코트디부아르 국민을 보호하기 위한 유엔 안전보장이사회의 결의가 통과되자 신속하게 행동에 나섰다. 비록 국제 사회로부터 사퇴 압력을 받고 있었지만 아직은 현직 대통령이었던 바그보의 관저를 포격할 정도로 적극적이었던 프랑스군은 결국 궁지에 몰린 바그보를 체포했고, 선거에서 승리한 와타라 정부의 출범을 도왔다.

이러한 군사적 행동이 2012년 대통령 선거를 앞두고 실추된 명예와 정치적 지지세 회복에 도움이 된 것은 분명하지만, 반드시 사르코지 대통령 개인적 선택이라고만은 볼 수 없다. 2009년 세네갈 와드 대통령의 프랑스군 철수 요구, 구식민지 국가들의 중국제 무기 도입, 미군과의 합동 훈련 등과 같은 일련의 사례들로 프랑스는 전통적 텃밭이라 여겼던 아프리카에서 그 입지가 약화되고 있었다. 프랑스는 리비아와 코트디부아르에서의 군사적 행동을 통해 자신들이 아프리카의 나쁜 권력자와의 관계에 집착하지 않는다는 것, 나아가 필요하다면 군사적 수단을 기꺼이 사용할 수 있다는 의지를 보여준 셈이다. 이는 곧 중국과 미국, 러시아와 인도에게 아프리카에서 프랑스의 존재를 잊지 말라는 신호와 다름없다.

# 독이자 약인 중국

　　　　　이처럼 아프리카에서 중국은 서구에게 도전일 수밖에 없다. 서구는 중국과 아프리카를 상대로 대화를 시도하는 한편, 군사적 개입도 강화하고 있지만, 단기간 내에 중국의 성장세를 막을 수는 없을 듯하다. 자원과 소비 시장을 확보하겠다는 중국의 의지가 강력한데다가 실용주의로 무장한 중국의 개발 지원 논리도 아프리카의 지도자들을 사로잡고 있다. 아프리카 지도자들 역시 지난 50년간 항상 가르치려고만 하는 서구보다는 실질적 협력 관계를 내세우는 중국을 협력의 대안으로 생각하고 있다.

　그러나 그렇다고 해서 아프리카의 미래를 비관적으로만 본다거나, 중국의 행태를 비난만 해서 나아지는 것은 없다. 오히려 중국에 대한 비판론에 과장은 없는지, 그리고 현실은 어떠한지를 냉정하게 보고 미래를 예측하는 것이 낫다. 즉 현재 중국이 아프리카에 주는 혜택은 무엇이며, 언제까지 줄 수 있는지, 실용주의와 내정 불간섭 원칙을 포함한 중국식 개발 모델은 언제, 어떻게 한계와 모순에 봉착할 것인지를 따져보는 것이 오히려 아프리카를 위한 공리주의적 접근이다.

　사실 중국의 원칙들은 잠재적 문제점으로 가득 차 있다. 예컨대 내정 불간섭 원칙은 두 나라 사이가 우호적일 때만 가능한 것이다. 만약 수단이나 짐바브웨에 민주 정부가 들어서 중국 기업과 교민들의 기득권을 철폐하려 할 때도 중국 정부가 이를 묵과할 것인지는 장담할 수 없다. 국제 정치적으로 내정 불간섭은 약소국이 외치던 원칙이다. 강대국은 언제나 간섭하고 개입하려는 성향을 보였는데, 오늘날 강대국인 중국이 불간섭 원칙을 아프리카에 적용하는 이유는 그렇게 하는 것이 중국과 아프리카의 이해관계에 도움이 되기 때문이다. 그렇지만 양측의 이해가 언제까지나 일치하리라는 법은 없다.

최근 저임금과 가혹한 노동 조건 등을 이유로 남아공, 탄자니아, 레소토, 잠비아에서 반중국 정서가 확산되고 있는 것 또한 중국 정부의 고민거리다. 2005년 잠비아 참베시Chambeshi 광산에서 50명의 잠비아 광부가 매몰된 것을 계기로 반중 정서가 한 차례 일었고, 2007년 후진타오 국가주석이 몸소 그곳을 직접 방문하여 성의를 보였지만, 이마저도 소용이 없었다. 2010년 중국인 광산 경영자가 농성 중인 광부들에게 총기를 난사하여 12명의 부상자가 발생했기 때문이다. 노동, 환경, 안전 기준 등 제반 규정을 무시하는 중국 기업의 행태뿐만 아니라 현지인과 잘 동화되지 못하는 중국인의 배타적인 습성은 갈등의 씨앗이다. 아프리카에서 성장하고 있는 야당과 언론, 노조와 시민 단체도 중국에게는 부담스러울 수밖에 없다.

아프리카에게 중국이란 약이자 독이다. 활용 여하에 따라서 중국은 가장 빨리, 싸고, 쉽게 경제 성장을 가져다줄 구원자일 수도 있다. 하지만 과거 유럽 열강이 그러했던 것처럼 아프리카를 자원의 공급지나 저가 공산품의 소비 시장으로 고착시키는 또 하나의 제국주의자일지도 모른다. 백 번 양보해서 어떻게든 경제성장만을 이루면 된다고 하더라도, 아프리카의 미래를 빼앗겨서는 안 된다.

그러나 아쉽게도 현재 중국을 냉정하게 바라보고 전략적으로 활용하겠다는 아프리카 국가는 없는 듯하다. 주기적으로 개최되는 중-아프리카 포럼이나, 양자 차원의 회담에서 항상 아프리카 정부는 중국을 칭송하고 더 많은 투자와 원조를 얻으려 한다. '아프리카의 왕'이자 '큰 손'이었던 가다피가 몰락한 이후 베이징을 향한 도움의 요청은 더더욱 커질 전망이다. 그러나 중국과의 밀착된 관계가 무엇을 의미하며, 자국의 미래에 어떻게 활용될 수 있는지를 꼼꼼하게 따지지는 않는다. 케냐의 한 일간지는 이를 정확하게 꼬집고 있다.

중국은 아프리카 정책을 갖고 있지만, 아프리카는 중국에 대한 정책이 없다. 아프리카는 중국이 주는 대로 받고, 시키는 대로 할 뿐이다. 중국은 상호 호혜를 내세우지만, 실은 아프리카를 정중하게 벗겨 먹을 뿐이며, 이는 과거 서구 제국주의자들이 한 것과 별반 다르지 않다. ▪

한편 어떻게든 기득권을 잃지 않으려는 미국과 유럽은 아프리카에서의 중국을 철저하게 연구할 것이고, 그들 스스로 기존의 아프리카 정책이 어떻게 변해야 할 것인지를 생각할 것이다. 그 과정에서 중국이 해줄 수 없는 것이 무엇인지, 서구는 어떻게 아프리카를 진정 도울 수 있는지 지혜를 얻기를 희망한다. 21세기 아프리카 쟁탈전은 이제 기승전결의 두 번째 단계에 도달했을 뿐인데, 아프리카 지도자들이 미래를 내다보며 슬기롭게 이 쟁탈전을 이용했으면 좋겠다.

▪ 〈더 네이션 나이로비The Nation Nairobi〉 2006년 6월

| 04 |

# 기후 변화와
# 맬서스의 덫

## 불행의 씨앗

앞에서 아프리카의 미래에 대한 낙관론을 소개했지만, 만약 200년 전의 인구통계학자 토머스 로버트 맬서스<sup>Thomas Robert Malthus</sup>, (1766~1834)가 살아있었더라면 아프리카를 어떻게 묘사했을까. 우선 그의 이론과 예언을 되짚어보자.

산술급수적으로 증가하는 식량 생산은 기하급수적으로 증가하는 인구를 따라잡지 못하기에 인간은 필수적으로 빈곤 상태에 처하게 된다. 식량 생산이 인구를 부양할 수 없는 단계에 이르면 전쟁과 기아, 질병이 만연하여 인구의 감소를 가져올 것이다.

200년 전의 예언이지만, 너무나도 섬뜩하다. 20세기 이후 아프리카에서 일어난 현상들이 그대로 나열되고 있다. 우선 1900년대 초 아프리카 대륙의 인구는 1억 3,000만여 명이었지만, 100년 사이에 여섯 배 가까이 증가하여 1999년 무렵 7억 6,700만 명에 이르렀다. 그 사이 농업 생산은 증가했지만, 인구 1인당 생산량은 30년간 감소해오고 있다. 식량 생산이 인구 증가분을 따라잡지 못했고, 그 사이 아프리카는 농업 수출국에서 순수입국으로 전락하여 전체 예산의 34퍼센트 정도를 식량 수입에 할당하고 있다. 한편 숱한 내전과 유혈 사태로 많게는 1,500만 명이 사망했으며, 매년 수백만 명이 에이즈와 말라리아, 영양 부족으로 죽어간다. 미국이 에이즈가 발견되기 이전부터 아프리카에 콘돔을 보급한 것도 아프리카가 맬서스의 덫<sup>Malthusian trap</sup>에 빠지는 것을 막기 위해서였다. 그만큼 아프리카의 인구 증가와 식량 부족은 재앙처럼 여겨졌다.

이제 최근의 추세들이 그대로 이어진다고 가정했을 때 2050년 아프리카는 어떤 모습일지를 상상해보자. 우선 인구는 지금보다 두 배 가까이 늘어나 약 20억 명에 달할 것이고, 그중 12억 명 이상은 도시에 살 것이다. 식량 부족분 역시 증가하게 될 텐데, 2005년 5,000만 톤이던 식량 수입량은 2050년에는 1억 톤 이상으로 늘어날 것이다.

그러나 이런 산술적인 계산 말고도 다른 부정적 요인까지 함께 고려한다면 상황은 더욱 암울해진다. 기후 변화가 지속되어 아프리카의 평균 기온은 1~2도 가까이 상승하고, 사막화와 삼림 파괴 등 환경적 측면의 악재들은 농업 생산을 더욱 감소시킨다. 석유와 광물은 고갈되어 자원의 보고로서의 가치는 떨어지고, 대신 세계의 공장으로 변한다. 아시아의 임금 상승으로 적자를 본 다국적 기업들은 이제 아프리카의 저렴한 노임을 활용하기 위해 공장들을 아프리카로 이전하며, 더 많은 아프리카인들이 농촌을 떠나 공장 노동자가 된다. 하천과 토양, 하늘은 공장 폐수와 매연으로 오염되고, 소농들의 농토는 처참히 더럽혀진다.

한편 바이오 연료와 가축용 사료에 대한 세계적 수요를 충당하기 위해 세계 곡물 메이저 기업들이 아프리카의 농토를 대량으로 사들여 그곳에 공업용, 사료용 작물을 재배한다. 아프리카인들이 먹고사는데 필요한 기초 작물 재배 면적은 줄어들 수밖에 없고, 쫓겨난 농민들은 도시로 향할 것이다.

요약하자면 2050년 아프리카는 여전히 맬서스의 덫에서 헤어나오지 못한 채 스스로를 먹여 살리지 못하는 대륙이 된다. 공장을 유치하여 각종 제조업 제품을 만들고, 바이오 연료와 사료를 생산하지만 이들은 대부분 수출용이다. 먹는 것에 관한 한 아프리카는 다른 대륙에서 생산된 곡물에 절대적으로 의존할 수밖에 없고, 산업화에서 소외된 자들의 빈곤은 더욱 심해질 것이다. 그러는 와중에 환경은 파괴되고 경이롭던 생물들의 다원성은 빛을 잃어갈 것이다. 그동안 우리가 가졌던 아프리카의 이미지와는 너무나도 다르다.

사실 이러한 예측은 아프리카에서 일어나고 있는 부정적 현상들만을 집중적으로 조명한 것이며, 최근의 긍정적 변화들을 고려한다면 실현될 가능성은 훨씬 낮아질 것이다. 그렇다고 해도 불행의 씨앗들이 도처에서 자라나고 있는 것만은 분명하다. 이는 아프리카와 국제사회에게 힘겨운 도전이 되고 있다.

## 닥쳐오는 재앙

그간의 논란에도 불구하고, 기후 변화의 실체를 확신하는 과학자들은 점점 늘어만 가고 있다. 킬리만자로의 만년설은 지난 100년 동안 85퍼센트가 녹아 내려 앞으로 20년쯤 지나면 완전히 사라질지도 모르는데, 이는 기후 변화의 우울한 징표와도 같다. 통계적으로 20세기 동안 아프리카의 평균기온은 0.5도 상승했는데, 과학자들은 그 속도가 더 빨라져 금세기 말 무렵에는 3~4도 정도나 높아질 것으로 전망한다. 그 상승폭은 지역별로 편차가 있는데, 동아프리카를 포함한 사헬 지역, 중앙아프리카 지역이 다른 곳보다 더 뜨거워질 것으로 보인다.

실제로 2011년의 아프리카는 지난 60년 동안 가장 뜨겁고 건조한 해로 기록될 듯하다. 케냐, 소말리아, 에티오피아에 발생한 가뭄으로 1,300만 명이 기근의 위기에 처했고 가축의 60~90퍼센트가 죽었으며, 방대한 면적의 목초지가 타들어갔다. 그런데 이 지역에서는 이미 2008~2009년의 가뭄으로 천만 명이 고통을 겪었다. 한번 기근이 발생하면 그 피해를 완전히 회복하는 데 상당한 시간이 걸린다. 가축 개체 수의 감소, 말라비틀어진 씨앗, 황폐화된 농토와 목축지 때문에 당장 비가 온다 해도 예전만큼 경제 활동을 하기는 어렵기 때문이다. 이 지역은 2년 전 기근 피해를 완전히 회복하기도 전에 또 한 번 재앙을 맞이한 셈이다.

아프리카에서는 최근 가뭄과 기근의 발생 주기가 짧아지고 있다. 과거에는 6~8년을 주기로 가뭄이 왔지만, 최근에는 1~2년 만에 찾아오며 그 피해도 커지는 추세다. 지구 온도가 꾸준히 상승하는 동시에 기후의 변동 폭도 극심해지고 있는 것이다.

이러한 기후 변화로 인해 아프리카 대륙이 가장 혹독한 시련을 겪으리라는 관측에는 이견이 없다. 그 정도의 차이는 있으나 학자들은 기후 변화가 아프리카의 농업 생산을 감소시켜 기근과 영양 부족을 심화시킬 것이라는 데 동의한다. 기후 변화는 사막과 반 건조 지역을 확장시켜 삼림과 농토를 잠식하는데, 일부 토지는 물 부족으로 토양 속의 염도가 증가하여 농경지로서의 활용 가치를 상실할 것이다. 또한 2025년 아프리카에는 7,500만~2억 5,000만 명이 물 부족으로 고통을 받을 것이고, 위생 수준도 악화되어 질병의 위협에 더욱 취약해질 것으로 보인다.

물 부족은 아프리카인들 간의 갈등을 심화시킬 소지가 크다. 아프리카 대륙에서 두 나라 이상을 관통하는 주요 하천은 50여 개인데, 강우량이 감소하면 하천수의 이용을 두고 상, 하류 국가 간의 갈등이 발생할 수밖에 없다. 우물과 목초지를 차지하기 위한 부족 간의 충돌은 실제 수단의 다르푸르에서 일어났다. 2007년 반기문 유엔 사무총장은 〈워싱턴 포스트〉지 기고를 통해 수단 다르푸르 내전이 기후 변화가 야기하는 유혈 사태의 전조라고 지적하면서 그 심각성을 경고했다.

그러나 기후 변화에 대한 국제 사회의 대응은 여전히 안갯속이다. 유럽, 미국 같은 선발 산업 국가와 중국, 인도와 같은 후발 산업 국가들의 이해관계가 너무나도 다르기 때문이다. 지난 1997년 기후변화협약 당사국 총회에서 채택된 교토의정서는 지구 온난화 규제와 방지를 위해 2008~2012년을 온실가스 1차 의무 감축 공약 기간으로 규정하였지만, 이는 38개 선진국에게만 적용된다. 주요 탄소 배출국으로 부상하고 있는 중국은 해당 사항이 없다. 게다가 미국은 이를 문제 삼아 지난 2001년 교토의정서에서 탈퇴했다. 중국의 온실가스 배출을 규제하지 않으면 미국도 규제받지 않겠다는 것이다. 반면 중국은 이것이 선진국들이 과거에 산업화를 위해 온실가스를 배출할 만큼 배출해놓고, 이제 와서 후발 국가들의 경제 개발을 막겠다는 의도라며 강하게 반발한다.

다행스럽게도 최근 온실가스 감축을 위해 선·후발 산업 국가 모두가 노력해야 한다는 기초적 합의가 이뤄졌다. 2011년 12월 남아공에서 개최된 기후변화협약 당사국들은 일단 교토의정서 체제를 당분간 유지하되, 2012년부터 3년간 선진국, 개도국 모두가 감축 수준을 놓고 협상을 개시하여 2020년부터 새로운 기후 변화 체제를 설립키로 한 것이다. 그렇지만 미·중 양국의 대립과 국가 이기주의로 인해 협상 과정은 순탄치만은 않을 것인 데다가 발효 시기인 2020년이 지나치게 늦다는 지적이 있다.

한편 일부 과학자들은 산업혁명 이후 지난 200년간 축적된 온실가스가 너무나도 방대해서 지금부터 배출을 줄여나간다고 해도 기후 변화를 막을 수 없을 것이라 보기도 한다. 온실가스 감축 규제를 위해 소모적이고 지루한 논쟁을 벌이느니 하루라도 빨리 기후 변화 적응을 위해 국제 사회가 힘을 모아야 한다는 이 주장은 과학적 진위 여부를 떠나서 설득력이 있다. 그렇지 않을 경우 아프리카를 맬서스의 덫에서 구해내지 못할 것이기 때문이다.

# 천대받는 농업

      아프리카를 제외한 대부분 개도국들은 1970년대 농업혁명<sub></sub>Green Revolution을 경험하면서 맬서스의 덫에서 빠져나왔다. 인도, 중국을 포함한 아시아, 중남미 국가들은 보다 우수한 종자와 비료, 관개 시설 개선에 힘입어 농업 생산을 비약적으로 증가시켰고, 이를 통해 증가하는 인구와 산업 인력의 식량 수요를 충당할 수 있었다. 생소한 비유일지도 모르나, 아시아에서의 농업혁명은 서구의 산업혁명에 비견되는 사건이다. 만약 그렇지 못했다면, 지구인의 절반이 몰려 있는 아시아는 아프리카보다 더욱 빈곤하고 잔인한 대륙이 되었을는지도 모른다.

 반면 아프리카에서는 그런 혁명이 아직 없었다. 독립 초기 사회주의 성향의 집단 농장 체제를 도입하여 생산 증대를 도모했지만 실패하고 말았고, 현재까지 아프리카의 농업 생산성은 세계 평균의 4분의 1에도 못 미친다. 아시아에서 1헥타르당 4톤의 수확을 올리는 데 반해 아프리카는 1톤도 채 생산하지 못하는 것이다. 농업 생산량은 꾸준히 증가하고 있지만, 이는 새로운 영농 기술과 우수한 종자의 도입 때문이라기보다는 그저 경작 면적의 확대에 따른 것이다. 앞서 말했듯이 1인당 농업 생산량도 감소 추세에 있는 아프리카는 전형적인 맬서스의 법칙이 적용되는 대륙이다.

 아프리카의 농업 생산성이 낮은 데에는 여러 가지 요인들이 작용한다. 무엇보다도 정부의 의지와 투자가 없다. 예를 들어 아프리카 농부들이 토지 1헥타르당 뿌리는 비료는 8킬로그램 정도인데, 이는 세계에서 가장 낮은 수준이다. 아시아 농부가 뿌리는 것의 10퍼센트에도 미치지 못한다. 비료를 과다하게 사용하는 것도 문제지만, 너무 적게 사용하면 지력이 금방 고갈되어 작황이 감소할 수밖에 없다. 농민들은 불모지가 된 땅을 버리고 또 다른 농토를 찾기 위해 어디론가 떠나야 하며, 마땅한 곳을 발견하지 못하면 산림을 태워 화전을 할 수밖에 없다.

유엔 식량농업기구<sup>FAO</sup>가 그 심각성을 지적하자 2006년 아프리카의 농업 장관들은 나이지리아에서 개최된 아프리카비료정상회의<sup>African Fertilizer Summit</sup>에서 2015년까지 비료 사용을 1헥타르당 50킬로그램까지 늘리겠다고 선언했다. 그러나 5년이 지난 오늘날까지 자국 농민의 비료 사용량을 늘려준 정부는 5개국에 불과할 뿐이며, 더구나 비료정상회의 주최국인 나이지리아 정부는 그저 손 놓고 있다가 2011년에야 10억 달러를 투자하여 비료 공장을 짓고 5년 이내에 비료를 자급하겠다고 발표했다.

농업 증산에 대한 무관심은 예산 사용에서도 나타난다. 아프리카연합은 2003년 마푸토선언<sup>Maputo Declaration on Agriculture and Food Security</sup>을 채택하여 정부 예산의 10퍼센트 이상을 농업에 할당키로 했다. 그러나 현재까지 이를 실천한 국가는 8개국 정도뿐이다. 그중 부르키나파소, 세네갈, 말리, 가나 4개국은 면화, 코코아, 땅콩과 같은 환금성 농산물을 주로 수출하는 국가이므로 농업에 예산을 10퍼센트 이상 쓰지 않는 것이 오히려 이상한 경우다. 그 외 대부분의 아프리카 정부들은 군이 농업 증산에 목을 매지 않는다. 석유와 광물을 팔면 엘리트들의 주머니는 채워지고, 부족한 식량은 원조를 받으면 되기 때문이다.

정부가 이토록 농업에 무관심하다 보니 개량종자의 배포나 농민들에 대한 신용 대출도 이뤄지지 않는다. 변변한 담보도 제공하지 못하는 농민들을 대출 기관이 반길 리 없다. 게다가 자연 재해에 취약한 아프리카 농업의 특성상 리스크가 크기 때문에 더더욱 대출을 꺼린다. 정부가 무상으로 보급하겠다던 개량종자들은 그저 기록상으로만 남아 있을 뿐 부패한 공무원들이 이를 가로챈다. 아프리카의 개량 옥수수는 보급률은 30퍼센트가 되지 못하고, 농민들이 금융 기관으로부터 대출받는 돈은 아프리카 전체 신용 대출의 3퍼센트에 그치고 있다. 이와 같이 농민들이 산출을 늘리려고 해도 딱히 이용 가능한 수단이 없다. 조상신과 비를 내려주는 정령을 위해 제사를 지내거나 자기 부족 출신의 거물이 정권의 핵심이 되기를 바라는 편이 더 효과적일지도 모른다.

## 많은 수확을
## 올리기 위한 노력

아프리카의 미래에 농업혁명은 필수불가결한 것이지만, 1970년대 농업혁명 당시의 아시아와 지금의 아프리카는 그 여건 자체가 너무나도 다르다. 당시 아시아 국가들은 물 부족을 걱정하지 않았다. 물론 관개 시설을 정비하여 농업용수를 효율적으로 관리하긴 했지만, 근본적으로 아시아의 농업혁명은 유전학과 화학의 승리라고 할 수 있다. 그러나 아프리카는 반 건조 지역이 광활하고, 하천의 유량도 계절적 편차가 큰데다가 지형적으로 중력을 이용한 관개가 어렵다. 아프리카 농경지의 4~6퍼센트만이 관개 시설을 갖추고 있는 것도 그 자연적 여건이 불리하기 때문이다. 그런데다가 최근 기후 변화로 인해 강우량의 변동성이 커지고, 사헬 지역에서는 아예 우기가 대폭 단축되거나 사라져버리는 변화가 나타나 이 지역의 농업을 위기로 몰아넣고 있다. 물이 점점 희박해져가는 아프리카에서 농업혁명은 멀고도 험난한 과제일 수밖에 없다.

농업용수를 확보하기 위해 대규모 댐을 건설하는 방안을 생각해볼 수도 있겠지만, 이런 대형 관개 시스템은 그간 숱한 비판의 대상이 되어 왔다. 우선 아프리카에서 그런 프로젝트는 엄청난 자본이 들지만, 비용에 비해 그 효과는 크지 않을 뿐만 아니라, 사회적·환경적 손실이 엄청나다는 것이다. 대규모 저수지에 물을 가둬놓다 보니 하류 지역의 물은 더 빨리 증발해버리기 일쑤였고, 일부 지역은 수몰되어 멀쩡한 원주민들이 강제로 고향을 떠나야 했다. 댐이 완공된 이후에 아프리카 정부들이 이를 유지 보수할 능력이 없어 무너져내리거나 녹스는 경우도 있었다.

1970년대에 세계은행의 지원으로 건설된 댐들은 지역 농업보다는 도시와 산업용 발전을 위해 마련되었지만, 큰 도움이 되지 못해 개발이 아닌 빈곤을 가져온 대표적 공공사업으로 지적되었다. 1990년대 말 회의적인 시각이 확산되자 아프리카에서의 대형 댐 건설 붐은 잦아졌지만, 다시 활기를 찾는 데는 그리 긴 시간이 걸리지 않았다. 다국적 토목 기업, 아프리카 지도자들, 그리고 무엇보다도 국가주도형 중상주의를 추구하는 중국이 활기를 불어넣은 것이다. G8 정상들은 아프리카의 에너지 문제 해결을 위해 대형 댐 건설의 정당성을 지지했고, 세계은행도 이제 부끄러운 과오 때문에 숨죽이고 있지만은 않겠다며 팔을 걷어붙이고 있다. NGO들의 비판에도 불구하고 모잠비크, 기니, DR콩고, 배냉, 수단, 에티오피아 등 곳곳에서 대형 댐들이 지어지고 있는데, 과연 이들이 또다시 하얀 코끼리를 위한 동물원▪이 될지, 경제 성장과 빈곤 퇴치의 동력이 될 지는 두고 봐야 할 것 같다.

반면 댐이나 운하처럼 대형 공공사업이 아닌 간단하고도 저렴한 기술을 이용한 미량 관개micro irrigation 방법으로 아프리카의 약점을 보완하려는 시도는 이미 그 성과를 보고 있다. 특히 한정된 물로 보다 많은 수확을 올리기More Crop Per Drop 위한 노력만큼은 가능성이 엿보인다. 예를 들어 농부의 발을 이용한 페달식 소형 양수기 가격은 불과 35달러 정도이며 약 0.2헥타르의 밭에 물을 댈 수 있다. 태양열 양수기는 해가 떠 있을 때 충전되어 일몰 후 자동으로 지하수를 뽑아 탱크에 저장한다. 가장 저렴한 것이 1,500달러 정도여서 아프리카의 소농들이 구매하기는 힘들지만, 정부의 보조금을 활용하여 각 마을당 1대씩을 설치하는 방법을 생각해볼 수 있다.

물을 뽑아내는 기술뿐만 아니라 작물에 물을 주는 방법에도 여러 가지 아이디어가 도입되고 있다. 보통 스프링클러를 이용해 물을 공중에서 낙하시키는 게 일상적이지만, 태양열이 강한 아프리카에서 이는 매우 사치스러운 방법이다. 물이 뿌리로 전달되기도 전에 증발하기에 전혀 효율적이지 못한데, 그래서 아예 땅속에 파이프를 심어 뿌리 부분에만 물을 공급하는 방법도 도입되었다. 마치 방 안에 온수

▪ 큰돈을 들였지만 수익성이 없고 아무짝에도 쓸모없는 골치 아픈 투자 건을 말한다.

파이프를 심어 열효율을 올리는 것과 비슷하다. 이보다 더 저렴한 것은 보틀 드립 관개 bottle drip irrigation 방식인데, 그저 음료수 페트병에 물을 담아 병뚜껑에 미세한 구멍을 낸 다음, 작물의 뿌리 근처에 묻기만 하면 된다. 그 외에도 밭갈이와 제초 방법을 개선하여 토양의 수분 증발을 최대한 억제하는 방법이 있다.

이러한 기술들이 그다지 대단한 것은 아니지만 워낙에 낙후된 아프리카의 농업 환경에서 의미하는 바는 크다. 예를 들어 보통 'ㅅ'형으로 생긴 지붕을 'ㅇ'형으로 만들고 지붕 끄트머리 밑에 물탱크를 설치하면 자동 집수기가 된다. 예고도 없이 야간에 내리는 빗물은 기울어진 지붕 한가운데를 타고 흘러 자동으로 물탱크에 저장될 텐데, 그럼 이제 아낙들은 반나절을 걸어 물을 길어 오는 수고를 덜면서 다른 활동을 할 시간을 벌 것이다.

아프리카에서 정부의 지원과 관리는 주력 수출 작물인 코코아, 커피, 면화 농장에 집중되어 있고, 전체 농민의 70~80퍼센트를 차지하는 영세 소농들은 이렇다 할 지원을 받지 못하고 있다. 대부분의 학자 또는 국제기구가 소농들의 자생력을 키워야 한다고 제안하지만, 엘리트들은 돈이 되지 않는 그들에 좀처럼 눈길을 주지 않는다. 그런 맥락에서 물 한 방울이라도 아껴 더 많은 산출을 거두려 하기 위한 아이디어들은 참으로 애틋한 느낌을 준다. 이런 시도들이 대형 댐이나 운하에 비해 작고 보잘 것 없지만, 아래로부터의 조용한 물 혁명이 되기를 기대한다.

## 외양간 고치는 법

　　　　　이제 아프리카에서 가뭄과 기근은 더 이상 낯선 현상이 아니다. 매년 크고 작은 가뭄이 오고 기근 피해자들이 생겨난다. 그들은 물과 식량을 찾아 고향을 떠나는데, 기댈 곳이라고는 유엔 또는 아프리카연합이 운영하는 난민대피소 외에는 없다. 다행히 국제 사회는 아프리카의 기근이 발생할 때마다 긴급 구호용 식량을 지원해주었다. 2011년 동아프리카의 기근 때만 해도 유엔은 24억 달러 상당의 지원이 필요하다고 발표했다. 물론 이는 굶어 죽을 위기에 처한 이들을 살리기 위한 응급 지원분이며, 이들의 정착과 재활을 위한 지원은 별개의 문제다.

　그런데 근본적인 질문은 언제까지 이런 '소 잃고 외양간 고치기' 식의 지원을 반복해야 하느냐다. 이미 아프리카에서의 가뭄은 매년 그 발생 가능성이 높아지고 있고, 사람들은 살인적인 기근의 피해에 노출되어 있는데, 아프리카 정부나 국제 사회의 대응은 늘 사후적인 측면에 집중되어 왔다. 당장 기근으로 고통받는 아프리카인들을 위해 인도적 지원의 손길을 내미는 것은 당연한 것이지만, 그 누구도 그러한 지원이 문제를 근본적으로 해결할 수 있으리라 기대하지는 않는다.

　그런 와중에 선진국들은 식량 원조 정책에 대한 변화를 모색했다. 2008년 국제 곡물 가격의 폭등, 동아프리카의 기근과 식량 위기를 목격한 G8 정상들은 이듬해 라퀼라식량안보이니셔티브l' Aquila Food Security Initiative를 발표했다. 이 계획에 따라 개도국의 식량 안보 문제 해소를 위해 3년간 200억 달러의 지원을 공약했는데, 다만 이 돈은 과거 그랬던 것처럼 곡물이나 현금 지원이 아닌 농업 생산 향상을 위한 프로젝트에 활용할 용도이다. 개도국이 스스로 식량 문제를 해결할 수 있도록 농업 인프라 구축과 생산성 향상을 위해 돕겠다는 것이다.

라퀼라식량안보이니셔티브는 소를 잃지 않기 위해 외양간부터 튼튼히 만들어야 한다는 인식이 확산된 결과이다. 세계 최대의 식량 원조국이었던 미국은 사실 자국의 잉여 농산물을 처분하기 위해 원조를 활용했는데, 그 배경에는 미국 이익 집단의 강력한 로비가 있었다. 잉여 농산물의 정부 구매를 요구하는 농민 단체와 그들이 뽑은 의원들, 그리고 그 농산물을 아프리카까지 수송함으로써 이익을 보는 해운업자들이 미국 정부의 원조 정책 방향을 움직인 것이다. 미국이 라퀼라식량안보이니셔티브를 주도한 것은 이러한 원조 형태에 변화를 시도하겠다는 의미로 해석된다. 과거 무분별하게 잉여 농산물을 나눠줌으로써 아프리카의 농업 생산성 향상 의욕을 떨어뜨렸던 잘못된 정책을 뒤늦게나마 깨달은 것은 정말 다행스럽다.


## 토지의 저주

오늘날 아프리카가 맬서스의 덫으로부터 빠져나오기 위한 몇 가지 여건들은 조성이 되었다고 봐도 무방하다. 농업혁명의 필요성에 대한 인식이 확산되었으며, 이를 실현하기 위한 연구와 투자가 이뤄져 다양한 아이디어들이 창출되고 있다. 국제 사회도 이를 위해 사고의 패러다임을 전환했다.

이제 남은 것은 아프리카 지도자들의 진정한 의지다. 무엇보다도 아프리카 지도자들은 수익 관리형 리더십을 과감히 버려야 한다. 과거 그들은 자원과 환금 작물 수출로부터 벌어들이는 수익만 관리할 뿐, 국민 생산과 국부의 증대에는 무관심했다. 지도자 개인과 일가, 측근들과 사병화된 군대를 유지할 수 있기만 하면 그만이지, 국부와 국민 생산, 그리고 국민의 복지 향상에까지 관심을 기울일 필요가 없었던 것이다. 두말할 필요도 없이, 아프리카에서 절대 다수를 차지하는 소농들이 소외되고 생산성이 떨어진 것도 다 지도자들의 이기적인 욕심과 좁은 시야 때문이다.

이윤 추구에 목마른 다국적 자본은 이를 노린다. 무능하고 부패한 엘리트들은 다국적 기업에게 소중한 아프리카의 농지를 수십 년간 빌려주며, 그곳에서 연료, 사료용, 그리고 간혹 쌀과 밀의 재배를 허용한다. 다국적 기업은 농지 임차 계약을 하면서 현지인들의 취업 기회 제공, 지역 발전과 기초 작물 생산성 향상 지원을 약속하지만, 이런 약속은 지켜지지 않기 마련이다. 시에라리온에서 식물성 에탄올을 생산하는 스위스의 아닥스<sup>Addax</sup> 사가 현지인들의 쌀 재배용 농업용수를 가로채는가 하면, 일당 고작으로 2.5달러를 지급하며 50명의 현지인을 고용함으로써 물의를 빚었다. 세계은행이 하루 수입 1.25달러를 극빈층의 구분 기준으로 정의하는데, 처자식이 딸린 노동자에게 하루 2.5불로 연명하라는 것은─시에라리온의 현지 물가 사정과는 상관없이─분명 농지 임차 계약 상대방과 국제 사회의 눈을 우습게 본 것이다.

이런 기만적인 행태는 선진국 기업에만 국한된 게 아니다. 방글라데시의 바티 방글라<sup>Bhati Bangla</sup> 사는 급증하는 자국 인구의 쌀 수요 충당을 위해 탄자니아에 3만 헥타르를 임차하여 쌀을 재배한다. 그 조건으로 쌀 생산의 10퍼센트를 탄자니아 정부에 지급하며, 탄자니아 농부를 고용하기로 했는데, 실제 농사는 방글라데시인들이 하고 있다. 사실상의 이주 농민인 것이다.

아프리카인들의 먹을거리들이 재배되어야 할 농지와 그곳을 적셔야 할 물이 없고, 농민들은 강제 이주를 당하거나 기껏해야 일당으로 우리 돈 3,000원의 경비원으로 전락하고 마는 것은 말 그대로 토지의 저주라고 할 수 있는데, 그 이유는 분명하다. 엘리트들이 국민들의 생존권과 국가의 미래를 팔아 자신의 이익을 챙기려 하기 때문이다. 다국적 기업에게 농지를 빌려주고, 함께 경작함으로써 아프리카의 농업기술과 생산성을 증대시킬 수도 있을 것이지만, 이를 실천하기에 아직 아프리카의 거버넌스는 아직 너무나도 취약하다.

오늘날 국제 사회가 맬서스의 덫으로부터 아프리카를 구하려고 하는 그 저변에는 인도적이고 인류애적 사명감과 세계화된 지구촌 현실의 공리주의적 사고도 깔려 있다. 이성적으로 그리고 감성적으로 아프리카를 도와야 한다는 의식이 싹트고 있는데, 아프리카 지도자들은 이를 저버리지 말아야 한다. 아프리카와 아프리카인, 그리고 미래를 위해서 가장 시급하고 중요한 것이 무엇인지를 깨달아야 할 것이다.

## 에필로그

# 나는 왜 아프리카 연구를 그만두었나

영국 학자 킷칭은 아프리카 연구에 인생을 바쳤으나 30년 만에 그만두고 말았다. 아프리카 국가들이 독립의 기쁨을 누리던 1969년, 그는 탄자니아 지도자 니에레레로부터 영감을 받았고, 아프리카가 가야할 제3의 길을 찾고자 탄자니아와 케냐, 가나, 세네갈, 잠비아에서 청춘을 보냈다. 그러나 그는 2000년 6월 '나는 왜 아프리카 연구를 그만두었나?'를 〈아프리카연구평론<sup>African Studies Review & Newsletter</sup>〉에 발표하며 아프리카주의자와 서구 학자 간의 흥미로운 논쟁을 불러일으켰다.

그가 연구를 그만둔 이유는 아프리카 연구가 너무나도 우울<sup>depressing</sup>하다는 것이다. 1969년 당시 아프리카의 잠재력, 그리고 의욕적인 아프리카 지도자들로부터 희망찬 아프리카 미래를 기대했지만, 30년간 정치와 경제는 나아진 것이 없었고, 그러한 실패를 어떤 이론적 도구로 설명하기가 어려웠다. 반면 이기적이고 탐욕스러운 아프리카 엘리트들은 실패의 모든 원인을 유럽 식민 지배와 같은 외부적 원인으로 치부할 뿐, 아프리카의 현실에 대해서는 스스로 책임지려 하지 않았다. 그들은 너무나도 의존적이었다. 겉으로 유럽과 서구를 비난하지만, 그 의미는 다름이 아니라 '우리에게 돈을 달라'는 것이었다. 더욱이 아프리카 지도자들은 그들이 혐오하는 서구 자본주의와 결탁하여 각종 검은 돈은 돈대로 다 받아먹고 있었다.

킷칭으로서는 허무했을 것이고 배신감도 느꼈을 것이다. 젊은 시절 아프리카 지도자의 이상에 매력을 느꼈지만, 그것은 전혀 현실적이지 못한 이념이었다. 아프리카인들은 점점 스스로 일어설 수 있다는 자신감을 잃어갔다. 모든 문제의 원인을 타인에게 돌리기 시작했고, 그 해결 역시 타인이 해줄 것이라는 의식이 싹튼 것이다. 물론 그 책임은 무능력한 아프리카 지도자들의 몫이다.

비단 킷칭뿐만 아니라 아프리카를 경험한 많은 이들이 이와 비슷한 심정을 토로한다. 비록 아프리카에서의 사업에 성공한 외국인들도 정작 아프리카인과 아프리카에 대해서는 낙관적인 얘기를 좀처럼 하지 않는다. 정부는 늘 외부로부터의 원조와 투자에 매달릴 뿐, 스스로 뭔가를 일으켜보겠다고 생각하지 않는다. 공무원들에게 권위 의식은 있으나, 봉사 정신은 없다. 느릿느릿한 국민들 대부분은 지금 현재보다 다만 나빠지지 않기만을 바랄 뿐, 삶을 개척해보려는 자세는 부족하다. 이런 환경에서 힘을 가진 지도자들은 독재를 꿈꾸고, 설령 현명한 지도자가 배출되더라고 정부 조직과 사회 전체를 한꺼번에 변화시키기란 쉽지 않다.

쉽게 말해 아프리카는 다른 어느 곳보다 사회 전체적으로 내성이 강해서 모든 변화의 속도가 다른 곳보다는 느리다. 아프리카는 아직 중산층 시민들의 민주주의혁명도, 산업혁명도 경험하지 못했다. 다당제 선거 민주주의는 1990년대 서구의 강요에 의해 수용된 것이고, 아직도 특정 인물과 부족, 지역 집단이 중요한 변수로 작용할 뿐, 진정한 의미의 정책 대결이 이뤄지지는 않는다. 인간의 존엄성이나 인권에 관한 인식 역시 전근대 시대의 수준에 머무는 상황이지만 사람을 살상하는 무기들만큼은 현대식이니 비극은 더 커지기 마련이다(물론 그 무기는 나쁜 이웃들이 제공한다). 산업 역시 서구와 중국의 투자에 따른 저임금 수공업, 광업, 농업에 집중되어 있을 뿐, 아프리카인 스스로의 기술 혁신과 산업화는 요원하기만 하다. 그런 와중에 아프리카인들은 황폐해진 농토를 버리고 직업을 찾아서 도시로만 몰려든다. 서구식 역사 시계를 기준으로 분명 아프리카는 아직 전근대 시대이나, 현대식 자본주의와 물질 문명은 아프리카를 지구 상에서 가장 이해하기 어려운 곳으로 만들고 있다.

킷칭의 경험대로 알면 알수록 아프리카에 대한 기대와 희망은 퇴색되고, 무력감에 빠진다. 도대체 이 많은 문제들을 무엇부터 풀어나가야 하는가. 지난 50년간 해결되지 못한 것들이 앞으로 노력한다고 나아질 수 있을까? 도통 이해할 수 없는 것들만 늘어나고 결국 아프리카에 대한 회의론만이 남는다. 신파극도 자주 보면 슬프기는커녕 어이가 없어진다.

그러나 한 가지 분명한 것은 킷칭이 회의론을 표현했던 2000년으로부터 12년이 지난 오늘날 아프리카는 분명 차이가 있다는 것이다. 그 사이에 내전과 유혈 사태는 감소해 아프리카는 상대적으로 긴 평화를 누리고 있는 가운데 국민들의 신망을 얻지 못한 일부 지도자들이 선거를 통해 정권에서 물러났다. 권력 세습을 위한 개헌 시도는 국민의 저항에 부딪혀 좌절되었는가 하면, 국제 사회는 선거 결과를 부정한 지도자를 축출했다. 북아프리카의 재스민혁명은 사하라 이남 지도자들에게 언제까지 국민들의 입을 막고만 있을 수는 없다는 교훈을 주었다. 남수단은 북부 이슬람 정권의 박해로부터 결국 독립을 쟁취했다. '지도자는 원하는 모든 것을 할 수 있다'는 식의 낡은 아프리카식 패러다임이 바뀌기 시작한 것이다.

이러한 변화는 너무나도 반갑다. 왜? 아프리카에서 아프리카인들은 단 한 번이라도 주인이 된 적이 없었기 때문이다. 그들은 그저 아프리카 땅에 살 뿐, 아랍과 유럽의 노예로서, 독재자들의 선전에 순종하고 명령에 봉사하는 신민으로서 고통의 나날을 보내왔다. 코트디부아르와 기니, 잠비아 국민들은 이미 자신들이 원치 않는 지도자에게 명확한 의사 표시를 했고, 새로운 지도자를 선출했다. 이제 세네갈, 말리, 케냐, 시에라리온, 앙골라, 짐바브웨와 같이 대통령 선거가 예정된 곳에서 특정 부족과 지역 이기주의의 벽을 넘어 국민으로서의 의사를 관철시킬 차례다.

이와 같이 아프리카에는 미약하지만 의미 있는 변화가 일고 있다. '늦기 전에 투자하라'는 식의 상업적 아프리카 낙관론에 가려져서는 안 되는 것이며, 아프리카와 국제 사회가 함께 지키고 길러내야 할 소중한 새싹이다. 다행히 국제 사회도 아프리카의 빈곤과 폭력을 퇴치하고 민주주의를 보호하기 위해 보다 현실적이고 구체적인 아이디어를 모색하고 있다. 아프리카를 비관하며 연구를 포기한 킷칭을 심정적으로 이해하면서도, 아프리카에 대한 관심과 애정을 포기할 수 없는 것도 이 때문이다.

## 감사의 말

고 유홍근 주카메룬 대사관 참사관에게 감사의 말을 전하고 싶다. 외교부 입부 동기로 지난 2009년 유명을 달리한 그는 이 책을 쓰는 내내 필자를 응원해주었다.

유 참사관은 2008년 가족을 서울에 두고 혼자 카메룬에 부임했으며, 2세의 출생 소식도 아프리카에서 들었다. 주카메룬 한국 대사관을 개설하는 일에 매진하며 수차례 말라리아에 걸려 건강이 악화되었지만, 늘 그렇듯 훈훈하고 긍정적인 모습만을 보일 뿐이었다. 그러던 유 참사관은 2009년 6월 제1차 한-카메룬 정책 협의회를 위한 서울 출장 당시, 가슴 통증을 호소하다 세상을 떠나고 말았다. 일곱 달된 아들을 처음 안아본 지 단 며칠 만이었다.

제일 험한 지역 근무를 스스로 지원하면서도 '다 내 탓이야'라며 털털한 웃음을 짓던, 절대 남에게 해를 끼치지 않던, 선하고 선한 유 참사관을 왜 그렇게 일찍 데려갔는지, 그해 여름 모든 외교부 동료들이 슬퍼했다.

필자 역시 2010년 아프리카에 혼자 부임했고, 일곱 달된 딸아이 성주를 처음 안아본 곳도 2011년 7월 인천공항이었다. 야속할 정도로 휴가는 빨리 흘러 그립던 아내와 딸아이를 뒤로 하고 다시 돌아온 아

아프리카에서 온 아프리카 이야기

프리카……. 전업 작가가 아니기에 주경야독하듯 글을 써야 했다. 깊은 밤, 더위와 모기, 정전, 단수와 씨름해가며 글을 쓰다 보면, 카메룬에서 유 참사관이 느꼈을 외로움과 가족에 대한 그리움이 떠올랐다. 이런 나에게 그는 "딴 생각 말고 빨리 원고나 써. 기대할게"라면서 생전 그대로 털털히 웃으며 격려해주었다. 깊어가는 아프리카의 새벽, 보고 싶은 유 참사관에게 진심 어린 감사를 드린다.

# 참고문헌

■ **아프리카 역사 · 정치 · 경제 · 사회 일반**

Peter J. Schraeder, *African politics and society: a mosaic in transformation*, WADSWORTH, Cengage Learning center 2004

로버트 게스트 *Robert Guest*, 김은수 역, 아프리카, 무지개와 뱀파이어의 땅 *The Shackled Continent-Africa's Past, Present, and Future*, 지식의 날개, 2009

■ **아프리카 정체성**

Rod Chavis, *Africa in the Western Media*, UNIVERSITY OF PENNSYLVANIA AFRICAN STUDIES CENTER, 1998

Ezekiel Makunike, *Out of Africa: Western Media Stereotypes Shape Images*, Center for Media Literacy

*IMAGES OF AFRICA Stereotypes and distortions, AFRICA*: Africa World Press Guide(http://worldviews.igc.org/awpguide/images.html)

Adeoye A. Akinsanya, *AFRO-ARAB RELATIONS AND NORTH AFRICA*, Paper Presented to the Conference on: "regional Integration in Africa: Bridging the North- Sub-Saharan Divide", 2010

Rudolph Lewis, *Africa and the World, Telling the Truth about Africa*, African Renaissance, Vol 1. No.3 Nov/Dec 2004

Bankie Forster Bankie, *The Afro-Arab Borderlands: A Conflict Zone in Africa*, African Renaissance, Vol 3. No.1 Jan/Feb 2006

Thabo Mbeki, *Who is an African? I am an African*, African Renaissance, Vol 1. No.2 Sept/Oct 2004

Garba Diallo, *On being an African*, African Renaissance, Vol 1. No.2 Sept/Oct 2004

Rudolph Lewis, *In Search of an African Identity*, African Renaissance, Vol 1. No.2 Sept/Oct 2004

## ■ 역사 논쟁

Babacar Camara, *THE FALSITY OF HEGEL'S THESES ON AFRICA*, JOURNAL OF BLACK STUDIES, Vol. 36 No. 1, September 2005, 82-96

Michael T. Tillotson, *Retrospective Analysis: The Movement Against African Centered Thought*, The Journal of Pan African Studies, vol.4, no.3, March 2011

장태상, 아프리카의 문자 체계, 2005, 아프리카 연구 제19호

Andy Dawes, *AFRICANISATION OF PSYCHOLOGY: IDENTITIES AND CONTINENTS*, University of Cape Town, Rondebosch, Psychology in society (PINS), 1998, 23, 4-16

Olufemi Taiwo, *EXORCISING HEGEL'S GHOST: AFRICA'S CHALLENGE TO PHILOSOPHY*, African Studies Quarterly Volume 1, Issue 4 (1998)


## ■ 성경과 아프리카

David M. Goldenberg, *The Curse of Ham: Race and Slavery in Early Judaism, Christianity, and Islam*, Princeton University Press, 2003

Nigel Tomes, *BLACK SLAVERY AS 'THE CURSE OF HAM'? Bible Truth, Jewish Myth or Racist Apologetic?*, 2007

JOHN O. HUNWICK, *A REGION OF THE MIND: MEDIEVAL ARAB VIEWS OF AFRICAN GEOGRAPHY AND ETHNOGRAPHY AND THEIR LEGACY*, Sudanic Africa, 16, 2005

David M. Goldenberg, *The Curse of Ham: A Case of Rabbinic Racism?* Oxford University Press, 1997


## ■ 인종주의

Graham Richards, *'Race' Racism and Psychology Towards a reflexive history*, Routledge, 1997

Mwizenge S. Tembo, *Eurocentric Destruction of Indigenous Conceptions: the Secret Rediscovery of the Beautiful Woman in African Societies*, Bridgewater College, 2010

CHRIS BORTHWICK, *Racism, IQ and Down's Syndrome*, Disability & Society Volume 11, Issue 3, 1996

Sulamoyo, Dalitso, *"I Am Because We Are": Ubuntu as a Cultural Strategy for OD and Change* in Sub-Saharan Africa Organization Development Journal, December

1, 2010

J. Philippe Rushton, Arthur R. Jensen, *Race and IQ: A Theory-Based Review of the Research in Richard Nisbett's Intelligence and How to Get It*, The Open Psychology Journal, 2010, 3

Jacob S. Dorman, *Skin Bleach And Civilization: The Racial Formation of Blackness in 1920s Harlem*, The Journal of Pan African Studies, vol. 4, no. 4, June 2011

National differences in intelligence, crime, income, and skin color, J.Philippe Sushton, Donald I. Templer, Intelligence 37, 2009


■ 노예무역

Nathan Nunn, *The Long-term Effects of Africa's Slave Trades,* Quarterly Journal of Economics Volume 123, Issue 1, 2008

Tunde Obadina, *Slave trade: a root of contemporary African Crisis*, 2008, Africa Economic Analysis

Bankie Forster Bankie, *Arab Slavery of Africans in the Afro-Arab Borderlands*, African Renaissance Vol 3. No.3 May/June 2006

Martin Richards, Chiara Rengo, Fulvio Cruciani, Fiona Gratrix, James F Wilson, Rosaria Scozzari, Vincent Macaulay, Antonio Torroni, *Extensive Female-Mediated Gene Flow from Sub-Saharan Africa into Near Eastern Arab Populations*, 2003

Tidiane N'Diaye, *Le génocide voilé*, Gallimard, coll. 《Continents noirs》 2008


■ 식민 지배와 아프리카 저개발 책임론

Kenneth W. Grundy, *African Explanations of Underdevelopment: The Theoretical Basis for Political Action*, 1966

Jephias Mapuva and Freeman Chari, *COLONIALISM NO LONGER AN EXCUSE FOR AFRICA'S FAILURE*, Journal of Sustainable Development in Africa (Volume 12, No.5, 2010)

Tunde Obadina, *The myth of Neo-colonialism*, Africa Economic Analysis

ALI MAZRUI, *From Slave Ship to Space Ship: Africa between Marginalization and Globalization*, African Studies Quarterly Volume 2, Issue 4, 1999

J. Matunhu, *A critique of modernization and dependency theories in Africa: Critical assessment*, African Journal of History and Culture Vol. 3(5), 2011

Paul Tiyambe Zeleza, *What Happened to the African Renaissance? The*

*Challenges of Development in the Twenty-First Century*, Comparative Studies of South Asia, Africa and the Middle East 2009 Volume 29, Number 2

Gavin Kitching, *Why I gave up African studies*, African Studies Review & Newsletter vol. XXII, 1, 2000


■ 국경선 문제

JAMES CHIRIYANKANDATH, *Colonialism and Post-Colonial Development*.

Issaka K. Souaré, *Kwame Nkrumah: Still Remembered 34 Years On*, African Renaissance Vol 3. No.3 May/June 2006

ADEKEYE ADEBAJO, *The Curse of Berlin: Africa's Security Dilemmas*, ipg 4/2005

Alberto Alesina, William Easterly and Janina Matuszeski, *Artifcial States*, Harvard University, New York University and Harvard University, February 2006

Graham Safty, *Colonialism's Deadly Legacy: Ethnic Conflict in Sub-Saharan Africa*.

Maano Ramutsindela, *Africa's borders in colonial and post colonial contexts*, 2010


■ 전통 신앙과 종교

*Religion and politics : taking African epistemologies seriously*, Modern African Studies, Cambridge University Press, 45, 3 (2007)

Bjørn Møller, *RELIGION AND CONFLICT IN AFRICA WITH A SPECIAL FOCUS ON EAST AFRICA*, DIIS(DANISH INSTITUTE FOR INTERNATIONAL STUDIES) REPORT 2006:6

NELSON TEBBE, *Witchcraft and Statecraft: Liberal Democracy in Africa*, 2007, THE GEORGETOWN LAW JOURNAL, Vol. 96:183

Jay A. Ciaffa, *Tradition and Modernity in Postcolonial African Philosophy*, Gonzaga University, Humanitas Volume XXI, Nos. 1 and 2, 2008

Aloysius Obiwulu, *OCCULT POWER AND AFRICA'S SOCIO-ECONOMIC PROBLEMS*, 2010

Kasomo Daniel, *The position of African traditional religion in conflict prevention*, International Journal of Sociology and Anthropology Vol. 2(2) pp. 023-028, February, 2010

RICHARD COX, *Why Rangi Christians Continue to Practice African Traditional Religion*, GIALens. (2008):3

Chris Ampadu, *Correlation between African Traditional Religions and the Problems of African Societies Today.*

*Islam and Christianity in Sub-Saharan Africa,* Pew Forum on Religion & Public Life, 2010

## ■ 빈곤 문제

Paul Collier, *Africa's Economic Growth: Opportunities and Constraints,* African Development Bank, 2006

*Africa's missing billions International arms flows and the cost of conflict,* IANSA, Oxfam, and Saferworld, October 2007

Mats Hasmar, *Understanding Poverty in Africa? A Navigation through Disputed Concepts, Data and Terrains,* Nordiska Afrikainstitutet, Uppsala, 2010

*Chronic Poverty in sub-Saharan Africa Achievements, Problems and Prospects,* The University of Manchester, Insititute for Development Policy and Management and Brooks World Poverty Institute, 2010

Geoff Handley, Kate Higgins and Bhavna Sharma with Kate Bird and Diana Cammack, *Poverty and Poverty Reduction in Sub-Saharan Africa: An Overview of Key Issues,* ODI Working Paper 299, 2009

## ■ 부패

REAGAN R. DEMAS, *MOMENT OF TRUTH: DEVELOPMENT IN SUB-SAHARAN AFRICA AND CRITICAL ALTERATIONS NEEDED IN APPLICATION OF THE FOREIGN CORRUPT PRACTICES ACT AND OTHER ANTI-CORRUPTION INITIATIVES,* American University International Law Review, 2011

N.G. Egbue, *Africa: Cultural Dimensions of Corruption and Possibilities for Change,* Journal of Social Sciencs 12(2), 2006

Gbenga Lawal, *Corruption and Development in Africa: Challenges for Political and Economic Change,* Humanity and Social Sciences Journal 2(1), 2007

## ■ 자원

Bonnie Campbell(ed.), *REGULATING MINING IN AFRICA For whose benefit?,* Nordiska Afrikainstitutet, Uppsala, 2004

Johan Holmberg, *Natural resources in sub-Saharan Africa: Assets and vulnerabilities,*

Nordiska Afrikains titutet, Uppsala, 2008

Manendra Sahu, *Inverted Development and Oil producers* in Sub-Saharan Africa: A Study, University of Mumbai Working Paper: No. 3, 2008

## ■ 무기 거래

JENNIFER L. DE MAIO, *Is War Contagious? The Transnationalization of Conflict in Darfur*, African Studies Quarterly, Volume 11, Issue 4, Summer 2010

Susan Willett, *Defence Expenditures, Arms Procurement and Corruption in Sub-Saharan Africa*, Review of African Political Economy No. 121, 2009

ALEX VINES, *Combating light weapons proliferation in West Africa*, International Affairs 81, 2005

Guy Lamb and Dominique Dye, *AFRICAN SOLUTIONS TO AN INTERNATIONAL PROBLEM: ARMS CONTROL AND DISARMAMENT IN AFRICA*, Journal of International Affairs, Spring/Summer 2009, Vol. 62, No. 2

Alex Vines, *Can UN arms embargoes in Africa be effective?* International Affairs 83, 2007

## ■ 정치, 독재자

Jo-Ansie van Wyk, *Political Leaders in Africa: Presidents, Patrons or Profiteers?* ACCORD Occasional Paper Series: Volume 2, Number 1, 2007

Andrew Reynolds, *Elections, Electoral Systems, and Conflict in Africa*, Brown Journal of World Affairs, 2009

Tambulasi, Richard and Kayuni, Happy, *Can African Feet Divorce Western Shoes? The Case of 'Ubuntu' and Democratic Good Governance in Malawi*, Nordic Journal of African Studies Vol. 14(2) 2005

Thandika Mkandawire, *Aid, Accountability, and Democracy in Africa*, Social Research: An International Quarterly Volume 77, Number 4 / Winter 2010

Wondwosen Teshome, *Opposition Parties and the Politics of Opposition in Africa: A Critical Analysis*, International Journal of Human and Social Sciences 4:5 2009

Elliott P. Skinner, *AFRICAN POLITICAL CULTURES AND THE PROBLEMS OF GOVERNMENT*, African Studies Quarterly Volume 2, Issue 3

Robert H. Jackson, Carl G. Rosberg, *Democracy in Tropical Africa: Democracy Versus Autocracy in African Politics*, Journal of International Affairs, 38, 1985

Joy Asongazoh Alemazung, *Leadership flaws and fallibilities impacting democratization processes, governance and functional statehood in Africa*, African Journal of Political Science and International Relations Vol. 5(1), January 2011

## ■ 부족 갈등, 내전

James J. Hentz, *The Nature of War in Africa*, Paper presented at the ECAS 2011 - 4th European Conference on African Studies, Uppsala, 15-18 June 2011

David J. Francis, *Peace and conflict in Africa*, Zed Books, 2008

장용규, 르완다 제노사이드: 후투와 투치의 인종차별과 갈등의 역사적 전개, 아프리카학회지 제26집, 2006

조정원, 아프리카의 인종분쟁에 대한 연구, 민족연구 36, 2008

## ■ 개발 원조

John F. E. Ohiorhenuan, *The Future of Poverty and Development in Africa*, Emerald Group Publishing Limited, August 2010

Farah Abuzeid, *Foreign Aid and the "Big Push" Theory: Lessons from Sub-Saharan Africa*, Stanford Journal of International Relations, Fall 2009

Nathan Andrews, *Foreign aid and development in Africa: What the literature says and what the reality is*, Journal of African Studies and Development Vol. 1(1) pp. 008-015, November, 2009

*Doubling Aid: Making the "Big Push" work*, UNITED NATIONS CONFERENCE ON TRADE AND DEVELOPMENT, 2006

Kurt Gerhardt, *Time for a Rethink, Why Development Aid for Africa Has Failed*, SPIEGEL Online International, 2010

Anthony Baah, *History of African Development Initiatives*, Ghana Trades Union Congress, Africa Labour Research Network Workshop Johannesburg, 22 -23 May 2003

Sulemana Braimah, *Why Foreign Aid has Failed to Develop Africa? Corruption, Exploitation and Unfair Trade are Main Reasons*, 2009

William Easterly(NYU), *Can Foreign Aid Save Africa?* CLEMENS LECTURE SERIES, 2005

Michael Trebilcock, *WHY FOREIGN AID MOSTLY FAILS,* University of Toronto, 2010

Thompson Ayodele, Franklin Cudjoe, Temba A. Nolutshungu, and Charles K. Sunwabe, *African Perspectives on Aid: Foreign Assistance Will Not Pull Africa Out of Poverty*, Cato Institute Economic Development Bulletin No.2 2005

Goran Hyden, *Foreign Aid: What Happened to Development?* Danish Foreign Policy Yearbook 2011


■ 실패한 국가, 소년병과 해적

Cem Karadeli, *Failed State Concept and the Sub-Saharan African Experience*, Journal of Arts and Sciences 2009

ROBERT I. ROTBERG, *Failed States, Collapsed States, Weak States: Causes and Indicators*.

Waltraud Queiser Morales, *Girl Soldiers, The Other Face of Sexual Exploitation and Gender Violence*, ASPJ AFRICA & FRANCOPHONIE, 2010

Lucia DiCicco, *THE INTERNATIONAL CRIMINAL COURT AND CHILDREN IN ARMED CONFLICT: PROSECUTING THE CRIME OF ENLISTING AND CONSCRIPTING CHILD SOLDIERS*, AMICC, 2009

Susan Tiefenbrun, *CHILD SOLDIERS, SLAVERY, AND THE TRAFFICKING OF HILDREN*, Thomas Jefferson School of Law Legal Studies Research Paper 2007

*An uncertain future? Children and Armed Conflict in the Central African Republic*, iDMC and WATCHLIST, 2011

*WOUNDED CHILDHOOD: THE USE OF CHILD SOLDIERS IN ARMED CONFLICT IN CENTRAL AFRICA*, ILO, 2003

Justin V. Hastings, *Geographies of state failure and sophistication in maritime piracy hijackings*, Political Geography 2009 1-1

*Piracy off the Horn of Africa*, CRS Report for Congress. 2011

Shukria Dini, *Burcad badeed - The Implications of Piracy for Somali Women*, 2011


■ 에이즈

AIDS in Africa, CRS Report for Congress, 2006

ABU RAHAMAN, DEAN NEU, JEFF EVERETT, *Accounting for Social-Purpose Alliances: Confronting the HIV/AIDS Pandemic in Africa*, Contemporary Accounting Research Vol. 27 No. 4 (Winter 2010)

*HIV/AIDS The Feminisation of HIV/AIDS*, African Renaissance, Vol 1. No.2 Sept/

Oct 2004

EZEKIEL KALIPENI & NJERI MBUGUA, *A review of preventative efforts in the fight against HIV and AIDS in Africa*, Norsk Geografisk Tidsskrift-.Norwegian Journal of Geography Vol. 59

*GLOBAL REPORT, UNAIDS REPORT ON THE GLOBAL AIDS EPIDEMIC*, UNAIDS, 2010

Eileen Stillwaggon, *Race, Sex, and the Neglected Risks for Women and Girls in Sub-Saharan Africa*, Feminist Economics Oct. 2008

### ■ 여성 할례

*Female Genital Mutilation in Africa, An analysis of current abandonment approaches*, Program for Appropriate Technology in Health (PATH), 2006

*Female Genital Mutilation/Cutting: Data and Trends*, The Population Reference Bureau, 2010

*Female Genital Mutilation/Cutting, STATISTICAL EXPLORATION*, Unicef, 2005

*Razor's Edge, The Controversy of Female Genital Mutilation*, IRIN Web Special, March 2005

### ■ 아프리카 낙관론

Mabogo P. More, *African Renaissance: The Politics of Return*, African Journal of Political Science, Vol. 7 No.2, 2002

Benno J. Ndulu and Stephen A. O'onnell, *African Growth Performance 1960-2000*, 2005

Jakkie Cilliers, *Africa in the New World, How global and domestic developments will impact by 2025*, Institute for Security Studies, 2008

*It's time for Africa!* Ernest&Young's 2011 Africa attractiveness survey, 2011

African Futures 2050

Jakkie Cilliers, Barry Hughes, Jonathan Moyer, *African Future, The next forty years*, Institute for Security Studies, 2010

Paul Collier, *Paths of Progress in Africa*, WORLD POLICY JOURNAL FALL, 2008

Mutsa Chironga, Acha Leke, Susan Lund, and Arend van Wamelen *Cracking the Next Growth Market: Africa*, Harvard Business Review, May 2011

*Africa's Future and the World Bank's Support to it*, World Bank, 2011

■ 재스민혁명과 아프리카

Dan Kuwal, *PERSUASIVE PREVENTION Towards a Principle for Implementing Article 4(h) and R2P by the African Union*, Current Africa n Is ues 42, Nordiska Afrikainstitutet, 2000

ARNOLD WEHMHOERNER, *The Arab Revolts: Lessons for Sub-Saharan Africa?*, Foundation for European Progress Studies, FEBRUARY 2011

Usman A. Tar, *The Challenges of Democracy and democratization in Africa and Middle East*, Iformation, Society and Justice, Vol. 3 No. 2, 2010

*Sub-Saharan Africa politics: Who's next?* Economist Intelligence Unit, Jan. 28, 2011

■ 중국과 아프리카

Kristian Kjøllesdal, , *Foreign Aid Strategies: China Taking Over?*, Asian Social Science Vol. 6, No. 10; October 2010

Peter Kragelund, *India's African Engagement*, Elcano Royal Institute of International and Strategic Studies 2010

Emanuele Pollio, *The Indian and Chinese policies towards Africa: a veritable challenge to EU-led interregionalism?* Perspectives on Federalism, Vol. 2, issue 2, 2010

Fantu Cheru and Cyril Obi, *CHINESE AND INDIAN ENGAGEMENT IN AERICA: COMPETITIVE OR MUTUALLY REINEFORCING STRATEGIES?*, Journal of International Affairs, Spring/Summer 2011, Vol. 64, No. 2.

Jason Z. Yin, Sofia Vaschetto, *China' Business Engagement in Africa*, The Chinese Economy, vol. 44, no. 2, March-April 2011

*China and Africa: A Mutually Opportunistic Partnership?* Patricio Gonz?lez Richardson, Elcano Royal Institute of International and Strategic Studies 2010

Margaret C. Lee, Henning Melber, Sanusha Naidu and Ian Taylor, *China in africa*, CURRENT AFRICAN ISSUES NO. 33, NORDISKA AFRIKAINSTITUTET, 2007

Daniel Volman, *CHINA, INDIA, RUSSIA AND THE UNITED STATES: The Scramble for African Oil and the Militarization of the Continent*, CURRENT AFRICAN ISSUES NO. 43, NORDISKA AFRIKAINSTITUTET, 2009

## ■ 기후 변화와 아프리카 농업

Diana Hunt, *Green Revolutions for Africa*, Programme paper, 2011

LORENZO COTULA, SONJA VERMEULEN, *Deal or no deal: the outlook for agricultural land investment in Africa*, International Affairs 85: 6, 2009

Bo Malmberg, *Demography and the development potential of sub-Saharan Africa*, Current Africa n Is ues 38, Nordiska Afrikainstitutet, 2008

*How to Feed the World in 2050*, FAO, 2009

Steven Haggblade and Peter B. R. Hazell, *Successes in African Agriculture, Lessons for the future*, IFPRI Issue Brief 63, May 2010

Synne Movik, Lyla Mehta, Sobona Mtisi and Alan Nicol, *A "Blue Revolution" for African Agriculture?* Institute of Development Studies Vol 36 No 2 June 2005

Jean-Christophe HOSTE* & Koen VLASSENROOT, *Climate Change and Conflict in Sub-Saharan Africa: the Mother of all Problems?* International Symposium Developing Countries facing Global Warming:a Post-Kyoto Assessment Royal Academy for Overseas Sciences United Nations Brussels, 12-13 June, 2009

# 아프리카에는
# 아프리카가 없다

ⓒ 윤상욱 2012

2012년 3월 30일 초판 1쇄 발행
2020년 7월 10일 초판 7쇄 발행

지은이 | 윤상욱
발행인 | 윤호권 박헌용

발행처 | (주)시공사
출판등록 | 1989년 5월 10일(제3-248호)

주소 | 서울 서초구 사임당로 82(우편번호 06641)
전화 | 편집(02)2046-2861·마케팅(02)2046-2894
팩스 | 편집·마케팅(02)585-1755
홈페이지 | www.sigongsa.com

ISBN 978-89-527-6498-0 03930